Johannes Lohner | Christiane Heigermoser
Psychologie für Soziale Berufe in der Straffälligenhilfe –
ein Praxisbuch mit Fallbeispielen

Psychologie für Soziale Berufe

Herausgegeben von
Eva Wunderer | Christiane Heigermoser

Psychologie ist die Lehre vom Verhalten, Erleben und den mentalen Prozessen des Menschen. Sie schaut auf das Individuum, begreift den Menschen jedoch auch in seinen sozialen Zusammenhängen, als aktiven Teil eines größeren Systems. Psychologie beschreibt und erklärt, wie Menschen denken, fühlen, handeln und sich in Gruppen und Systemen bewegen; wie sie Probleme zu lösen versuchen und sich daraus möglicherweise Störungsbilder ergeben. Sie entwickelt Interventionen und versucht Vorhersagen über zukünftiges Verhalten zu treffen.
In Sozialen Berufen Tätige haben mit Menschen zu tun – was also liegt näher als die Psychologie? Sei es in der Diagnostik, in der Erklärung von Erleben, Verhalten, Problemen und Störungen, in der Beratung und Behandlung, in der Anwendung von Forschungsmethoden oder bei der professionellen Selbstsorge, überall fließt psychologisches Wissen ein.
Neben der Lebenslage nehmen Soziale Berufe die Lebensweise ihrer Klient*innen in den Blick. Diese Reihe führt beide Sichtweisen gewinnbringend zusammen und macht die Psychologie für Soziale Berufe nutzbar. Dies geschieht durch die Auswahl der Bände der Reihe wie auch durch didaktische Mittel: Anknüpfungen an die Praxis, Fallskizzen und Handlungsempfehlungen als Grundlage für Reflexionsanstöße für in Sozialen Berufen Tätige.

Und so hoffen wir als Reihenherausgeberinnen, dass Sie als Leser*in psychologische Sachverhalte, die Sie aus dem Berufs- oder Studienalltag kennen, einordnen können, zugleich aber neue entdecken und neugierig werden, Menschen zu verstehen; dass Sie Erlebnisse und Ereignisse aus verschiedenen psycho-sozialen Perspektiven betrachten, reflektieren und hinterfragen; dass Sie Ihre „professionelle Brille“ durch eine psychologische Färbung anreichern.

Johannes Lohner | Christiane Heigermoser

Psychologie für Soziale Berufe in der Straffälligenhilfe

Ein Praxisbuch mit Fallbeispielen

Die Autor:innen

Prof. Dr. phil. Johannes Lohner, Diplom-Psychologe, ist Studiendekan der Fakultät Soziale Arbeit und Professor für Klinische Sozialarbeit an der Hochschule für angewandte Wissenschaften Landshut.

M. A.; Dipl.-Soz.-Päd Christiane Heigermoser ist Lehrkraft für besondere Aufgaben an der Hochschule für angewandte Wissenschaften Landshut mit den Lehrgebieten Soziale Arbeit mit Hard-to-reach-Klient:innen und Straffälligenhilfe.

Dieses Buch ist erhältlich als:
ISBN 978-3-7799-6302-8 Print
ISBN 978-3-7799-5606-8 E-Book (PDF)
ISBN 978-3-7799-8041-4 E-Book (ePub)

1. Auflage 2024

Herstellung: Ulrike Poppel
Satz: text plus form, Dresden
Druck und Bindung: Beltz Grafische Betriebe, Bad Langensalza
Beltz Grafische Betriebe ist ein klimaneutrales Unternehmen (ID 15985-2104-100)
Printed in Germany

Weitere Informationen zu unseren Autor_innen und Titeln finden Sie unter: www.beltz.de

Inhalt

Einleitung

Professionelle Fachkräfte, die im Feld der Straffälligenhilfe tätig sind, erleben in Alltagsgesprächen – „erzähl doch mal von Deiner Arbeit“ – häufig zwei unterschiedliche Perspektiven. Einerseits erhalten sie Anerkennung für den „Mut“, mit doch so gefährlichen Menschen zu arbeiten, und andererseits begegnet ihnen Skepsis, dass „denen doch eh nicht zu helfen sei“, gepaart mit einer mehr oder weniger deutlichen Abscheu vor dieser Klientel. Oft wird diese Abscheu in alltagstheoretischen Erklärungen zu den Ursachen und möglichen Sanktionsformen zum Ausdruck gebracht. Eine Antwort auf diese Art der Fragen, „Warum werden Menschen straffällig?“ und „Was kann man dagegen tun?“, ist nicht leicht zu finden. Häufig liegen mehrere Ursachen vor, zudem ist Kriminalität ein vielschichtiges Phänomen und immer auch dem zeitlichen Wandel unterworfen (vgl. Ostendorf 2018). In vergangenen Epochen finden sich viele eindrückliche Hinweise für den Umgang mit deviantem (abweichendem) Verhalten. In volkstümlichen Märchen wird dies oft in sehr dramatischen Szenen veranschaulicht. Rotkäppchen, im übertragenen Sinn eine vom Weg abgekommene junge Frau, fällt dem Wolf zum Opfer. Der Satz von W. Busch „Aber wehe, wehe, wehe! Wenn ich auf das Ende sehe!“[1], verdeutlicht in Reim und Bild das Ende von „Max und Moritz“ – zweier, wie wir heute betiteln würden, jugendlicher Straftäter mit einem ausgeprägten Sinn für serielles und kleinkriminelles Verhalten.

Heute beschäftigen sich die gängigsten Theorien hauptsächlich mit individuellen psychologischen Merkmalen und dem Zusammenspiel zwischen Gesellschaftsstrukturen und Kriminalität (vgl. Kawamura-Reindl & Schneider 2015, S. 27). So ist es unser Ziel, Sie als Leserschaft mit einem Blick durch die „psychologische Brille“ einzuladen, auf unterschiedliche Delikte und deren mögliche Behandlung[2] zu blicken. Dies geschieht immer auch vor dem Hintergrund von gesellschaftlichen Zusammenhängen und wie strafrechtlich relevantes Verhalten durch gesellschaftliche Normierungen sanktioniert wird. Gerade die Psychologie gibt uns hier immer auch zu bedenken, dass Stigmatisierung und Pathologisierung[3] von nicht normgerechtem Verhalten dazu bei-

1 https://www.wilhelm-busch.de/werke/max-und-moritz/alle-streiche/max-und-moritz-vorwort/

2 Der in diesem Buch verwendete Behandlungsbegriff orientiert sich an dem für die Klinische Sozialarbeit üblichen (Pauls 2011). Entsprechend ist auch mit dem Begriff „Therapie“ nicht Psychotherapie gemeint, sondern sozialtherapeutische Interventionen.

3 Als krankhaft bezeichnetes Verhalten, Denken oder Fühlen.

tragen können, dass sich abweichende Verhaltensweisen verfestigen und dies mitunter zu einer weiteren Schieflage innerhalb der Gesellschaft führen kann (vgl. van Egmond, Rohmann, Siem 2018, S. 573 f.). Zudem wissen wir, dass Kriminalität und Straffälligkeit zwar ubiquitär auftreten (sprich: in allen Gesellschaftsschichten vorkommen), jedoch die Klientel in der Straffälligenhilfe häufiger den unteren sozialen Schichten zugeordnet werden. Wir können hier also mit einer gewissen Wahrscheinlichkeit davon ausgehen, dass unsere Klientel häufiger Stigmatisierungs- und Ausgrenzungserfahrungen ausgesetzt war als Zugehörige der mittleren und oberen Sozialschichten (Beispiele: Aufwachsen in marginalisierten Wohngegenden, eigene Missbrauchs- und Vernachlässigungserfahrungen in früher Kindheit, Aufwachsen unter sozio-ökonomisch schwachen Bedingungen, hohe Selektion des deutschen Bildungssystems) (vgl. Jennessen, Kastirke & Kotthaus 2013).

Ziel dieses Buches ist es nicht, alle psychologischen Theoriezugänge für die Erklärung und Behandlung von straffälligen Menschen gleichberechtigt und in ihrer Gänze abzubilden. Es geht uns eher um eine sehr praxisnahe Einführung für Tätige in psychosozialen Arbeitsfeldern. Deshalb lag die Entscheidung nahe, viele Praxisbeispiele aus der eigenen beruflichen Tätigkeit (C. H.: Bewährungshelferin; J. L.: Anstaltspsychologe und Supervisor) einfließen zu lassen und die eigenen Zugänge darzustellen.

Der Aufbau des Bandes gliedert sich in vier Abschnitte. In Teil I, „*Wer* wird behandelt?", steht ein Überblick, welche Menschen in den Institutionen der Straffälligenhilfe anzutreffen sind. Hierbei werden verschiedene Deliktgruppen anhand von Fallskizzen dargestellt, und wir stellen zum großen Teil noch die Situation vor einer Inhaftierung dar. In Kapitel 2 des ersten Teils werden dezidiert psychische Krankheitsbilder und ein erster Blick in das intramurale Setting (in Haft) geboten. Der daran anschließende Teil II, „*Wo* wird behandelt?", zeigt die Behandlung in ambulanter Form wie auch verschiedene alternative stationäre Settings in der Straffälligenhilfe. Zum Beispiel werden der Zusammenhang von „Therapie statt Strafe", der Maßregelvollzug für Menschen mit psychischer Erkrankung und die Unterschiede von Jugendstrafanstalten im Vergleich zu Erwachsenenstrafanstalten dargestellt. Der Zwangskontext ist dabei ein Metathema dieses Abschnittes. In Teil III, „*Wie* wird behandelt?", ist der Fokus auf Behandlungsprinzipien gelegt, die sich bisher als die gängigsten im nationalen wie internationalen Diskurs erweisen (z. B. RNR nach Andrews & Bonta 2010). Dem Thema Beziehungsgestaltung ist in diesem Abschnitt ein eigenes Kapitel gewidmet, bevor wir einige methodische Ableitungen etwas genauer vorstellen. Auch hierbei geht es uns nicht um die vollständige Darstellung aller Methoden, sondern um die sogenannten „Head-Liner", wie Motivationsarbeit und die Wirkung von Traumata. Einen tieferen Blick hinter die Gefängnismauern bieten wir in Kapitel 12 an und schließen diesen dritten Teil mit den Grenzen von Behandlung ab. In diesen Abschnitten geht es hauptsächlich um männliche Gefangene, so dass wir hier an dieser Stelle die rein männliche Schreibweise verwenden[4]. Im letzten Teil IV, „*Wer* behandelt?", wollen wir uns verstärkt der Perspektive der behandelnden Teams selbst zuwenden und Anregungen für professionell Helfende, die eigene Haltung in den Blick zu nehmen, anbieten.

Meist leiten wir die jeweiligen Abschnitte mit Fallbeispielen ein, die uns dann als Paten für einen Theorie-Praxis-Transfer zur Verfügung stehen. Immer wieder laden wir Sie als Leser:innen dazu ein, in Fallreflexionen das erworbene Wissen anzuwenden und, je nach Bedarf, durch Literaturtipps zu vertiefen. Den jeweiligen Fallbeispielen liegen, in stark abgeänderter (z. B. zeitlich und örtlich) und komplett anonymisierter Form, reale Lebenswege zugrunde. Besonders gilt daher unser Dank unseren ehemaligen Klient:innen. Sie sind Grundlage und Antrieb für unsere Motivation, diesen Band auf den Weg zu bringen. Trotz aller Widrigkeiten, der biographischen Vorbelastungen und der Besonderheiten der Settings in der Straffälligenhilfe geben sie auch Anlass für weiteren „Mut", sich dem Thema „Behandlung von Menschen, die straffällig wurden" zu widmen.

4 Für eine weiterführende Recherche zum Thema Frauenvollzug und Frauen, die straffällig werden, sei an dieser Stelle an die Bundesarbeitsgemeinschaft-Straffälligenhilfe verwiesen. https://www.bag-s.de/themen/straffaellig-gewordene-frauen

I *Wer* wird behandelt?

1 Überblick: Deliktgruppen und Täter:innenprofile

Im sogenannten Hellfeld (alle angezeigten Straftaten) erhalten wir einen Überblick über Häufigkeit und Art der ermittelten Delikte, dies wiederum bildet aber nur einen Teil von Kriminalität ab. Im Dunkelfeld (die Straftaten, die nicht zur Anzeige gebracht werden) können wir Mutmaßungen anstellen, einige wenige Studien (zum Beispiel: Viktimisierungssurveys) versuchen hier, das Kriminalitätsbild noch spezifischer zu erfassen (vgl. Bundeskriminalamt – Dunkelfeldforschung[5]). Wie wir in unseren Alltagsbezügen Kriminalität wahrnehmen, ist zudem durch eigene Erfahrungen, mediale Berichterstattung und die gesellschaftliche Vorstellung von strafrechtlichen und strafbewährten Verhaltensweisen geprägt. Was wir insofern wissen, ist, dass Straffälligkeit an kein soziales Milieu gebunden ist – sie ist ubiquitär, dennoch sind die Klient:innen in der Straffälligenhilfe oft selbst Betroffene von sozialer Benachteiligung und mehrheitlich unteren Sozialschichten[6] zugehörig. Dies gilt es nun, mitzudenken, wenn wir uns im folgenden Abschnitt mit der Frage: „Wer landet denn in den Institutionen der Straffälligenhilfe?“ beschäftigen.

1.1 Jugendkriminalität[7]

Zum Einstieg:

- Die 15-jährige S. demoliert im betrunkenen Zustand die Eingangstüre und Blumenrabatte des Nachbarn.
- P. und M. (beide 17) haben ein ausgefallenes Hobby: Gerne treffen sie sich heimlich nachts auf dem Bahnhof zum S-Bahn-Surfen.

---

5 Zu finden unter www.bundeskriminalamt.de mit den jeweiligen Datensätze der Polizeilichen Kriminalitätsstatistiken (PKS).

6 Soziale Schicht: Ein soziologischer Sammelbegriff für Klasse, Kaste oder Stand. Nach R. Geißler (2014, S. 93 ff.) werden Menschen mit ähnlichen sozialen Merkmalen einer Schicht zugeordnet.

7 Jugendkriminalität wird oft synonym mit dem Begriff Jugenddelinquenz verwendet. Letzteres bezieht einen etwas weiter gefassten Aspekt jugendlichen Fehlverhaltens mit ein, das noch unter der Schwelle der Strafbarkeit liegen kann (Beispiele: Schule schwänzen, (übermäßiger) Konsum von Suchtmitteln, riskantes Freizeitverhalten …).

- U. (19) verkauft auf dem Schulhof seiner ehemaligen Schule Ecstasy-Tabletten.

Diese drei Beispiele zeigen ganz unterschiedliche Aspekte von jugendtypischer Kriminalität. In der Begleitung von Jugendlichen allgemein und in den ambulanten und stationären Settings der Jugendhilfe gilt es zu differenzieren, ab wann man von jugendtypischen Verfehlungen versus einem Beginn einer längerfristigen kriminellen Karriere sprechen kann. Hierbei erscheint es vor allem für die weitere Behandlung von Bedeutung, wie sich Jugenddelinquenz von Erwachsenenkriminalität unterscheiden lässt und welche Besonderheiten in der Behandlung von jugendlichen Straftäter:innen gelten, um ein gelingendes Erwachsenwerden gut begleiten zu können.

Merkmale von Jugendkriminalität

Ausgehend vom deutschen Jugendstrafrecht beginnt die gestufte Strafmündigkeit mit 14 Jahren. Für die Altersspanne 14 bis 18 Jahre (für Heranwachsende bis 21 und in Ausnahmen sogar bis 27 Jahren) sieht das Jugendgerichtsgesetz (JGG) eine „spezielle" Herangehensweise vor (Erziehung vor Strafe, kürzere Haftstrafen und eine spezielle Form von Jugendstrafe außerhalb des Erwachsenenvollzuges) (vgl. § 1 JGG). Als Jugendkriminalität werden alle Handlungen junger Menschen mit strafrechtlichem Charakter nach dem Strafgesetzbuch (StGB) betitelt und in drei Altersstufen aufgeteilt.

1. *Kinder* (unter 14 Jahren): Kinder gelten in Deutschland als strafunmündig (vgl. § 19 StGB). Dies bedeutet jedoch nicht, dass nicht sanktionierend eingegriffen wird. Sie werden bei Straftaten aus Gründen der Prävention polizeilich registriert und das zuständige Jugendamt wird darüber informiert, dieses entscheidet über weitere Maßnahmen.[8]
2. *Jugendliche* (14 bis 17 Jahre): Hier findet das Jugendstrafrecht nach dem Jugendgerichtsgesetz (JGG) Anwendung. Sie sind strafrechtlich verantwortlich, wenn sie zur Zeit der Tat ihrer Entwicklung reif genug sind, das Unrecht der Tat einzusehen und nach dieser Einsicht zu handeln (vgl. § 3 JGG).
3. *Heranwachsende* (18 bis 21 Jahre): Für Heranwachsende gelten jugendstrafrechtliche Regeln, wenn sie zur Zeit der Tat in ihrer Entwicklung noch einem Jugendlichen gleichstanden oder es sich um eine jugendtypische Verfehlung handelte. Ansonsten findet das allgemeine Strafrecht Anwendung.

8 Kinder unter 14 werden wir in diesem Band nicht weiter behandeln.

Interessant ist der Bezug zu entwicklungspsychologischen Überlegungen. Die Idee der abgestuften Strafmündigkeit beachtet, dass Jugendkriminalität in einer sehr speziellen Phase der Entwicklung auftritt. Dabei handelt es sich nicht, oder noch nicht, um pathologisches (krankhaftes) Verhalten per se. Vielmehr ist anzunehmen, dass ein gewisses Maß an abweichendem Verhalten als „normal" in der Jugendphase gelten kann und episodenhaft auftritt (vgl. Schäfer et al. 2002, S. 17). So könnte man davon ausgehen, dass jugendtypisches abweichendes Verhalten, wie in den ersten zwei kleinen Fallskizzen aufgeführt, dem Zeitabschnitt der Jugend geschuldet ist und mit zunehmender Reife auch ohne speziellere Interventionsformen wieder verschwinden wird. Ebenso gibt es Hinweise im Tatgeschehen selbst, die wir für die Bewertung heranziehen. So verweisen Dollinger und Schmidt-Semisch (2018, S. 3 f.) ergänzend auf folgende Merkmale von Jugendkriminalität: Sie

a) ist ubiquitär, d.h. sie betrifft fast alle Jugendlichen unabhängig von sozialem Status;
b) ist transitorisch, also meist ein vorübergehendes und sich selbst „erledigendes" Phänomen im Lebenslauf;
c) ist im Vergleich zur Kriminalität Erwachsener eher spontan, gruppenbezogen und richtet weniger wirtschaftlichen Schaden an;
d) verweist nicht nur auf Jugendliche als Täter, sondern auch als Opfer.

Auch sprechen sich Dollinger und Schmidt-Semisch (2018) explizit gegen eine harte Sanktionspraxis aus, um Negativeffekte zu verhindern (→ Kapitel 10 – Was wirkt wie?). Testen wir nun die angeführten Merkmale anhand zweier ausführlicherer Fallbeispiele.

Fallbeispiel S. – „ich wollte doch nur…"

Die Jugendliche S. (18 Jahre) muss sich nun zum zweiten Mal vor dem Jugendgericht verantworten, diesmal wegen uneidlicher Falschaussage. Hintergrund war eine Gerichtsverhandlung, in der S. als Zeugin geladen war. Angeklagt waren zwei Freunde und ihre damalige beste Freundin. Diese drei waren als Haupttäter:innen bei einer Schlägerei nach einem Weinfest ausfindig gemacht worden. Während der Zeug:innenbefragung kam sehr schnell heraus, dass die Tatschilderung von S. mit der übrigen Beweislast nicht übereinstimmen kann und S. sich in widersprüchliche Aussagen über den Tathergang verstrickt hatte. Die Staatsanwaltschaft verzichtete auf eine Vereidigung. S. musste sich jedoch im Nachklang selbst vor Gericht wegen uneidlicher Falschaussage verantworten. In dieser Verhandlung gab sie an, dass sie ihren Freunden mit einer Gefälligkeitsaussage habe helfen wollen. Sie hätten sich als Freunde vor der Verhandlung abgesprochen und sich eine gemeinsame Geschichte ausgedacht. „Ich habe mir dabei nichts gedacht, und mit den anderen haben wir ja ausgemacht, was wir sagen wollten, damit keiner in den Knast kommt." Das Jugendschöffengericht sah den Tatbestand einer uneidlichen Falschaussage als erfüllt. Faktisch gilt S. nun als Bewährungsversagerin. Ihrer ersten Verurteilung lag ein Körperverletzungsdelikt zugrunde, das Jugendschöffengericht musste in diesem Fall über die Einbeziehung der vorherigen Bewährungsstrafe entscheiden und verurteilte S. zu einer Jugendstrafe in Höhe von einem Jahr und sechs Monaten auf Bewährung[9]. Ebenfalls folgte das Gericht der Einschätzung der Jugendgerichtshilfe (→ Teil II: *Wer* behandelt?), dass S. einer Erwachsenen noch nicht gleichzusetzen, sie zudem in familiär schwierigen Verhältnisse großgeworden sei und nun gerade eine Ausbildung zur Verkäuferin begonnen habe. Eine nochmalige Bewährungschance wurde ihr gewährt.

Bei Fall S. haben wir mehrere Anzeichen einer doch noch recht jugendtypischen Täterin.

Altersgemäß ist sie bei ihrer ersten Straftat 16 Jahre alt und Jugendstrafrecht war zwingend anzuwenden. Sie tritt bei der zweiten Straftat als Mittäterin in Erscheinung, was häufig bei Jugendkriminalität auffällt (→ Kapitel 1 – Rolle von Peers), und vor allem der erste Straftatbestand kann als sehr spontane, unmittelbare Reaktion auf eine empfundene Provokation ausgelegt werden. Ihre erste Verurteilung wegen Körperverletzung begründet S. mit: „da bin ich ausgeflippt, die [Andere] hat meinen Freund angemacht" und: sie [gemeint: S. und zwei ihrer Freundinnen] hätten „der [Anderen] dann klargemacht, dass das so nicht geht". Dieses „so nicht gehen", mündetet in einer handfesten Keilerei zwischen zwei Mädchengruppen. Alle Beteiligten, so die Feststellung des Gerichtes, standen zum damaligen Tatzeitpunkt erheblich unter Alkoholeinfluss. Bei der Falschaussage: „ich wollte doch helfen und wusste nicht, dass…", mag der Wunsch nach Anerkennung von der Freundesgruppe als ein zentrales Motiv angesehen werden. Auch dies ist für das Jugendalter ein typisches gruppendynamisches Verhalten („wir hatten ja vorher ausgemacht, alle das Gleiche zu sagen, damit niemand in den Knast kommt"). Der Wunsch nach Anerkennung und Zugehörigkeit wiegt dann schwerer als mögliche Konsequenzen.

Die Phase der Adoleszenz

Die Phase der Adoleszenz (Jugend) weist, wie keine andere Phase in unserer Entwicklung, Spezifika auf und lässt sich im Vergleich zu anderen Entwicklungsphasen am schwierigsten konkretisieren (vgl. Spröber-Kolb 2022, S. 16). Zu biologischen und somatischen Veränderungen in der Pubertät kommen ko-

9 Verurteilungen unter zwei Jahren nach Jugendstrafrecht werden in der Regel nicht in das allgemeine Führungszeugnis eingetragen. Eine Ausnahme stellen Sexualdelikte dar. → S. würde hier noch als nicht vorbestraft gelten.

gnitive Entwicklungen und neuronale Veränderungen hinzu (vgl. Weichold & Silbereisen 2018, S. 242 ff.). Jugendliche erleben wir so oft als sehr spontan und sehr wechselhaft in ihren Gedanken, ihrem Erleben und ihren Handlungen. Sturman und Moghaddam (2011) konnten Veränderungen im Gehirn mit Verhaltensweisen in Verbindung bringen und so zum Beispiel das sogenannte „sensation seeking" erklären, wie in der zweiten kleinen Fallskizze zu Beginn dieses Kapitels beschrieben. Auch impulsiveres Verhalten und ein verstärktes Lernen über positive Verstärker konnten mit neuronalen Veränderungen während der Pubertät in Verbindung gebracht werden (ebd., S. 1704 f.). Parallel zur biologischen und psychischen Veränderung zählt diese Phase als Transition (Übergang) in gesellschaftlich neue Rollen und Positionen (vgl. Weichold & Silbereisen, S. 247). Es fällt mitunter schwer diese Entwicklungsschritte mit konkreten Altersangaben zu beziffern. In der Literatur finden wir, je nach Einteilung, die Angaben 10–18 Jahre (Pubertät), 10–19 Jahre (Jugendliche), 18–25 Jahre (junges Erwachsenenalter/„emerging adulthood"). Zu bedenken ist ebenfalls, dass die Adoleszenz wie auch die Kindheit immer biographisch mitbestimmt ist und sich so unterschiedliche Lebenslagen abbilden (vgl. ebd., S. 240).

S. hat die Mittelschule mit dem Quali beendet und bereits mit 16 Jahren die mütterliche Wohnung verlassen. Hintergrund waren unter anderem beengte Wohnverhältnisse und ständige Streitereien mit ihrem Stiefvater. S. fand eine eigene kleine Wohnung und suchte sich selbstständig einen Ausbildungsplatz, der ihr recht viel Freude bereitet. Diese Faktoren würden durchaus darauf hindeuten, dass S. sehr früh sehr erwachsenes Verhalten zeigt, und man könnte fälschlicherweise annehmen, dass sie so auch in der Lage sein müsste, ihr Leben selbstverantwortlich und den sozialen Normen entsprechend zu meistern. Gerade aber der Übergang von der Adoleszenz zur Erwachsenenwelt gestaltet sich dabei nicht stringent (vgl. Sturman & Moghaddam 2011). So kann es durchaus sein, dass zwar die körperliche Reifung abgeschlossen ist, die/der Jugendliche aber noch infantil anmutendes Verhalten zeigt (Beispiel: S. will Freunden „helfen" durch falsche Angaben vor Gericht). Parallel dazu soll gleichzeitig sukzessive Verantwortung und Leistungsbereitschaft gezeigt werden, wenn schulische und berufliche Entscheidungen anstehen. Eine Gegenüberstellung von normalem vs. „gefährdetem" Aufwachsen bezogen auf das Jugendalter finden wir bei Fegert und Streeck-Fischer (2009, S. 205), und dies erscheint bei der Bewertung von Jugendkriminalität sehr hilfreich. So führen die Autor:innen an, dass zu einem normalen Aufwachsen unter anderem ein *gelegentlicher Gebrauch von Drogen* vor allem in Freundesgruppen (Peers) und *Gefühle von Unsicherheit* und *Schüchternheit* gehören. Bei S. könnte dies zur Erklärung dienen, dass sie mit ihrer Clique gerne „feiern" ging und auch teilweise mehr an Alkohol trank, als ihr gut tat („und dann bin ich ausgeflippt…"). Angesprochen auf die Intention, die hinter ihrer Falschaussage steckte, reagierte sie verschämt und fügte hinzu, dass sie doch ihren Freunden hat helfen wollen, auch nicht wusste, was genau in der Zeugenbefragung von ihr verlangt wurde und der Richter „voll krass strenge Fragen gestellt hat".

Die Rolle der Peers

Die Phase der Adoleszenz ist vor allem dadurch gekennzeichnet, dass es zu einer sukzessiven Ablösung von den Eltern kommt und ein wesentliches mehr das Zusammensein mit Gleichaltrigen die Freizeit bestimmt. Diese Kontakte erhalten eine sehr wichtige Bedeutung, da sie als die hilfreicheren Kontakte im gemeinsamen Bewältigen der neuen Entwicklungsaufgaben verstanden werden. Ein Agieren in Cliquen als Relativierung und Abgrenzung zur Erwachsenenwelt (wozu man ja noch nicht gehört) ermöglicht es den Jugendlichen sich einerseits langsam an die neuen Rollen und Positionen heranzutasten, andererseits gibt die Gruppe der Peers den notwendigen emotionalen Halt und ein gewisses Maß an Struktur (vgl. Weichold & Silbereisen 2018, S. 252). Bei der Einschätzung, welchen Einfluss die Peer-Group in Zusammenhang mit Jugendkriminalität einnimmt, ist es wichtig zu unterscheiden, in welcher Art von Peer-Group sich der/die Jugendliche bewegt und welche Position innerhalb der Gruppe er/sie einnimmt. Peer-Kontakte können dabei jedoch nicht per se als schlechter Einfluss gesehen werden. Peers stellen einen wichtigen Sozialbezug für Jugendliche dar und sind sogar in der Lage, mögliche negative Effekte von belasteten Familienbeziehungen durch Zuspruch und Zuwendung abzupuffern (vgl. Reindl et al. 2016, S. 146f.).

Praxistipp

Bei S. könnte man darauf vertrauen, dass sie mit zunehmendem Alter und der Erweiterung ihrer Kompetenzbereiche sehr wohl aus ihren skizzierten jugendtypisch kriminellen Verhaltensweisen „herauswächst" und spezielle strafrechtliche Sanktionen über das übliche Maß einer Bewährungsstrafe hinaus nicht angezeigt sind. Was aber nicht bedeutet, dass sie keiner weiteren Unterstützung bedarf. Dieses „Herauswachsen" (aging-out) gut zu begleiten, erfordert von uns in der Praxis tätigen Fachpersonen ein gewisses Maß an Gelassenheit und Begegnung auf Augenhöhe. Verfahren in der Kinder- und Jugendhilfe setzen dabei auf ein hohes Maß an Transparenz und Mitbestimmung (§ 8 Abs. 4 SGB VIII). Durch Ressourcenarbeit können bei S. gute Erfolge erzielt werden. Stärkere strafende Maßnahmen, wie zum Beispiel Jugendarrest als Warnschuss und Maßnahmen, die bei S. den Anschein erwecken, dass sie in eine Therapie benötige, laufen Gefahr Negativeffekte zu erzielen.

1.2 Jugendliche Grenzgänger:innen

Zwar handelt es sich im Themenbereich Jugendkriminalität um ein weitgehend passageres, also vorübergehendes, Phänomen, dennoch kann es zur Verstetigung delinquenter Verhaltensweisen und damit zu Wiederholungstaten mit zum Teil schwerwiegendem Verlauf kommen (vgl. Fischer et al. 2020, S. 9). Terry Moffitt (2011) unterteilt in ihrer *Two-Path-Theory* Straftäter:innen in *adolescence limited offender* (kurz: ALO) und *lifecourse persistent offender* (kurz: LPO). Bei den letztgenannten handelt es sich um kleine Personengruppe, innerhalb der sich bei den Täter:innenbiographien einige Gemeinsamkeiten abbilden lassen. Dazu gehören beispielsweise ein marginalisiertes Aufwachsen, Gewalt- und Missbrauchserfahrungen in der Familie, sogenannte Pendel-Karrieren[10], früher Beginn von auffälligen Verhaltensweisen, Schulausschlüsse, Alkohol- und Drogenmissbrauch und Zugehörigkeit zu einer ebenfalls kriminellen Freundesgruppe (vgl. Fischer et al. 2020, S. 8). Diese psychischen und physischen Belastungen werden zum Teil als Erklärung herangezogen, wie es in Folge einer empfundenen Benachteiligung zu, zum Teil massiven, Gewaltausbrüchen kommen kann (vgl. Fegert et al. 2009, S. 203). Dieses manchmal als Ausagieren[11] auftretende Verhalten erscheint uns von außen als überschießendes Reagieren auf zuvor ausgesprochene Provokationen. Der folgende Fall soll uns zur Klärung dienen, ob und anhand welcher Hinweise wir hier vom Beginn einer Verfestigung von kriminellen Verhaltensweisen sprechen könnten.

Fallbeispiel A. – ACAB[12]

A. ist knapp 16 Jahre alt, als er zu einer Jugendstrafe in Höhe von einem Jahr und drei Monaten auf vier Jahre Bewährung verurteilt wird. Hintergrund ist, dass er massiv auf einen anderen Jugendlichen eingeschlagen hat, dieser wurde nicht unerheblich verletzt. Zudem ist dies schon die dritte Verurteilung wegen eines Körperverletzungsdeliktes innerhalb eines Jahres. Im Zuge der polizeilichen Ermittlungen fiel A. außerdem durch Beamtenbeleidigung auf. Zu seiner Kindheit und seinem Aufwachsen berichtet A., dass er noch zwei jüngere Brüder hat und dass seine Eltern nicht mehr zusammenleben. Es habe meist an Geld gefehlt und die Eltern hätten oft und lautstark gestritten. Auch habe der Vater seine Mutter öfter verprügelt und ihn ebenfalls, oft grundlos. Nachdem der Vater weggegangen sei, habe er eine große Veränderung bei der Mutter wahrgenommen, diese sei

---

10 Häufiger Wechsel von Fremdplatzierungen und/oder Aufenthalten in der Kinder- und Jugendpsychiatrie

11 Ausagieren – ein Abwehrmechanismus als automatisierter psychischer Vorgang auf innere und äußere Konflikte (https://lehrbuch-psychologie.springer.com/lexikon/a)

12 ACAB steht für „all cops are bastards" und kann u. a. als Beamtenbeleidigung sanktioniert werden.

noch gestresster gewesen und habe häufig Streit mit ihm gehabt. Die kleineren Brüder seien „immer außen vor gewesen" und in Schutz genommen worden – so die Perspektive des Jugendlichen. Er sei dann mit 14 Jahren zum Vater in einen anderen Landkreis gezogen und dort auf die Realschule gegangen. Die Mutter sei absolut gegen seinen Wegzug gewesen und habe sich wie folgt von ihm verabschiedet: „Wenn Du gehst, dann brauchst auch nicht mehr zurückkommen". Beim Vater sei er mehrmals von diesem verprügelt worden, doch keiner habe seinen Äußerungen geglaubt. Letztendlich sei das Jugendamt eingeschaltet worden, doch er habe einfach keinen Bock auf irgendwelche Maßnahmen gehabt. Er habe dann gesagt, dass er nicht will, habe mit dem Sozialarbeiter vom Jugendamt einfach gar nicht mehr geredet und wenn, dann gesagt, dass die Ohrfeigen vom Vater nicht so schlimm sind. Da er es aber beim Vater nicht mehr ausgehalten habe, „wir hätten uns irgendwann wirklich umgebracht", zog A. nach knapp einen Dreivierteljahr wieder zurück zur Mutter. Diese sei nicht gerade begeistert von seiner Rückkehr gewesen: Ein Esser mehr und noch weniger Platz in der mittlerweile kleineren Wohnung. Das Amt habe keine größere Wohnung bezahlen wollen, da er ja eigentlich beim Vater hätte wohnen sollen. „Das hat sie [die Mutter] mir nicht verziehen und ich muss nun auf der Wohnzimmercouch schlafen. Meine beiden kleineren Brüder haben ein eigenes Zimmer". A. gibt an, sowieso nur noch sporadisch bei der Mutter zu sein, er verbringe lieber die meiste Zeit (auch gerne die Nächte) bei Freunden, oder macht „Platte" am Bahnhof. Soweit sei eigentlich alles gut, nur dass er sich ungerecht behandelt fühlt. Mit dem Jugendamt und der weiteren Idee der „Behandlung" solle die Bewährungshelferin ihn nicht weiter nerven, das brächte nichts. In den Knast wolle er aber auf keinen Fall: „Da geh ich kaputt!"

Bedenkenswert bei diesem Fallbeispiel ist durchaus, dass A. mit einem gewissen Gewaltpotential agiert hatte (einem anderen Jugendlichen trat er mit Springerstiefel in den Bauchraum und gegen Kopf und Oberkörper) und in laufender Bewährung erneut und wiederholt straffällig wurde. Er erscheint für als notwendig erachtete sozialarbeiterische Maßnahmen im wörtlichen Sinn als „hard to reach" – schwer erreichbar. Aufgrund der familiären Situation und ein Stück weit auch aus seiner eigenen Lebenseinstellung heraus, ist A. faktisch obdachlos und verbringt gerne und häufig seine Zeit mit seinen Freunden. Die Zeit mit diesen beschreibt er mit „Saufen und Nazis klatschen". Auf tieferes Nachfragen, was denn für ihn „Nazis" seien, bleibt er jedoch recht unpolitisch diffus. Ebenfalls richtete sich die Wut der Gruppe nicht nur gegen „rechts". Die Aggressionen werden zum Teil beliebig gegen andere Jugendliche mit anderem Musikgeschmack ausgelebt oder der nähere naturnahe und urbane Raum muss für das Abreagieren aufgestauter Wut herhalten (zerbrochene Fenster, entleerte Mülleimer, zerkratze Autos). Hinsichtlich seiner Zukunftsperspektive gibt A. sich gelassen („vielleicht mal Daumen raus und wegfahren"). Mit knapp 17 Jahren wird er erneut verdächtig, mit Gewaltstraftaten auffällig geworden zu sein, und aufgrund von Fluchtgefahr (faktische Obdachlosigkeit) in Untersuchungshaft genommen.

Wie nun mit A. zusammenarbeiten, der Erwachsene per se und Sozialarbeiter:innen speziell „eh nicht abhaben“ kann? Zudem legt er eine gewisse Lässigkeit an den Tag und provoziert gerne mit seinen Erfahrungen als „Straßenjunge“. Die Fragen, die sich hier stellen, sind folgende: Wie viel Devianz weist auf eine Gefahr des Abgleitens und auf die Gefahr weiterer Straftaten hin? Wie viele Grenzen braucht A. und wie viel an Grenzsetzung wäre zu viel? Können wir bei A. ebenfalls darauf vertrauen, dass es zu einem „aging out“ – Herauswachsen aus der Kriminalität – kommt, oder verschlimmert sich seine Gesamtsituation und er könnte als persister[13] in den kommenden Jahren als Dauergast in den Institutionen der Justiz auftreten?

Anregungen zur Fallreflexion

Gehen wir also wieder ähnlich wie beim Fall S. vor und schauen uns die Merkmale von jugendtypisch devianten Verhalten an. A. ist zu Beginn seiner strafrechtlichen Karriere 15 Jahre alt, somit besteht rein rechtlich kein Zweifel an der Anwendung von Jugendstrafrecht. In der Gruppe der Peers gestaltet es sich jedoch im Unterschied zu S. etwas anders: A. kann als „Leader“ ausgemacht werden. Seine aktuelle familiäre und soziale Situation veranlassen zur Sorge. Gesunde Inseln, wie zum Beispiel halt- und strukturgebende Instanzen, etwa stützende Eltern(-teile), Schule/Ausbildung, Kontakte zu nicht devianten Gleichaltrigen, fehlen auf den ersten Blick, bei einem gleichzeitig haltlose erscheinenden in den „Taghineinleben“ mit einer gehörigen Portion „Wut im Bauch“.

Die Entwicklungsaufgabe: Suche nach Identität

Eine entscheidende Entwicklungsaufgabe in der Phase der Adoleszenz ist die weitere Identitätsbildung (vgl. Piquart & Silbereisen 2000; Eschenbeck & Knauf 2018, S. 31). So geht es um die zentralen Fragen: „Wer bin ich?“, „Für welche Werte stehe ich ein?“, „Welche Rolle spiele ich?“ Diese Fragen sind zu dem unter dem Stichwort „Identitätskonstruktion“ immer auch im Abgleich mit den Anderen zu bewerten (vgl. Lührmann 2006, S. 143). Man nimmt an, dass ein Kontingenzerleben dann stabil und authentisch erlebt wird, wenn Selbstbild und Fremdbild als sich nicht widersprechend wahrgenommen werden. Dabei sind emotionale Bewertungen der/des Anderen oder einer sozialen Rolle als maßgeblich identitätsstiftend zu sehen. Durch Identifikation über positive

13 Persisting in crime – Fachbegriff für wiederholtes strafrechtliches Verhalten, das sich über verschiedenen Lebensphasen erstrecken und mit längeren Haftaufenthalten einhergehen kann (vgl. Stelly & Thomas 2000).

emotionale Bewertungen sind Jugendliche motivierter die gleiche Position/ Rolle einnehmen zu wollen wie das „Role-Model“ und dies wirkt stärker auf eine Rollenübernahme als ein bloßes kognitives Abwägen oder Planen von zukunftsleitenden Fragen (vgl. Bandura 1971, S. 55). Diese durch emotionalen Bezug hergestellte Präferenz selbst Dinge auszuprobieren, „so zu sein wie ...“, werden als identifikationsstiftende Prozesse zentral für den eigenen Identitätserwerb (vgl. Resch 2002, S. 55 ff.). Ebenso liefern Erkenntnisse aus bindungstheoretischen Bezugnahmen wichtige Hinweise. Grossmann und Grossmann (2004, S. 453 f.) konnten einen Bezug zwischen der Entwicklung des Selbstbilds und der emotionalen Bindung zu den Eltern herstellen. So gelingt die eigenständige Definition ihres Selbstbildes den Jugendlichen offenbar dann besser, wenn eine positive emotionale Verbundenheit zu den Eltern vorhanden ist. Diese Eltern-Jugendliche-Beziehungen erscheinen beispielsweise in den Kommunikationsmustern in Form einer Offenheit für verschiedene Meinungen und eines allgemein wertschätzenden Gesprächsklimas (vgl. Piquart & Silbereisen 2000, S. 83 f.). Auch der Zeitpunkt, wann Jugendliche mit Entwicklungsaufgaben konfrontiert werden, ist bedenkenswert. So kann es sein, dass zum Beispiel die sozio-kulturellen Aufgaben, wie Schulabschluss oder Ausbildungsbeginn, zu früh oder zu sehr von außen vorangetrieben werden, und noch nicht von der/dem Jugendlichen bewältigt werden können. Für diese individuellen Unterschiede können intrapsychische wie auch herkunftsbezogene Faktoren eine Rolle spielen. Beispielsweise kann ein Aufwachsen in einer Familie mit wenig Struktur und einem subjektiv hoch empfunden Konfliktmuster, dazu führen, dass der/die Jugendliche sich vergleichsweise früher verselbstständigt und ein hohes Maß an Autonomie entwickelt. Dies allerdings, so Weichold und Silbereisen (2018, S. 250), könnte dann zu Lasten einer höheren Schul-/ Ausbildungsmotivation gehen und sich zu einer Benachteiligung im weiteren Bildungsverlaufs entwickeln.

Fallbezug zu A.

Interessant, weil richtungsweisend, erscheinen folgende Überlegungen: Was denkt A. von sich selbst? Wie kann er als Akteur in die notwendigen Begleitprozesse einbezogen werden und wie sollte sich die weitere Behandlung gestalten, um die Ausbildung eines negativen Selbstbilds abzufedern. A. steht vor einigen Dilemmata: So scheint es, dass seine Eltern als geeignete Rollenmodelle nicht, bzw. nicht genug zur Verfügung stehen können. Seine Position innerhalb der Peers und die Anerkennung, die er hier unter Umständen über das Ausüben von Gewalt erhält, würden für ihn bedeuten, im Grunde ebenso Gewalt anzuwenden wie sein Vater (nur an anderer Stelle). Des Weiteren könnte A. durch Zuschreibungsprozesse von außen (Fremd-Attributionen) in einem eigenen negativen Selbstbild (Selbst-Attribution) bestärkt werden. A. könnte so ein Kontingenzerleben abspeichern, „Ich durfte nie, also habe ich, also bin ich … kriminell [von Euch gemacht worden]". Oder aber im Ideal: „Ich hatte es an einigen Stellen schwer, konnte mich aber selbst „rausholen" anstatt mich wörtlich „raus-zu-boxen". Beide Optionen deuten auf eine andere Perspektive hinsichtlich seiner Identität hin. Version A) „so wurde ich zum Verbrecher [gemacht]" vs. Version B) „Ich habe es trotzdem allen gezeigt, weil ich eben nicht so wurde, weil es Menschen und Dinge gibt, die mir wichtig sind." Gerade Version B positiv zu verstärken ist eine Kernaufgaben in der Behandlung von jugendlichen Straftäter:innen. (→ Teil III – Motivationsarbeit)

Praxistipp

Beim Fall A. erscheinen die „kritischen Anzeichen" augenscheinlich.

Dennoch verhält sich A. noch sehr jugendtypisch. Seine Straftaten geschehen ausschließlich im Peer-to-Peer-Kontakt und gruppenbezogen im jugendkulturellen Milieu. An dieser Stelle scheint es, dass wir noch nicht final einschätzen können, ob es zu einem „aging-out" oder einer weiteren Verstetigung von kriminellen Verhalten kommen wird. Dazu müssten wir uns noch folgenden weiterführenden Aspekten widmen, die wir laut Akkerman et al. (2004) als altersangemessenes Problemlösen, Gefühlsregulation, Beziehungsgestaltung zu Freund:innen und in späteren Paarbeziehungen betiteln können. Der Grundbedingung „altersangemessen" kommt hier eine besondere Bedeutung zu. Es gilt zu verhindern, dass A. weiter in straffälliges Verhalten abgleitet. Grenzen aber auch Möglichkeiten sind transparent zu machen (nicht gut heißen, was er gemacht hat) bei gleichzeitiger Vermeidung von Stigmatisierung und Pathologisierung (nicht: „Du bist …" oder „Du hast …"). Im Unterschied zu S. wäre eine kontinuierliche Beziehungsarbeit mit häufigerer Kontaktfrequenz sinnhaft. Partizipative Ansätze könnten innerhalb der Rahmung des Zwangskontextes einer Bewährungsstrafe Selbstwirksamkeitserfahrungen fördern. Im Abschnitt zum Thema „Desistance" (Ausstieg aus Kriminalität) kommen wir noch einmal auf A. zurück.

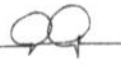

Fragen zur (Selbst-)Reflexion

- Wie ging es Ihnen beim Lesen der Fallbeispiele S. und A.?
- Welche Gefühle merkten Sie gegebenenfalls?
- Was denken Sie, wie es mit A. weitergehen könnte?

Kurz zusammengefasst

Die Phase der Adoleszenz ist einer der Lebensabschnitte, in dem eine Vielfalt an Veränderungen gemeistert werden muss. Begonnene Prozesse aus der Kindheit werden unter neuen Vorzeichen weiterentwickelt, neue normative Entwicklungsaufgaben (Verantwortungsübernahme, Schulabschluss, Berufsbeginn etc.) und alltägliche Herausforderungen („daily hassels") stellen Jugendliche vor neue Lern- und Anpassungsaufgaben. Das Jugendalter ist zudem von einem relativ hohen Maß an Abhängigkeit von Eltern und anderen Erziehungspersonen gekennzeichnet, und dies steht im Konflikt mit den eigenen Autonomiebestrebungen. Die Welt der Erwachsenen wird zunehmend kritischer betrachtet und Freund:innen erhalten eine neue Wichtigkeit. Herkömmliche gesellschaftliche Werte werden in Frage gestellt und alternative Wertvorstellungen als attraktiver wahrgenommen. Mangelnde Erfahrung in neuen Rollenübernahmen können Verhaltensweisen nach sich ziehen, die als delinquent oder sogar als jugendkriminell bewertet werden. So reicht auch die Spannbreite jugendtypischer Delikte von Schwarzfahren und illegalen Downloads bis hin zu Straftaten im Gewalt- und Drogenbereich. Die Entwicklung eines positiven Selbstbildes und ein für den/die Jugendliche/n ausgewogenes Maß an Herausforderungen zum richtigen Zeitpunkt erscheinen als Puffer, um ein weiteres Abgleiten in strafrechtlich relevantes Verhalten abzufedern. Auf der anderen Seite befeuern negative Selbst- und Fremdzuschreibungen eine mögliche Verfestigung krimineller Verhaltensweisen.

1.3 (Drogen-)Kriminalität und Suchterkrankung

Das Betäubungsmittelgesetz (BtmG) ist gegenüber anderen Teilen des Strafgesetzbuches ein hoch politischer und ideologisch aufgeladener Bereich (vgl. Riekenbrauk 2011, S. 229). Debatten um Ver- oder Entschärfungen werden aus diametral gegenüberstehenden Positionen geführt. Der kriminalpolitische „war on drugs"-Ansatz steht für stärkere Repression und hebt den generalpräventiven Schutzauftrag des Staates hervor, während vor allem Expert:innen aus den Sozial- und Gesundheitswissenschaften sich stark für eine Entkriminalisierung aussprechen (vgl. Stöver & Gerlach 2012). Dieser Haltung schließt sich ebenfalls der Frankfurter Oberstaatsanwalt Harald Körner an und postuliert:

> „Machen wir uns nichts vor! Wir können mit unseren polizeilichen und strafrechtlichen Mitteln weder das Drogenproblem lösen, noch ein illegales Wirtschaftssystem trockenlegen... Die Drahtzieher des international organisierten Drogenhandels treffen wir fast nie." (BtmG, 4. Aufl., Anhang C 1 Rdnr. 107).

Dies bedeutet, dass, je nachdem wie strikt oder wie liberal die Rechtspraxis hier auftritt, dies unmittelbaren Einfluss auf die Bewertung von Suchtmittelgebrauch und Suchterkrankung hat. Werden Substanzen legalisiert oder unter Strafe gestellt, verändert sich automatisch der Bereich der Tatverdächtigen und damit auch die Anzahl der nach dem BtmG verurteilten Personengruppen. Der jeweilige Umgang mit drogengebrauchenden Menschen und deren Begleitung und Behandlung ist ein Querschnittsbereich zwischen Gesundheits- und Sozialpolitik auf der einen und der justiziellen Praxis auf der anderen Seite. Ein Blick in die Statistik verrät, dass Rauschgiftdelikte im Jahr 2021 den drittgrößten Sektor (18,4 %) nach Diebstahl (27,5 %) und Körperverletzungsdelikten (20,2 %) bei jugendlichen Tatverdächtigen (14- bis 17-Jährige) bildeten. Bei den 18- bis 21-jährigen Heranwachsenden standen Rauschgiftdelikte sogar auf dem ersten Rang (28,8 %), vor den Körperverletzungsdelikten (18,8 %). In der Statistik aller erfassten Tatverdächtigen nach Deliktgruppen machen Rauschgiftdelikte 7,2 % aus (vgl. Bundeskriminalamt – PKS 2022). Dies scheint angesichts der Erkenntnisse aus dem vorherigen Abschnitt nicht weiter verwunderlich. Jedoch ist damit zu rechnen, dass wir unabhängig von der statistischen Abbildung häufiger mit einer doppelten Belastung (Straffälligkeit und Suchterkrankung) bei der Klientel zu rechnen haben. Falsch wäre es jedoch, von einem ursächlichen Zusammenhang zu sprechen und auf vorschnelle Kausalbedingungen („das eine hat das andere verursacht“) zu schließen. Kreuzer (2015) unterteilt in der Rubrik Drogen- und Kriminalitätskarrieren in vier Kategorien: Kategorie 1 werden Menschen zugeordnet, die Drogen gebrauchen, ohne strafrechtlich in Erscheinung zu treten. Einen nahezu zeitgleichen Beginn von Drogenabhängigkeit und Kriminalität bilden Lebensläufe der Kategorie 2 ab, wobei zu Kategorie 3 diejenigen gezählt werden, die durch eine suchtspezifische Abwärtsspirale auch mit verstärkter Delinquenz auffallen. Zuletzt erfasst Kategorie 4 diejenigen Fallverläufe, die zuerst durch kriminelles Verhalten und im späteren Verlauf mit Drogendelikten auffallen (vgl. Kreuzer 2015, S. 7 f.). Gerade die Kategorien 3 und 4 verleiten dazu, anzunehmen, dass Drogen- und Kriminalitätskarrieren sich gegenseitig verursachen. Zu bedenken ist jedoch, ob Drogengebrauch als Verstärker, nicht als Auslöser von Straftaten zu bewerten ist (vgl. ebd.). Für die Beratung und Behandlung im Rahmen der Straffälligenhilfe stehen wir vor einigen zentralen Fragen: Wie bewerten wir den Rauschmittelgebrauch in Abgleich mit kriminogenen (kriminalitätsfördernd) Faktoren? Wie verändert zum Beispiel eine akute Intoxikation die Persönlichkeit und die kognitiven Fähigkeiten, und wie steht dies in Zusammenhang mit möglichen weiteren Straftaten? Auch eine suchtbedingte Abwärtsspirale, wie Verlust von Beziehungspartner:innen, des Arbeitsplatzes und Hineingeraten in subkulturelle Milieus, stellen uns im Bereich der Resozialisierung vor komplexere Hilfe- und Behandlungspläne. Zwei Fallbeispiele sollen für weitere Klärung sorgen.

Fallbeispiel F. – ein Leben wie im Rausch?

F. ist 23 Jahre alt. Er ist bei seinen leiblichen Eltern in einer Großstadt aufgewachsen. An seine Kindheit hat er schöne Erinnerungen. Nach dem Realschulabschluss hat F. eine Ausbildung im kaufmännischen Bereich begonnen und diese auch erfolgreich abgeschlossen. Auch ist er nach seinem Schulabschluss relativ schnell von zuhause ausgezogen. Um sich einen Lebensunterhalt und einen gewissen Luxus zu ermöglichen, besserte er am Wochenende sein Lehrlingsgehalt durch „Auflegen in Clubs“ auf. Er fand einen Freundeskreis, in dem er sich sehr aufgehoben fühlte. Mit seinen Freund:innen ist er fast jeden Abend herumgezogen, hat Cannabis geraucht und auf Partys regelmäßig Kokain, Amphetamine und MDMA[14] konsumiert. Da er sich diesen Lebensstil nicht über einen regulären „Brotjob" finanzieren konnte und wollte, fing er an, als haupterwerblicher DJ zu arbeiten. In dieser Szene hatte er sich einen Namen gemacht und Gigs (Auftritte) in größeren Clubs in ganz Europa erhalten. Mit Anfang 20, konsumierte F. täglich Amphetamine und Kokain, abends rauchte er Cannabis, um einschlafen zu können. Eines Tages, nachdem er mehrere Tage nacheinander auf Partys verbracht hatte, hörte er plötzlich Stimmen und hatte das Gefühl, dass ihn andere Menschen, zum Beispiel in der Straßenbahn, mit Blicken fixierten, als wollten sie etwas von ihm. Er fühlte sich bedroht und zog sich paranoid zu Hause zurück. Nach diversen Überredungsversuchen durch einen Freund ließ er sich in eine psychiatrische Klinik einweisen. Dort wurden eine substanzinduzierte Psychose und eine Suchterkrankung durch multiplen Substanzgebrauch diagnostiziert. Die psychotische Symptomatik war schnell rückläufig, aber es fiel F. derart schwer, keine Drogen zu konsumieren, dass er mehrmals aus der Klinik weglief, um sich Kokain und Cannabis zu besorgen. In der Klinik wurde er daher auf eine Suchtstation verlegt. Dort gelang es ihm, zwei Monate abstinent zu bleiben, so dass er in die Suchtambulanz entlassen wurde, wo er einmal pro Woche zu einer suchtspezifischen Psychotherapie gehen sollte. In dieser stellte sich heraus, dass F. ausgeprägte Probleme hatte, Stress und generell schwierige Situationen zu tolerieren. Er reagierte sofort mit starkem Suchtdruck, wenn es in seinem Leben schwierig wurde. In der Behandlung lernte er Strategien, um mit starken negativen Emotionen funktional umzugehen sowie Stress und Suchtdruck auszuhalten. Das Hauptproblem war aber eine quälende Langeweile, die er in nüchternem Zustand empfand. In seinem Kopf drehte sich solange alles nur um Kokain und Cannabis, bis er dem Drang nachgab. Und hatte er einmal mit dem Konsumieren begonnen, verlor er die Kontrolle und konnte erst dann stoppen, wenn nichts mehr zum Konsumieren da war. Er brach die Therapie nach wenigen Monaten ab und wurde schwer rückfällig. Zudem wurde er, so seine Aussage, von einigen seiner damaligen Kontakte in der Musikszene „hingehängt". Bei einer Hausdurchsuchung fand die Polizei Cannabisprodukte sowie Kokain und Ecstasy-Tabletten in größeren Mengen. Die Hauptverhandlung steht nun bevor.

Psychodynamische Aspekte von Sucht

Dieses Fallbeispiel steht möglicherweise Pate für die Hoffnung von Angehörigen von an Sucht erkrankten Menschen und auch manchmal für uns in der

14 MDMA ist die chemische Verbindung von Ecstasy. Einen sehr guten Überblick über Suchtmittel, Konsumformen und Wirkung erhalten wir unter www.drugcom.de, einem Projekt der Bundeszentrale für gesundheitliche Aufklärung (BZgA).

Praxis Tätigen. F. schaffte es mit Unterstützung, sich in stationäre und weiterführende ambulante Behandlung zu begeben, umso größer die Frustration und Verzweiflung beim Abbruch und weiterem Abgleiten in kriminelles Verhalten. Ambulante und stationäre Therapiebemühungen scheinen auf den ersten Blick gescheitert. Neben biologischen, systemischen und verhaltenstheoretischen Erklärungen scheinen bei F. auf den ersten Blick psychodynamische Überlegungen sehr passend. Dabei geht man davon aus, dass Sucht als Spitze des Eisberges zu sehen ist und ohne Konsum intra- und innerpsychische Konflikte stärker hervortreten (vgl. Bilitza 2008, S. 14). So auch Leon Wurmser: „Jeder, der eng mit einem Drogenabhängigen zusammenarbeitet, erlebt immer wieder, dass der Patient beim Entzug seiner Droge der Wahl verzweifelt versucht, diese durch ein anderes Symptom zu ersetzten" (1997, S. 89). In der Substitutionsbehandlung stellen Fachkräfte häufig fest, dass es bei der Mehrzahl der Substituierten eben nicht ausreicht, dass sie keine Entzugssymptome bekommen und ihre physische Regulation durch das Substitutionsmittel einigermaßen ins Gleichgewicht gebracht worden ist. Die entscheidenden Lebensgefühle fehlen weiterhin. So könnte man bei F. erklären, dass er es nur sehr schwer aushält „Langeweile" zu fühlen. Ohne Suchtmittel (Droge) und dem Setting [gemeint hier: die DJ-Szene und das Jetten um die Welt in die schönsten Clubs] bleibt, so denkt und fühlt er, nur noch Durchschnitt oder sogar nichts mehr von ihm übrig. Die Droge wird sozusagen als Bezugsobjekt bewertet, um Grundbedürfnisse befriedigt zu bekommen und die Ambivalenz zwischen „Gut" und „Böse", „Lust" und „Unlust" auszubalancieren (vgl. Bilitza 2008, S. 8). Ausgangspunkt für die Fachkräfte ist hier die Frage, aufgrund welcher Persönlichkeitsanteile von F. und wann im biographischen Verlauf er das Suchtmittel zu missbrauchen begonnen hat und warum es eine so zentrale Bedeutung erlangte.

Systemische Sicht auf Sucht

Ähnlich und daran anschließend kann der systemische Blick auf Sucht und Suchterkrankung hier noch weitere Erklärungen bieten. Die Funktion eines Symptoms (hier: Suchterkrankung) zeigt sich nicht nur intrapsychisch, sondern wird auch im sozialen System sichtbar. Nach Ruf (2005, S. 146) können unterschiedliche Funktionen, die dem Suchtmittelkonsum zugrunde liegen, benannt werden: soziale Funktion (Anerkennung in peer-group), eine enthemmende Funktion, stärkende Funktion (erhöhtes Selbstwertgefühl) und eine autodestruktive Funktion („Kick"). Süchtiges Verhalten wird nach der systemischen Sicht zudem mit der Anpassung und der Ablösung vom Elternhaus als sehr eng verwoben erklärt (vgl. Lenz 2008, S. 48).

Praxistipp

Wichtig zu beachten ist, dass nicht jede an einer Abhängigkeitserkrankung leidende Person automatisch kriminell wird. Dennoch gibt es Hinweise, dass Gewaltstraftäter:innen mit dissozialen Persönlichkeitsanteilen (→ Kapitel 2) eine häufige Ko-Morbidität aufweisen (vgl. Wessel 2012, S. 22).

Fallbeispiel Herr X. – „das bringt doch nichts …"

Herr X. ist 35 Jahre alt und wartet nach Verbüßung einer langen Freiheitsstrafe auf den Wechsel in die Sicherungsverwahrung, falls es nicht doch noch gelingt, durch Therapie das Risiko für weitere schwere Straftaten zu senken. Er hat seit dem 13. Lebensjahr ein Suchtproblem, und in Verbindung mit diesem begeht er immer wieder Straftaten.

Herr X. stammt von außen betrachtet aus unauffälligen primären Familienverhältnissen und beschreibt selbst seine Kindheit mit folgenden Worten: „Eigentlich durfte ich immer alles, es hat sich halt niemand was um mich gschiss'n". Nach zeitgerechter Einschulung kommt es bereits ab der 3. Klasse zu Verhaltensauffälligkeiten, Schulschwänzen und ersten „kleineren" Diebstählen. Diese negative Entwicklung setzt sich trotz Intervention der Eltern, der Schule und des Jugendamts fort, mit 13 Jahren gehört er zu einer größeren Peer-Group, in der erheblich Alkohol konsumiert wird und Straftaten aus dem Bereich schwerer Diebstahl und Raub begangen werden. Da er noch nicht strafmündig ist, müssen ihn die Eltern von der Polizei abholen und für die Schäden einstehen, in der Folge schlägt ihn sein Vater meist massiv. In der Schule erreicht er die Klassenziele nicht und verlässt letztlich mit 15 Jahren die Schule nach der 7. Klasse. Wegen fortgesetzter delinquenter Handlungen wird er mit 15 Jahren erstmals inhaftiert. Gleichzeitig beginnt Herr X., Drogen zu konsumieren, sowohl Haschisch, LSD, Ecstasy, Speed, Kokain als auch Heroin in unterschiedlicher Menge und Frequenz. Wegen einer zusätzlichen Angstkomponente erfolgt mit 16/17 Jahren eine stationäre kinder- und jugendpsychiatrische Behandlung, jedoch ohne erfolgreiche Lebensänderung. Weitere Inhaftierungen folgen, in einer Jugendhaftanstalt kann er mit ca. 20 Jahren eine zeitweilig positive Entwicklung nehmen und seinen Hauptschulabschluss erreichen. Eine daran anschließende berufliche Ausbildung oder Integration gibt es nicht, der Einflussnahme durch den Sozialdienst bzw. der Bewährungshilfe entzieht er sich stets schnell, die Eltern erschienen eher hilflos. Wegen des multiplen Substanzkonsums erfolgt mit 22 Jahren die erste stationäre Entgiftungsmaßnahme in der Allgemeinpsychiatrie und Herr X. erlebt die für ihn positive Wirkung von Psychopharmaka. In den folgenden Jahren versucht er immer wieder, sowohl Benzodiazepine, Schlafmittel als auch (opioidhaltige) Schmerzmittel verschrieben zu bekommen oder besorgt sie sich illegal. Eine dauerhafte Abstinenz wird durch Entgiftungsmaßnahmen nicht erreicht. Die Delinquenzentwicklung verläuft parallel weiter, selbst in der Haftanstalt kommt es zu Körperverletzungen, BtMG-Verstößen und anderen Disziplinarmaßnahmen, in Freiheit wird er durch Diebstahl, Raub und Körperverletzungen erneut auffällig. Die Taten geschehen überwiegend unter Drogeneinfluss.

Drogenkriminalität und Risikokonstellationen

Eine Zusammenfassung bisheriger empirischer Untersuchungen bildet die enge Verwobenheit von biographischen Entwicklungsverläufen in Zusammenhang mit Suchtmittelkonsum und straffälligem Verhalten ab und verweist so auf biopsychosoziale Erklärungsmuster der Entstehung von Abhängigkeitserkrankungen auch in Kombination mit Straffälligkeit (vgl. Kreuzer 2009, S. 500). Die Gießener Delinquenz-Befragung (Kreuzer et al. 1993) setzte bei in den 1990er erstmals Schwerpunkte auf risikobehaftetes Verhalten in Kindheit und Jugend. Unter den Stichworten „multiple problem youth", „youth at risk" (Jugendliche in Gefährdungssituationen) stehen nebeneinander und untereinander sich bedingende Kategorien wie Suchtmittelumgang, Flucht- bzw. Ausweichverhalten in Verbindung mit strafrechtlich relevanten Verhalten. Unter Ausweichverhalten werden dabei unter anderem ernsthafte Selbstmordgedanken, häufiges Schuleschwänzen, nächtliches unerlaubtes Fortbleiben in Kindheit und Jugend beschrieben und die Annahme aufgestellt, dass diese Anzeichen dafür sprechen könnten, Konflikten, unangenehmen Situationen, Misserfolgserlebnissen und Anforderungen der Erwachsenenwelt auszuweichen. Betrachtet man nun diese „Jugendlichen in Gefährdungssituationen", zeigt sich dann folgendes Bild: Je stärker die augenscheinliche frühe Straffälligkeit, umso höher ist die Wahrscheinlichkeit einer Zugehörigkeit zur Drogenszene. Das bedeutet, dass Personen, die einer Drogenszene zugehören oder sich zugehörig fühlen, oft häufiger polytoxes (vielfacher Gebrauch unterschiedlicher Suchtmittel) Verhalten zeigen und ein höheres Risiko aufweisen, mit „Vielfachdelinquenz" aufzufallen (vgl. Kreuzer 2015, S. 7).

Drogenkriminalität und Gewalt

Hier zeigt sich ebenfalls ein Zusammenhang zwischen früheren Sozialisationsbedingungen und späterer Dissozialität (→ Kapitel 2) (vgl. Schulze 2020, S. 22): Je stärker Familien- und Erziehungsbelastungen waren, umso größer fiel die Delinquenzbelastung aus, vor allem bei männlichen Jugendlichen und jungen Männern. Bei schweren Delikten und Gewalt war der Zusammenhang am deutlichsten. Auch bestätigte sich der „Zirkel der Gewalt": Erhebliche Gewaltdelikte traten besonders bei tendenziell jungen Männern auf, die in früher Kindheit Opfer von Gewalt geworden waren (vgl. ebd.). Zudem konnten in Studien typische Situationen und Erscheinungsformen von Gewalt drogenabhängiger Personen unterschieden werden: gewalttätiges Verhalten unter Einfluss akuter Intoxikation, zweckgebundene Konsummuster in Vorbereitung auf Straftaten, Gewaltdelikte unter Entzugssymptomen und gewaltlegitimierende bzw. zur Szene gehörende Handlungen. Der Konsum von Rauschmittel kann zum Beispiel Verhaltensweisen dahingehend verändern, dass Enthemmung, fehlerhafte Einschätzung der Realität, Trugwahrnehmungen und Angstzustände gewalttätiges Verhalten begünstigen. In Tatverläufen wurden zudem auch Situationen geschildert, in denen bewusst Suchtmittel, quasi als Vorbereitung auf geplante Gewalt, konsumiert wurden. Auch spielen erzwungene Drogenabstinenz, v.a. bei Opiatentzug, eine gewisse Rolle. Durch einen nicht freiwilligen Entzug ist mit einer Labilisierung der an einer Abhängigkeit erkrankten Person zu rechnen. Gewaltsame Beschaffungsdelikte liegen dann unter einer Entzugssymptomatik nahe (vgl. Kreuzer 2015, S. 7). Typische Gewaltmuster zeigten sich ebenfalls bei Delikten, die als Beschaffungskriminalität gewertet werden können. Hierzu zählen Delikte, die auf Erwerb und/oder Finanzierung der eigenen Sucht abzielen (vgl. Gastpar et al. 1998, S. 20). Ob es sich direkt um die Beschaffung der illegalen Substanzen oder um Geld- oder Sachwerte handelt, die dann wiederum gegen Drogen Eintausch finden, ist dabei irrelevant. Diese Art von Gewalt richtet sich vorwiegend gegen Partner:innen und Szenezugehörige. In der Drogenszene sind außerdem wechselseitige Nötigungen und Bedrohungen üblich und bleiben meist im Verborgenen (vgl. Kreuzer 2015, S. 7).

Kurz zusammengefasst

Kein Suchtmittel, sei es Alkohol und/oder illegale Suchtstoffe, führt an sich zu gewalttätigem Handeln. So kann eine zunächst bestehende Drogenabhängigkeit in die (Beschaffungs-)Kriminalität führen (wie im Fallbeispiel F.). Ein früher Beginn einer kriminellen Karriere kann aber auch erst im weiteren Verlauf von einer zusätzlichen Drogenabhängigkeit begleitet sein oder sich parallel mit progredientem Verlauf entwickeln (wie im Fallbeispiel Herr X.). Bei der Mehrheit drogenerfahrener junger Menschen bleibt der Konsum – wie auch sonstiges abweichendes Verhalten – episodenhaft. Bei einer besonders risikobehafteten und risikobereiten Minderheit jedoch bedeutet dies möglicherweise den Beginn eines stärkeren und schwerwiegenderen Verlaufs einer kriminellen Karriere.

1.4 Psychische Erkrankung und Straffälligkeit

An dieser Stelle werden wir kurze Hinweise zum Thema psychische Erkrankung und Straffälligkeit geben. Im Kapitel 2 werden dezidiertere Krankheitsbilder thematisiert, vor allem die dissoziale Persönlichkeitsstörung.

Zum Einstieg:

- Der 27-jährige V. ist der festen Überzeugung, dass er per Gedankenübertragung gesteuert wird. Ihm werde befohlen ausgewählten, Menschen Schaden zuzufügen. Dies nehme seine ganze Energie ein, für Arbeits- und Kontaktsuche bleibe ihm daher keine Zeit. Er solle erst mit Blicken und dann mit Taten töten. Als er es schließlich nicht mehr aushält, versucht er sich gegen die Stimme zur Wehr zu setzen und bedroht eine Person, von der er ausgeht, dass sie „Wirt“ der Stimme ist.

- Nach Abschluss der Gesellinnenprüfung lud W. (25 Jahre) groß zu einer Kneipentour ein. Sie hatte ausgiebig mit ihren Freundinnen gefeiert und diesen auf Lebenszeit kostenlose Friseurdienstleistungen versprochen. Während des Kneipenbesuches geriet sie in Streit mit dem Wirt, der sich weigerte, weitere Getränke auszuschenken. Die hinzugerufene Polizei stellte den Autoschlüssel von W. sicher. W. ging nach Hause, holte sich den Ersatzschlüssel und fuhr wahllos durch die Gegend. Als sie schließlich erneut von der Polizei gestoppt wurde, gab sie an, Aufträge erhalten zu haben, die wichtiger seien als alles andere. Sie redete ohne Punkt und Komma und wurde schließlich in eine psychiatrische Fachklinik eingewiesen.

Diese beiden kurzen Fallskizzen weisen zum einen auf unterschiedliche Krankheitsbilder (hier: Schizophrenie und Manie) in Zusammenhang mit straffälligem Verhalten hin. Zum anderen können wir die komplexe Verwobenheit von mehreren Faktoren erahnen. So skizzieren sich die Straftaten nicht in einem monokausalen Zusammenhang, im Sinne von: die psychische Erkrankung ist alleinig für die Straftaten verantwortlich. Vielmehr gehen wir von einer Wechselwirkung zwischen Erkrankung, Konflikten und Schwierigkeiten, der Persönlichkeit der/des Täter:in und unter Umständen begleitendem Suchtmittelkonsum aus. Für die Behandlung von psychisch erkrankten Straffälligen bedeutet dies mitunter, mit noch höheren Herausforderungen konfrontiert zu werden, wenn es um konkrete Maßnahmen der Wiedereingliederung gehen soll. Die Kriminalitätsfurcht in der Allgemeinbevölkerung scheint gerade im Zusammenhang mit Menschen mit psychischen Erkrankungen höher als im Vergleich zu anderen Täter:innengruppen. So wird häufig in alltagstheoretischen Erklärungsmustern für abweichendes und kriminelles Verhalten vorschnell auf Menschen mit psychischen Erkrankungen geschlossen (monokausaler Zusammenhang). Im Jahr 2006 gaben in einer repräsentativen Umfrage des „Eurobarometer Psychische Gesundheit“ 37 % der Allgemeinbevölkerung an, psychisch Kranke stellten eine Gefahr für andere dar. Und fast zwei Drittel waren der Überzeugung, dass Menschen mit psychischen Erkrankungen unberechenbar seien (vgl. Wößner 2018, S. 10). Ein Blick in die Polizeiliche Kriminalstatistik wiederlegt dies und verrät, dass es sich dabei um eine relativ kleine Personengruppe handelt. Laut Strafverfolgungsstatistik 2021 fand die Bejahung von Schuldunfähigkeit nach § 20 StGB in 1 147 Fällen Anwendung, in 922 davon wurde die Unterbringung in ein psychiatrisches Krankenhaus angeordnet (Bundeskriminalamt – PKS 2022, S. 380). Darunter finden sich Straftaten, die in die Rubrik gemeingefährlich zu zählen waren, für insgesamt 164 verurteilte Personen, davon 144 Fällen mit Unterbringung in ein psychiatrisches Krankenhaus. Bei einer Gesamtzahl von 815 199 verurteilten Personen (alle

Alters- und Deliktgruppen) kann man von einem statischen Wert von 0,14 % ausgehen (Bundeskriminalamt – PKS 2022, S. 20). Allgemein anerkannt gilt, dass von einer sehr großen Mehrheit von Menschen mit psychischen Erkrankungen keinerlei Gefahr ausgeht (vgl. Steinert & Traub 2016; Maier et al. 2016). Bei vereinzelten Diagnosen kann es aber – insbesondere im Zusammenhang mit Drogenmissbrauch – vermehrt zu aggressivem Verhalten und Straftaten kommen. Die Verurteilten werden dann, je nach Delikt und Schwere der Tat, in Akutpsychiatrien, in Justizvollzugsanstalten oder im Maßregelvollzug behandelt (→ Abschnitt II: *Wo* wird behandelt?). Fuß (2022), stellt das Thema psychische Erkrankung von Straffälligen als ein erweitertes Querschnittthema in der Behandlung dar. Einerseits begeht lediglich ein sehr geringer Prozentsatz der Personen mit psychischen Erkrankungen eine Straftat und wird dann in forensischen Psychiatrien (Maßregelvollzug) behandelt. Andererseits finden wir in den allgemeinen Haftanstalten (Regelvollzug) Menschen mit psychischen Erkrankungen, die unabhängig von dieser Erkrankung straffällig wurden. Schätzungen zu Folge leiden bis zu 88 % dieser Personen an einer oder mehreren psychischen Erkrankungen (vgl. Fuß 2022). Genauere Zahlen über Schätzwerte hinaus fehlen jedoch.

Psychische Erkrankungen und Risikokonstellationen

Ebenso wie im Abschnitt Drogenkriminalität gibt es einige Hinweise auf risikobegünstigende Faktoren bei an Schizophrenie erkrankten Personen. Meier et al. (2016) benennen unter anderem einen begleitenden Suchtmittelkonsum, einen frühen und unbehandelten Beginn der psychischen Erkrankung und ein frühes, schon in Kindheit und Jugend beschriebenes antisoziales Verhalten. Auch stoßen wir auf die Begriffe „early starter“ und „late starter“. Bei Erstgenannten geht man davon aus, dass ein unmittelbarer Zusammenhang zwischen Schizophrenie und Straffälligkeit nicht zwingend besteht. Hier geht man davon aus, dass Verhaltensweisen, die auf eine Störung des Sozialverhaltens hinweisen, und jugendkriminelle Verhaltensweisen sich weiter verfestigen, noch bevor es zu einem Auftreten einer Schizophrenieerkrankung kommt. Bei den „late starter“ gibt es keine Vorgeschichte antisozialen Verhaltens vor Krankheitsbeginn. Die zum Teil wiederholte Straffälligkeit steht in Zusammenhang mit floriden[15] Krankheitsphasen (vgl. Hodgins 2008).

Kurz zusammengefasst

Für die Praxis gilt: Wenn ein Mensch mit einer psychischen Erkrankung tatsächlich eine Straftat begeht, ist für die Konsequenz entscheidend, welche Rolle die

15 Begriff aus der Medizin mit der Bedeutung, dass zum Zeitpunkt alle Krankheitssymptome voll ausgebildet auftreten.

Erkrankung für die Tat gespielt hat. Hat die Erkrankung die Tat ausgelöst oder beeinflusst und konnte der/die Täter:in das Unrecht einsehen? Oder steht die Erkrankung in keinem ursächlichen Zusammenhang? (vgl. Pollmächer 2022). Des Weiteren werden wir hier Eingliederungsmaßnahmen (z. B. Übergangsmanagement von stationäre in ambulante Wohnformen, berufliche Rehabilitation, ambulante Beratungs- und Versorgungmaßnahmen etc.) immer auch vor den Hintergrund von Stigmatisierung- und Viktimisierungserfahrungen dieser Menschen mitbedenken müssen.

1.5 Straftaten gegen die sexuelle Selbstbestimmung

Zum Einstieg:

- „Bloß geschaut und nichts getan": Der 24-jährige Lehramtsanwärter wird zu einer Bewährungsstrafe verurteilt. Auf mehreren mobilen Endgeräten fand sich eine Vielzahl an kinderpornographischen Materialien. Zu seiner Erklärung gibt er an, er habe eine vermisste Nachhilfeschülerin suchen wollen.
- Ein 17-jähriger Schüler wird zu einer Jugendstrafe in Höhe von zwei Jahren auf Bewährung verurteilt. Er hatte ein Verhältnis mit einer 13-Jährigen, diese hätte aber wesentlich älter ausgesehen und man sei ja miteinander „gegangen". Sehr zum Missfallen der Eltern, die schließlich Anzeige erstatteten, so seine Ausführungen.
- Der 56-jährige S. saß drei Jahre und sechs Monate im Gefängnis. Ihm wurde zur Last gelegt, sich jahrelang an seiner damaligen minderjährigen Stieftochter sexuell vergangen zu haben.
- Dem Ehepaar R. und I. wird vorgeworfen, die beiden Kinder aus erster Ehe von R. bei den 14-tägigen Besuchswochenenden gemeinsam sexuell und körperlich misshandelt zu haben. Beide Angeklagten leugnen die Taten bei Gericht, während der längeren Haftzeit und unter Führungsaufsicht nach Entlassung.

Ähnlich wie in den Abschnitten davor gilt es auf unterschiedliche Varianten der Taten, auf unterschiedliche Zeitpunkte im Lebenslauf und auf unterschiedliche Motivlagen Acht zu geben. Kurz: Den/die typische Sexualstraftäter:in[16]

16 Zumeist geht man von männlichen Tätern aus, Frauen als Täterinnen finden jedoch zunehmend Interesse in der wissenschaftlichen Betrachtung, z. B. bei Koch, Alisa (2019) – Studie der Uni Tübingen und Rosmanith, S. (2020): Täterin. Gewalt- und Sexualstraftaten von Frauen.

gibt es nicht. In der breiten Öffentlichkeit, aber auch innerhalb der Fachdisziplinen von Kinderschutz, Opferschutz und Täter:innenbehandlung wird dieser Bereich virulent diskutiert. Häufig geht es dabei um die Frage, wer Hilfe- und Behandlungsprogramme zugesprochen bekommt. Die Stärkung von Opferrechten im Strafverfahren wie auch in Kostendeckung für Heilbehandlungen für Betroffene von sexualisierter Gewalt sind beständige Forderungen von Opferverbänden (z. B. Weisser Ring, gegen-missbrauch e. V.). Auch innerhalb von Behandlungsteams sind Diskussionen über Tatverläufe und die Behandlung von Sexualstraftäter:innen oft subjektiv stark emotional aufgeladen. Diese Eindrücke sollen hier nicht als Missstand, sondern als Zeichen einer Debatte gesehen werden, die notwendig erscheint, um vor allem Kinderschutz und die Rechte von Betroffenen von sexualisierter Gewalt zu stärken sowie das „Schmuddelthema" der Kriminologie zu enttabuisieren. Ein Blick in die Statistik zeigt, dass im Jahr 2021 von rund 500 000 angezeigten Straftaten etwa 2 % auf das gesamte Themenfeld der Sexualstraftaten[17] entfielen (vgl. Bundeskriminalamt – PKS 2022). Ein Großteil der Sexualstraftaten wird der Polizei jedoch erst gar nicht bekannt, was aus der Perspektive von Betroffenen auf unterschiedliche Gründe zurückzuführen ist: Die Tat wird von Betroffenen als nicht so schwerwiegend bewertet, ein Mangel an Beweisen, die Polizei hätte sowieso nichts weiter machen können oder man wollte sich nicht mit dem Geschehenen befassen, um das Erlebte vergessen zu können (vgl. Röhm 2022, S. 20). Die Ergebnisse aus Dunkelfeldbefragungen zeigen, dass die Kriminalitätsfurcht vor Sexualdelikten bei Frauen besonders ausgeprägt ist, jedoch bei Viktimisierung nur ein geringer Teil die Tat bei der Polizei anzeigt. Dies führt dazu, dass die PKS (Polizeiliche Kriminalstatistik) das tatsächliche Kriminalitätsaufkommen im Bereich der Sexualdelikte nur bruchstückhaft darstellt. So geht man laut Dunkelfeldstudien davon aus, dass ca. 90 % der Sexualdelikte nicht zur Anzeige gebracht werden. (vgl. ebd.)

Versuche der Kategorisierung

Sexualstraftaten allgemein umfassen eine Vielzahl unterschiedlicher Tatbestände wie Kinderpornographie, sexuelle Belästigung, Vergewaltigung, Exhibitionismus usw. Nicht nur die Schwere der Straftaten – gemessen am Strafrahmen (vgl. Harrendorf 2007) – unterscheidet sich, auch Faktoren wie die Täter-Opfer-Konstellation oder das Alter der Betroffenen wie auch der Täter:innen differieren (vgl. Smallbone & Cale 2015).

Wissenschaftliche Forschung zu Sexualstraftäter:innen ist vor allem im Bereich der klinischen Psychologie verortet. Untersuchungen dieser Disziplin

17 Strafgesetzbuch – 13. Abschnitt: §§ 174–184 StGB mit einer Auflistung von sexueller Nötigung bis zu Vergewaltigung mit Todesfolge als Beispiele.

thematisieren zumeist Rückfallrisiko bzw. Gefährdungsprognose, Behandlungsbedarf und -maßnahmen. Als Kriterien für die Bewertung werden Verhaltensweisen, Motive, Eigenschaften der Person und Lebensumstände der Täter:innen, aber auch Geschlecht, Alter, Art und Anzahl der Vorstrafen, sowie die Täter-Opfer-Beziehung herangezogen (vgl. Haindl 2019; Niemeczek 2015). Allgemein gültig ist, dass jeweils ein kleiner Anteil der Straftäter:innen für einen relativ großen Teil der Straftaten verantwortlich ist. Die Gruppe der Karriere- und Serientäter:innen macht bei Sexualstraftaten ca. 5–10 % der Täter:innen aus (Egg 2000; Elz 2001, 2005; Harrendorf 2007). Diese wenigen Täter:innen begehen somit einen Großteil der schweren Delikte. Ebenso scheint ein alleiniges Auftreten von Sexualdelikten eher seltener, vielmehr gehen wir von einem multidelinquenten Verhalten aus, das sich dann auch in einer Varianz in der Vorstrafenliste abbildet (vgl. Haindl 2019; Straub & Witt 2002).

Kurz zusammengefasst:

„Sexualstraftäter:innen sind meist erschreckend normal", so das Ärzteblatt mit einem etwas populistisch anmutenden Titel im Jahr 2017[18]. Dahinter steht, dass für die Erklärung in den seltensten Fällen eine psychische Erkrankung im Sinne einer Störung der Sexualpräferenz herangezogen werden kann. So kann zum Beispiel eine Pädophilie zu einer Sexualstraftat führen und würde auch das Risiko hierfür erhöhen. Jedoch begeht nicht jede/r an Pädophilie erkrankter Mensch eine Straftat. Dissoziale Anteile in einer Persönlichkeit sprechen für ein höheres Risiko, auch in diesem Deliktbereich auffällig zu werden. Bei der allgemeinen Einschätzung über Risiken für weitere Straftaten werden wir noch einmal vertiefter darauf zurückkommen. (→ Teil III: *Wie* wird behandelt?)

18 Müller, Th. (2017): Sexualstraftäter sind meist erschreckend normal. In. Ärzteblatt vom 02.02.2017.

2 Dissoziale und Antisoziale Persönlichkeitsstörung, Psychopathy

Obwohl jede Straftat an sich ein „dissozialer“ Akt ist, ist bei einem großen Teil straffälliger Menschen die Diagnose einer dissozialen oder antisozialen[19] Persönlichkeitsstörung sicher nicht zu stellen. Gerade bei (männlichen) Jugendlichen und jungen Erwachsenen sind einzelne, v. a. kleinere Straftaten relativ häufig zu beobachten und somit Teile einer „normalen“, nicht pathologischen Entwicklungsphase. Wichtig bei der Beurteilung, ob es sich dabei um eine „jugendtypische“ Erscheinung oder eine sich verfestigende dissoziale Entwicklung handelt, sind u. a. neben der Anzahl und Schwere der Delikte, der Verlauf der Straftaten (bspw. progredient), die Reaktion auf Strafen, das Vorhandensein „gesunder Inseln“ ohne dissoziales Verhalten (bspw. Sportverein, Freundeskreis oder Schule) und Eigenschaften der Persönlichkeit (Affekte, Impulse, Bindungsfähigkeit etc.).

Nichtsdestotrotz gehen von Schönfeld et al. (2006) von einer Prävalenzrate von um die 30 % für Antisoziale Persönlichkeitsstörungen bei männlichen und weiblichen Gefangenen in Deutschlang aus, Fazel & Danesh (2002) kommen in einer weltweiten Metastudie auf 47 % für männliche und 21 % für weibliche Gefangene. In einer deutschen Untersuchung von Frädrich und Pfäfflin (2000) wurde bei 36,7 % der untersuchten Strafgefangenen eine Antisoziale Persönlichkeitsstörung diagnostiziert. Habermeyer, Mokros und Vohs (2012) ermittelten bei Sicherungsverwahrten sogar eine Prävalenzrate von 80,8 %. Diese hohen Zahlen verwundern kaum, denn das wiederholte Begehen von Handlungen, die einen Grund für eine Festnahme darstellen, ist eines der Kriterien der DSM-5 für die Antisoziale Persönlichkeitsstörung. Umgekehrt wird etwa die Hälfte aller Personen mit der Diagnose einer Antisozialen Persönlichkeitsstörung kriminell (Übersicht bei de Brito & Hodgins 2009). Selbst wenn andere Studien etwas geringere Zahlen angeben, muss davon ausgegangen werden, dass Menschen mit zumindest deutlichen dissozialen Persönlichkeits*anteilen,* die also einige Symptomkriterien erfüllen, jedoch nicht genug, um eine Persönlichkeits*störung* zu diagnostizieren, recht häufig unter straffälligen Menschen zu finden sind. Die Diagnose einer Persönlichkeitsstörung, und insbesondere

19 Die Begriffe „dissozial“ (also nach ICD-10), „antisozial“ (also nach DSM V) und „psychopathisch“ bzw. „Psychopathy“ (nach der PCL-R, Hare, 2003) werden hier nicht getrennt diskutiert (zur Unterscheidung vgl. Rauchfleisch & Dittmann 2017).

einer vom Dissozialen Typ, verschlechtert statistisch gesehen die Prognose für weitere Straftaten (Rettenberger & Briken 2017) und stellt Behandler:innen vor eine Reihe ganz spezifischer Herausforderungen (vgl. Mayer 2016).[20]

Literaturtipp

Wer mehr über Menschen mit dissozialen Persönlichkeitsanteilen erfahren will, sei auf das Handbuch von Dulz et al. bzw., aus einem psychodynamischen Verständnis, von Rauchfleisch (1999) verwiesen:

- Dulz, B., Briken, P., Kernberg, O. F. & Rauchfleisch, U. (2017). Handbuch der Antisozialen Persönlichkeitsstörung. Stuttgart: Schattauer.
- Rauchfleich, U. (1999). Aussenseiter der Gesellschaft. Psychodynamik und Möglichkeiten zur Psychotherapie Straffälliger. Göttingen: Vandenhoeck & Ruprecht.

2.1 Erscheinungsformen von Dissozialität

In Tabelle 1 sind in einer Synopse die diagnostischen Kriterien einer dissozialen Persönlichkeitsstörung nach der weltweit gültigen Klassifikation der ICD und die einer Antisozialen Persönlichkeitsstörung nach dem US-amerikanischen DSM-5 dargestellt. Zusammenfassend können die genannten Eigenschaften mit den Adjektiven „verantwortungslos“, „normverletzend“, „manipulativ“, „impulsiv“, „gewissenlos“, „empathielos“ und „beziehungslos“ auf den Punkt gebracht werden. Umfangreicher, jedoch relativ ähnlich, werden in der Psychopathy Checklist (PCL-R; Hare 2003), einem wichtigen Diagnose- und Prognoseinstrument der forensischen Psychologie, affektive Defizite (z. B. Empathiemangel, Mangel an Reue, geringe Empfindungsfähigkeit), interpersonelle Defizite (z. B. manipulatives Geschick, übersteigerter Selbstwert, oberflächlicher Charme), ein unsteter Lebenswandel (z. B. Sprunghaftigkeit, Parasitismus, Sensation Seeking) und antisoziales Verhalten (z. B. schwache Verhaltenskontrolle, Delinquenz im Jugend- und Erwachsenenalter) genannt. Die Vielzahl der genannten Eigenschaften deutet bereits an, dass eine kategoriale (dichotome) Unterscheidung zwischen dissozial und nicht-dissozial der Komplexität des Phänomens nicht gerecht wird und auch in der beschreiben-

20 Es muss festgehalten werden, dass bei der Ursachensuche neben Persönlichkeitseigenschaften, auf die in diesem Buch ein besonderes Augenmerk gelegt wird, auch viele weitere Faktoren eine Rolle spielen können. Hier kommen neben anderen psychologischen Erklärungen (bspw. Lernen am Modell etc.) auch bspw. soziale Themen in Betracht (z. B. Spannungen durch soziale Ungleichheit, Probleme bei der Teilhabe etc.), deren Nennung jedoch den Rahmen dieses Buches sprengen würde.

den Diagnostik ein dimensionaler Ansatz (mehr oder weniger dissozial) aussagekräftiger ist. Dahle (1998) weist beispielsweise entsprechend auch auf verschiedene Verlaufstypen delinquenten Verhaltens über die Lebensspanne hin.

Tab. 1: Vergleich der diagnostischen Kriterien einer dissozialen Persönlichkeitsstörung (PKS) nach ICD-10 und Antisozialen PKS nach DSM-5

ICD-10: Dissoziale PKS	DSM-5: Antisoziale PKS
• Herzloses Unbeteiligtsein gegenüber den Gefühlen anderer • Deutliche und andauernde verantwortungslose Haltung und Missachtung sozialer Normen, Regeln und Verpflichtungen • Unfähigkeit zur Aufrechterhaltung dauerhafter Beziehungen, obwohl keine Schwierigkeit besteht, sie einzugehen • Sehr geringe Frustrationstoleranz und niedrige Schwelle für aggressives, einschließlich gewalttätigem Verhalten • Fehlendes Schuldbewusstsein oder Unfähigkeit, aus negativer Erfahrung, insbesondere Bestrafung, zu lernen • Deutliche Neigung, andere zu beschuldigen oder plausible Rationalisierungen anzubieten für das Verhalten, durch welches die Betreffenden in einen Konflikt mit der Gesellschaft geraten sind	• Versagen, sich in Bezug auf gesetzmäßiges Verhalten gesellschaftlichen Normen anzupassen, was sich in wiederholtem Begehen von Handlungen äußert, die einen Grund für eine Festnahme darstellen • Falschheit, die sich in wiederholtem Lügen, dem Gebrauch von Decknamen oder dem Betrügen anderer zum persönlichen Vorteil oder Vergnügen äußert • Impulsivität oder Versagen, vorausschauend zu planen • Reizbarkeit und Aggressivität, die sich in wiederholten Schlägereien oder Überfällen äußert • Rücksichtslose Missachtung der eigenen Sicherheit bzw. der Sicherheit anderer • Durchgängige Verantwortungslosigkeit, die sich im wiederholten Versagen zeigt, eine dauerhafte Tätigkeit auszuüben oder finanziellen Verpflichtungen nachzukommen • Fehlende Reue, die sich in Gleichgültigkeit oder Rationalisierung äußert, wenn die Person andere Menschen kränkt, misshandelt oder bestohlen hat

Zusätzliche zur Dissozialen Störung zeigen sich komorbid häufig eine Reihe von anderen psychischen Störungen, insbesondere Suchterkrankungen (zusammenfassend Lau 2017), was in Zusammenhang mit gehäuften Gewaltstraftaten die typische Trias „Dissozialität, Sucht, Gewalt“ formt.

Neben biographischen Erfahrungen werden bei der Genese von dissozialen Persönlichkeitsstörungen auch immer wieder genetische Faktoren diskutiert (zusammenfassend Torgersen 2017), die *mit*verursachend sein können und die Entwicklung einer späteren Störung insofern begünstigen. Darüber hinaus gibt es eine Vielzahl an Befunden aus bildgebenden Verfahren, welche neurobiologische Besonderheiten bei Menschen mit dissozialen Persönlichkeitsstörungen nahelegen. Hier sei aber ausdrücklich davor gewarnt, diese (später sichtbaren) biologischen Korrelate mit einer biologischen Verursachung gleichzusetzen. Es ist vielmehr davon auszugehen, dass biologische Dispositionen durch Umwelteinflüsse (z. B. Bindungserfahrungen) über- und ausgeformt werden und sich somit ein komplexes Wechselspiel zwischen Anlagen und Umwelteinflüssen ergibt (Rosenström et al. 2017). Angesichts der funktionalen Komplexität des menschlichen Gehirns ist es außerdem nicht geboten, einzelnen Beobachtungen eine einfache Kausalität zuzuschreiben (vgl. Müller 2017).

2.2 Bindungserfahrungen bei Menschen mit dissozialen Persönlichkeitsanteilen

Fallbeispiel Herr W. – Täter oder Opfer und immer beides

Herr W. war zum damaligen Zeitpunkt 18 Jahre alt und hatte eine Einheitsjugendstrafe (EJS) von einem Jahr und sechs Monaten zu verbüßen. Er war durch viele (kleinere) Delikte in Erscheinung getreten (Köperverletzung, Diebstahl, Beleidung, Missbrauch von Notrufen, falsche Verdächtigung u. a.) und nach vielen Verurteilungen zu gescheiterten Maßnahmen und Bewährungen nun in seiner ersten Haft.

Seine Kindheit war äußerlich gekennzeichnet durch die Herausnahme aus seiner Familie, weil sich seine Mutter (vermutlich Bipolare Affektive Störung in Verbindung mit Persönlichkeitsstörungen, Suchtmittelabhängigkeit) nicht um ihn kümmern konnte und der leibliche sowie vermutlich mindestens ein Stiefvater ihn sexuell missbrauchten. Es folgte ein relativ schneller Wechsel zwischen verschiedenen Unterbringungsformen (Heim, Pflegefamilien, Psychiatrie, dazwischen obdachlos auf der Straße).[21]

Die emotionale Bindungssituation zur Mutter wurde als teilweise übergriffig-missbräuchlich und dabei hochambivalent beschrieben („ich brauche Dich", „ohne Dich kann ich nicht sein" vs. massiv entwertend und vernachlässigend). Bereits diese Erfahrungen hätten wohl zu einer schweren Entwicklungstraumatisierung führen können und würden ein großes generalisiertes Misstrauen in zwischenmenschliche Beziehungen begründen. Darüber hinaus war aber noch der sexuelle Missbrauch durch einen Pflegevater aktenkundig, was das vielfach zu beobachtende Misstrauen auch in Helfende (vgl. Gahleitner 2005) in diesem Fall auf dramatische Weise noch einmal besser verständlich werden lässt.

Herr W. vermittelte im Auftreten ein sehr ambivalentes Bild, wobei er einerseits jungenhaft, verzweifelt und hilflos auftrat und dadurch bei den Mitarbeiter:innen Impulse weckte, ihm helfen, ja ihn sogar retten zu wollen (Identifikation

21 Vgl. Kapitel 2.4 „Lebenswege von Menschen mit dissozialer Persönlichkeitsstörung".

mit der übergriffig fürsorglichen Mutter). Andererseits war er zu keiner Absprache fähig, er log und beleidigte häufig und war nur schwer zu ertragen, was zu Ablehnung und Wut (Identifikation mit sadistischen Bindungserfahrungen) oder auch Überforderung, Hilflosigkeit und dem Impuls, ihn loswerden zu wollen, führte (Identifikation mit der überforderten, ihn vernachlässigenden Mutter). In jedem Fall weckte er bei allen Beteiligten starke Gefühle (typische Gegenübertragung[22] bei Klient:innen mit Borderline-Strukturanteilen) und man konnte eine Spaltung des Teams (meist entlang der Berufsrollen sozialarbeiterische und psychologische Fachdienste vs. uniformierter allgemeiner Vollzugsdienst) beobachten.

Bei Zugang bettelte Herr W. den Untersucher (hier: Psychologe der Haftanstalt) förmlich an, er müsse unbedingt in einer Gemeinschaftszelle untergebracht werden – allein werde er verrückt, er werde sich „sicher ritzen", weil er es allein nicht aushalte. Tatsächlich kam es im Haftverlauf auch zu mehreren Verlegungen in einen besonders gesicherten Haftraum, weil er sich in emotionalen Ausnahmesituationen selbst verletzte oder seine Zelleneinrichtung demolierte. Obwohl Bedenken bestanden (man befürchtete viele Konflikte wegen der schwierigen Beziehungsgestaltung), wurde er gemeinschaftlich untergebracht. Ungefähr vier Wochen später meldeten Gefangene aus einem anderen Hafthaus, dass Herr W. spät abends durch seine Zellengenossen genötigt worden sei, sich nackt auszuziehen und auf dem Tisch zu tanzen, wobei er mit Linealen gepiesackt worden sei. Er habe dabei geweint (Reinszenierung der Opfererfahrung, wieder in der Rolle des Opfers). Daraufhin wurde Strafanzeige gegen die Mitgefangen gestellt und Herr W. befragt. Er äußerte, dies sei alles nur „ein Spaß" gewesen und auch gar nicht schlimm. Alles sei „ok", er könne zurück auf seine Zelle. Man eröffnete ihm, er werde in das Haus für Gefangene mit erhöhtem Betreuungsbedarf verlegt (im Gefangenenjargon „Opferhaus"), weil man sich dort besser um ihn kümmern könne („Nein – nicht ins Opferhaus, ich bin kein Opfer"). Zwei Tage später nötigte er einen schwächeren Gefangenen, sich nackt auszuziehen und auf dem Tisch zu tanzen (Reinszenierung der Opfererfahrung, diesmal in der Rolle des Täters) – auch gegen ihn wurde Strafanzeige gestellt. In der Folge kam es zu sehr kontroversen und schwierigen Diskussionen im Team, wie nun mit Herrn W. umzugehen sei, wobei sich erneut die Spaltung zwischen bestrafenden Anteilen (komplemen-

22 *Übertragung:* Haltungen, Erwartungen, Gefühle und Phantasien der Klient:innen, die sie als Kinder den Eltern gegenüber empfanden, können unbewusst noch im Erwachsenen präsent sein und ihre Beziehungen zu anderen Menschen beeinflussen, das heißt auf andere Menschen übertragen werden. Dieses Phänomen tritt insbesondere in therapeutischen Arbeitsbeziehungen auf, also auch der Behandlung durch Klinische Sozialarbeiter:innen.
Gegenübertragung: meint die Reaktion der Behandler:innen auf die Übertragung bzw. die Gesamtheit aller Gefühle, Haltungen und Erwartungen der Behandler:innen in Richtung der Klient:innen.

täre Identifikation mit dem Täter: „ganz gemeiner Lump“, „hat uns verarscht und unser Vertrauen ausgenutzt“) und verständnisvoll-beschützenden Anteilen (komplementäre Identifikation mit dem Opfer: „kann doch auch nichts dafür“, „muss man verstehen bei seiner Biographie“) zeigte.

Bindungserfahrungen mit massiven Verlust- und Mangelerfahrungen
Im Rahmen der Bindungserfahrungen, insbesondere der ersten Kindheitsjahre (Orale Phase), hatten Menschen mit dissozialen Persönlichkeitsanteilen häufig unter schwerwiegenden Verlust- und Mangelerfahrungen zu leiden (Buchheim 2017; Kopp et al. 2009; Rauchfleisch 2011). Die Bezugspersonen waren wechselnd, oftmals emotional instabil, mitunter auch sadistisch. Diese Bindungsbedingungen stellen keine Grundlage für Geborgenheit dar, sondern eine ständige Bedrohung. Selbst wenn die körperliche Unterversehrtheit der Kinder nicht durch Misshandlungen und Missbrauch unmittelbar angegriffen wurde, erleben Kleinkinder, die von ihren Bezugspersonen (zeitweise) vernachlässigt werden, eine Bedrohung existentiellen Ausmaßes („es geht um ihr Leben“), weil sie aufgrund ihrer Unselbstständigkeit und ihres Angewiesenseins auf andere, existentiell abhängig sind. Wird diese Bindungserfahrung verinnerlicht, so entsteht später ein tiefes Ur-Misstrauen und ein permanentes Gefühl des Bedrohtseins (paranoide Grundhaltung).

Es wird deutlich, wie Herr W. durch seine traumatischen Bindungserfahrungen Täter- und Opferanteile in seine Psyche aufgenommen hat. Diese bestimmen wie unverarbeitete Fremdköper (sog. Täter- und Opferintrojekte) sein Handeln (im Sinne von Reinszenierungen). Außerdem haben sie starken Einfluss auf die Gegenübertragung seiner Mitmenschen, im Sinne von Überidentifikationen mit Täter- und Opferanteilen. Dass diese Traumamomente sich immer wiederholen, hat bereits Freud beobachtet um von einem „Wiederholungszwang“ gesprochen: „Es ist so, als ob diese Kranken mit einer traumatischen Situation nicht fertig geworden wären, als ob diese noch unbezwungene Aufgabe vor ihnen stände, indem sie sie immer wieder herstellen“ (Freud 1916/17/1978, S. 284).

2.3 Handeln und psychisches Funktionieren – Defizite in der Ich-Funktion

Kernberg und Caligor (2005) verorten Menschen mit dissozialer Persönlichkeitsstörung auf Borderline-Strukturniveau, womit nicht nur die Borderline-Persönlichkeitsstörung gemeint ist, sondern bspw. auch die Antisoziale oder Narzisstische Persönlichkeitsstörung, die ebenfalls öfter – zumindest in entsprechenden Akzentuierungen – unter Straftäter:innen anzutreffen sind. Die oben beschriebenen traumatischen Erfahrungen haben negative Auswirkungen auf die Entwicklung einer gesunden Psyche, genauer gesagt auf die Reife und Belastbarkeit der intrapsychischen Struktur (Rudolf 2013, S. 23). Das Borderline-Strukturniveau geht mit typischen Einschränkungen und einer archaischen Abwehr einher: Spaltungstendenzen („ganz gut vs. ganz böse"; „Täter vs. Opfer"), massive Defizite in der Selbstregulation (Anpassung; Bedürfnisaufschub; Impulskontrolle) und in der Affekt- und Emotionsregulation (widersprüchliche Gefühle wahrnehmen, aushalten; Mangel, innere Spannungszustände zu ertragen und zu regulieren), Probleme bei gezielten/planvollen motorischen und verbalen Aktivitäten (Folgen und Verhalten anderer antizipieren, Sachverhalte realitätsgerecht erfassen und verbalisieren) und Schwierigkeiten, sich an soziale Normen zu halten. Häufig können auch starke Erregungs- und Betäubungszustände beobachtet werden, die nicht ausgehalten und verbal ausgedrückt werden können: Die Klient:innen *haben* dann kein Gefühl, sie *sind* ein Gefühl. Unter anderem führen diese starken und unerträglichen Spannungszustände nicht selten zu fremd- und selbstdestruktivem, impulsivem, riskantem oder auch süchtigem Verhalten, wobei diese Aktionen dann eine Ventilfunktion für die überlastete Psyche übernehmen.

Ein weiteres charakteristisches Defizit betrifft die Möglichkeit der Mentalisierung, der Fähigkeit, eine Vorstellung des eigenen psychischen „Binnenraumes" zu entwickeln. Dementsprechend können die eigenen Gefühle schlecht wahrgenommen („was fühle ich gerade"), verstanden („warum fühle ich das gerade") und mitgeteilt werden (verbale Gefühlsmitteilung vs. Ausagieren von Affekten). Hierbei ist es dann typisch, dass die Betroffenen auf die Frage nach „was haben Sie in dieser Situation gefühlt" nicht mit einem Gefühl (z. B. „Wut" oder „Angst") antworten, sondern mit der Schilderung einer Handlung („ich habe auf meinen Schrank eingeschlagen, bis ich geblutet habe") oder einer körperlichen Reaktion („ich musste weinen"). Menschen mit Problemen in der Mentalisierung sind hilflos, ständig überfordert mit den eigenen Gefühlen und unfähig, die Reaktionen anderer vorherzusehen und somit ihre sozialen Kontakte gelingend zu gestalten (Streeck-Fischer 2014, S. 268). Neben diesen Problemen in Bezug auf den eigenen psychischen Binnenraum fällt es ihnen aber auch schwer, Gefühle und Gedanken anderer erkennen, verstehen und nachempfinden zu können, was als Empathielosigkeit beschrieben werden kann. Das Gefühlsleben anderer ist für sie weitgehend eine Blackbox, die scheinbar willkürlich Effekte produziert, die nicht vorhersagbar und verstehbar sind, auf jeden Fall aber scheinbar mit dem eigenen Handeln nichts zu tun haben. So ist es auch zu erklären, warum Straftäter:innen häufig die emotionalen Reaktionen anderer auf ihr eigenes Handeln (Wut des Gegenübers, wenn er/sie angelogen wurde; Angst, wenn er/sie bedroht wurde) nicht in Zusammenhang mit sich selbst bringen können. Gerade in der Arbeit mit Menschen mit sog. Frühstörungen (Bindungsstörungen) ist eine Unterstützung bei der Mentalisierung und Verbalisierung von psychischen Vorgängen sehr wichtig, weil viel von dem, was erlebt und erfahren wird, zunächst eben nicht bewusst sprachlich gefasst werden kann. Dies betrifft auch oft die Behandelnden selbst und muss im Rahmen einer Fallarbeit reflektiert werden.

Häufig haben Menschen mit dissozialen Persönlichkeitsstörungen bspw. in der Haft die besten Absichten. Man sollte die diesbezüglichen Pläne nicht als Lippenbekenntnisse und Manipulation abtun, selbst wenn diese unrealistisch erscheinen und oft nicht funktionieren. Im dem Moment, in dem sie ausgesprochen werden, glauben die Klient:innen fest an ihre Absichten und sind besten Willens. Es fehlt nicht an der guten Absicht, sondern u. U. an der Fähigkeit Pläne umzusetzen (bspw. soziale Kompetenz), Folgen von Handlungen zu antizipieren („was wird passieren, wenn ich…?") und realistische Pläne zu entwickeln. Diese Schwierigkeiten bei der Planung und Antizipation korrespondieren mit Beobachtungen der Spielfähigkeit bei traumatisierten Kindern, bei denen im Spiel deutlich weniger Variation und dafür viel mehr ein dauerhaftes und auswegloses Wiederholen beobachtet wurde (Streeck-Fischer 2014). Es können also nicht alternative Ergebnisse eines Problems ausprobiert und „durchgespielt" werden, was auch für die Planung einer Handlung als Erwachsener wichtig wäre, sondern es kommt eher zu einer unlösbaren Wiederholung (vgl. Wiederholungszwang) mit dem stets selben Ergebnis.

Aufgrund einer sehr rigiden Abwehr (ganz schwarz vs. ganz weiß, keine Grautöne) kommt es zu Fehlern in der Realitätsprüfung, so dass beispielsweise Gutes oder auch Schlechtes überbetont und einseitig wahrgenommen werden. Ambivalente Informationen können nur schwer verstanden und dementsprechende Widersprüche nicht ertragen werden, weil sie Unsicherheit und Überforderung auslösen. Das dichotome Schwarz-Weiß-Denken schafft dagegen eine verstehbare Welt, mit scheinbarer klarer Orientierung (Freund und Feind). Auch die emotionalen Zustände werden entsprechend überbetont erlebt, so dass sich die Person nur noch aus dem aktuellen Gefühl heraus erlebt. Die entsprechenden Affekte überfluten die Person und sie ist ganz davon durchdrungen. Ist dieser Mensch also gerade wütend, so erlebt er mitunter extrem starke Wut und eben nur noch Wut. Er kann zu anderen Gefühlen aktuell dann keinerlei Bezug mehr herstellen. Dies hat neben einem unrealistisch verzerrten Blick auf die eigene Person auch gravierende Auswirkungen auf die Beziehungsgestaltung, weil die Beziehungen mitunter auch nur aus dem Moment heraus gesehen und erlebt werden können. In Momenten der Zuneigung gibt es nur noch Liebe, es kann keinen Zweifel geben, das Gegenüber und die Beziehung werden idealisiert, nur um dann einen Moment später Ziel von Hassimpulsen zu werden (→ Kapitel 2.5 – Beziehungsgestaltung). Viele Ereignisse können im Gesamtzusammenhang des eigenen Lebenskontextes nicht eingeordnet werden, sie ergeben keinen Sinn. Ebenso wird das eigene „Gewordensein" nicht verstanden und erscheint zufällig. Rauchfleisch (1999, S. 50) bezieht sich auf Rohde-Dachser (1987), die zumindest dissoziale Personen betreffend meint, dass auf Basis gespaltener konträrer Selbstrepräsentanzen kaum ein Gefühl für das eigene historische Gewordensein in der Zeit und entsprechende Zukunftsperspektiven entwickelt werden können – das Leben entfalte sich fast ausschließlich im Hier und Jetzt, in einer oft beinahe auf einen Punkt zusammengeschmolzenen ‚Augenblicks-Identität', verbunden mit der Unfähigkeit, Vergangenheit, Gegenwart und Zukunft miteinander zu verknüpfen, antizipierend Zukünftiges vorwegzunehmen und Augenblickliches als aus der Vergangenheit erwachsen zu erleben.

Die Traumaerfahrungen bestimmen vielfach auch, wie gut Rückschläge ausgehalten und damit umgegangen werden kann. Selbst bei kleineren Misserfolgen, Störungen der Idealvorstellung („ich gehe jetzt in die neue Arbeit und dort wird alles super") und Frustrationen stellen sich mitunter Gefühle von Ohnmacht, Verzweiflung und Hilflosigkeit ein, so dass die ursprünglich hohen Ziele vollkommen unerreichbar scheinen. Dann bricht alles in sich zusammen und die scheinbar wahre Natur der Dinge wird offenbar: eine ungerechte, aggressive Umwelt, in der man nur durch List überleben kann. Es gibt also keinen kleinen Rückschritt, sondern nur die „totale Katastrophe". In solchen Situationen umfassender Enttäuschung, ist dann auch sowieso „alles egal" und es gibt keine Ziele mehr, an denen festgehalten werden kann. So ist es auch zu erklären, warum dann z. B. eine Klientin nach Ärger mit dem Vorgesetzen sich auch nicht mehr an eine Abmachung zur Suchtmittelabstinenz gebunden fühlt und sich am Abend betrinkt und die Bewährungshelferin meidet.

Literaturtipp

Eine sehr gute Abhandlung zur Mentalisierungsfähigkeit bei Menschen mit dissozialen Persönlichkeitsanteilen findet sich bei Hartmann (2017, S. 277 ff.):

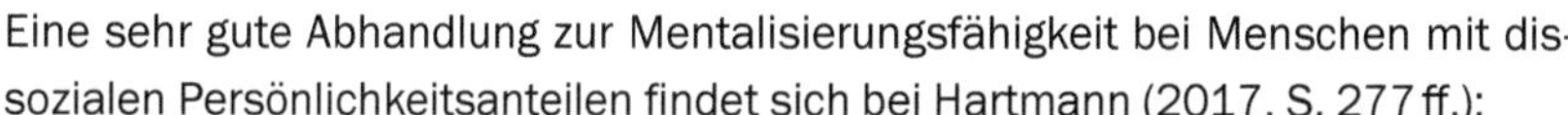

- Hartmann, H.-P. (2017). Narzissmus bei Antisozialer Persönlichkeitsstörung. In: B. Dulz, B., Briken, P., Kernberg, O. F. & Rauchfleisch, U. (2017). Handbuch der Antisozialen Persönlichkeitsstörung (S. 271–284). Stuttgart: Schattauer

2.4 Lebenswege von Menschen mit dissozialen Persönlichkeitsanteilen

Fallbeispiel Herr G. – ein Gescheiterter „zwischen Prinzessinnen und Hexen"

Herr G. war zum Zeitpunkt der Behandlung 34 Jahre alt und befand sich in Untersuchungshaft, weil er mehrfach seine Freundin geschlagen hatte. Er hatte bereits mehrere Vorinhaftierungen (insgesamt zwölf Jahre) und gescheiterte Therapieversuche (u. a. § 64 StGB) hinter sich, weil er mit verschiedenen Delikten (u. a. gefährliche Köperverletzung, Verstoß gegen das BtMG, Eigentumsdelikte) strafrechtlich in Erscheinung getreten war. Sein Vater trank viel und schlug ihn und die

Mutter („ich will nie so werden wie das A…"), später verließ er beide. Seine Mutter sei „sehr nett" gewesen, die Schilderungen dabei blieben blass, und es stellte sich der Eindruck ein, dass sie überfordert war und wohl wenig auf den Jungen bezogen. Sein Leben sei „ein einziger Straßenkampf gewesen" und er sich immer irgendwie durchschlagen müssen. Er sei aus der Schule geflogen, weil er „nur Scheiße gebaut" habe, er habe viel Drogen und Alkohol konsumiert, sich mitunter selbst verletzt und viele Straftaten begangen. Vor der aktuellen Inhaftierung war er gerade einmal drei Monate in Freiheit, obwohl er sich bei seiner letzten Haftentlassung fest vorgenommen hatte, diesmal alles richtig zu machen: Erst wollte er sich „eine Arbeit suchen, dann eine Wohnung und dann eine Freundin". Es kam aber anders und er habe gleich eine Freundin kennengelernt, man habe sich sehr ineinander verliebt und er sei zu ihr gezogen. Sein Plan sei damit „gescheitert" gewesen und während sie tagsüber arbeiten gegangen sei, habe er die Zeit zu Hause verbracht und gekifft und getrunken. Bald habe er sich wie „ein Looser" gefühlt, weil er „nutzlos war", er sei seiner Freundin „kein guter Mann" gewesen – seinem hohen Ich-Ideal („ich muss mich um meine Freundin kümmern, stark sein, sie ernähren") konnte er nicht entsprechen.

Menschen mit dissozialer Persönlichkeitsstörung weisen im Hinblick auf ihre Lebensgeschichte häufig Parallelen und typische Muster auf (vgl. Andersen et al. 1999): Oftmals ist ein früher Beginn sozial auffälligen Verhaltens festzustellen, der nicht selten zur Diagnose einer Störung des Sozialverhaltens führt.[23] Entsprechend kommt es auch zu mehr Schul- und Ausbildungsversagen, was nicht unbedingt auf geringere Intelligenz oder Lernprobleme zurückzuführen ist, sondern auf vielfache und gravierende Disziplinverstöße, die Verweise und Abbrüche zur Folge haben. Der familiäre Hintergrund ist vielfach geprägt von Überforderung, Vernachlässigung und Gewalt, eine Vaterfigur fehlt oder verhält sich inadäquat (Gewalt, Alkohol; Lykken 1995) und es kommt zu Herausnahmen aus der Ursprungsfamilie und diversen Versuchen der Fremdunterbringung. Dies wird gelegentlich als sogenannter „Drehtüreffekt" beschrieben und charakterisiert die ohnmächtigen Versuche des Zugangs zu sogenannten „Systemsprenger:innen" (Fingscheidt 2019). Ihrer habhaft wird das System dann oft wirklich nur im Justizvollzug, wenn durch eine Verurteilung ein

---

23 Oder auch einer ADHS-Diagnose. Es ist aber zum einen wichtig, festzuhalten, dass diese Diagnose nicht in umgekehrter Weise kausal verstanden werden darf, also dass jede:r, der/die diese Diagnose als Kind bekommt, später straffällig wird, sondern eben nur so, dass unter den Straffälligen diese Diagnosen häufiger in der Vergangenheit zu finden ist. Zum anderen handelt es sich bei diesen deskriptiven, also nur beschreibenden Diagnosen um „Symptombündel", die aber per se keinen Wert bei der Erklärung der Auffälligkeit haben, also warum die Kinder/Jugendlichen auffällig sind (vgl. dazu eigens Kapitel Bindungstraumatisierungen).

längerer Aufenthalt „im System" erzwungen wird.[24] Jugendliche mit progredientem Delinquenzverlauf (immer schneller, immer mehr Straftaten) werden durch Zwang zunächst aufgehalten und es wird versucht die schnelle Spirale von immer mehr Auffälligkeiten mit einer maximalen Zwangsmaßnahme zu unterbrechen.

2.5 Beziehungsgestaltung von Menschen mit dissozialen Persönlichkeitsanteilen

Fallbeispiel Herr G. (Fortsetzung) – Ein Gescheiterter „zwischen Prinzessinnen und Hexen"

Die Beziehung zur neuen Freundin war anfangs geprägt von sehr intensiven Gefühlen der Zuneigung („waren im siebten Himmel", „sie ist engelsgleich", „sie hat mich blind verstanden – noch bevor ich wusste was ich will, wusste sie es"). Er beschrieb die Freundin märchenhaft positiv, sie sei die „perfekte Frau: wunderhübsch, gütig, klug …", es habe „überhaupt keinen Stress" mit ihr gegeben. Auch die Tatsache, dass sie noch mit anderen Männern in Kontakt stand, habe ihn „überhaupt nicht" gestört, weil er „wusste, dass sie einfach perfekt ist". Im Bett war es zu Beginn „Wahnsinn", später habe er Erektionsprobleme bekommen, weil er sie „einfach zu sehr geliebt" habe. Sie hätten Tag und Nacht miteinander verbracht und er wollte sie gar nicht in die Arbeit gehen lassen („ich kann nicht leben ohne sie"). Das sei so schlimm gewesen, dass ein Freund zu ihm gesagt habe, er sei ja „wie verhext" und solle sich „seine Eier zurückholen". Er berichtet unter anderem von einer Situation, in der die Freundin nach Bestellwünschen bezüglich des Abendessens gefragt habe und ihm „Antipasti" vorschlug. Als er angab, nicht zu wissen, was das sei, habe die Freundin ihn mit der flachen Hand auf die Stirn geschlagen (macht es vor, kann es aber nicht in Worte fassen) und ihn „Dummkopf" genannt. Auf Nachfrage, was er dabei gefühlt habe, antwortet er „nichts – ich war ja auch ein Dummkopf, aber jetzt weiß ich, was es ist". Auf erneute Nachfrage, was er dabei gespürt habe, als die Freundin ihn auf die Stirn schlägt, überlegt er und antwortet: „den Ring – sie hatte einen Ring an der Hand". Psychisch habe da „gar nichts stattgefunden".

Nach ca. acht Wochen kam es aus einem zunächst nichtigen Anlass zu einem lautstarken Streit, in dessen Verlauf er seine Freundin mehrfach mit der Faust ins Gesicht schlug und sie dabei mehrere Zähne verlor. Er habe nur noch rotgesehen, „einen Schalter umgelegt", er beteuerte „so bin ich nicht, ich bin nicht so ein Schwein, wie mein Vater", er bedauere sein Handeln zutiefst und hasse sich da-

24 In diesem Zusammenhang ist der in Österreich äquivalent für die deutschen „Gefangenen" verwendete Begriff der „Angehaltenen" auch sinnbildlich interessant.

für, weil er „das Wertvollste, was [er] je hatte“, verletzt habe. Auf die Frage, wie sich seine Freundin gefühlt habe, als er sie schlug, kann er keinerlei Vermutung anstellen („ich kann ihr ja nicht in den Kopf schauen“). Man habe sich wieder versöhnt und sie habe auf eine Anzeige verzichtet. Kurze Zeit später kam es wieder zum Streit und wieder zu massiven Schlägen gegen den Kopf. Seine Partnerin zog aus, vertraute sich ihrer besten Freundin an, die ihr zur Anzeige riet. Er wurde daraufhin festgenommen und kam in Untersuchungshaft. Man versöhnte sich jedoch wieder, und er hielt bis zur Hauptverhandlung über ein illegal beschafftes Handy Kontakt zu ihr – sie habe die Anzeige gegen ihn zurückgezogen, weshalb er mit einem Freispruch rechnete. Die Haft erlebte er als ungerechtfertigt, weil er sich ja wieder mit seiner Freundin vertrage und alles gut machen wolle. Er berichtet von einem Vorfall auf der Krankenstation, wobei sich diese Ungerechtigkeit noch einmal zugespitzt habe. Nach einem Sportunfall, bei dem er sich den Arm abgebrochen habe, habe man ihn mehrere Stunden warten lassen, obwohl kein anderer Patient da gewesen sei. Er habe nachgefragt, warum er denn so lange warte müsse, und die Krankenschwester habe im geantwortet: „Frauenschläger wie Du müssen bei mir immer länger warten“.

Am Abend des ersten Verhandlungstags suchte der Autor (JL) den Gefangenen auf, um ihn nach dem Verlauf zu fragen. Er saß regungslos versteinert, emotionsarm und leer auf seinem Bett und berichtete davon, dass seine Exfreundin eine Therapie gemacht habe („sie ist Borderlinerin“) und die Therapeutin habe ihr eingeredet, nicht nur auf einer Anzeige zu bestehen, sondern sogar Nebenklage einzureichen. Seine Exfreundin wolle ihn „fertig machen“. Auf die Frage, wie er das alles erlebt und verarbeitet habe, antwortet er mit einer märchenhaften Schilderung des Äußeren seiner Exfreundin, die aber nun nicht mehr die Züge einer „Prinzessin“ trägt, sondern diesmal der „Hexe“ gleicht („gelbe Zähne, viel geraucht“, „schlechter, abgeplatzter Nagellack“, „kalter Blick“, „arrogant“). Auch auf Nachfrage kann er nun keinen innerlichen Bezug mehr zu seinen vorangegangenen Schilderungen („Prinzessin“) aufbauen („kann schon sein – aber so ist sie wirklich“).

Dabei sind die Erwartungen an Partner:innen (egal ob Liebes-, Freundschafts- oder Arbeitsbeziehungen) oftmals hoch ambivalent: Einerseits gibt es unersättliche Wünsche nach Nähe (verschmelzen), emotionaler Zuwendung, narzisstischer Bestätigung und andererseits demonstrative Gleichgültigkeit, Rücksichtslosigkeit und ein Kampf gegen den Anderen. Dieses Verhalten ist Ausdruck eines „oral-aggressiven Kernkonflikts“, der mit dem Spruch „ich habe Dich zum Fressen gern“ ausgedrückt werden kann: einem Wunsch nach totalem Besitzen, symbiotischem Eins-Sein und perfekter Liebe steht die aggressive Vernichtung des Anderen gegenüber, weil er das Selbst bedroht. Dies kann im Übrigen auch eine motivationale Grundlage für sogenannte Stalker sein, die ihre Opfer nach einer Trennung nicht gehen lassen können, weil sie sich sonst verlieren würden. Beziehungen sind häufig überladen mit völlig unangemessenen Erwartungen, die zwangsweise enttäuscht werden müssen. Die anfängliche große Zuwendung schlägt dann nicht selten in Hass, zumindest aber eiskalte Gleichgültigkeit um. Auch aufgrund einer narzisstischen Störungskomponente bei Menschen mit dissozialen Persönlichkeitsanteilen fällt es schwer, eine echte Beziehung zum Gegenüber aufzubauen. Das Weltbild ist stark egozentrisch: Andere sind nur Funktionsträger („was kannst Du mir geben, zu was kann ich Dich benutzen") und keine eigenständigen Lebewesen (Objekte) mit eigenen Gefühlen, Wünschen und Gedanken, was die Etablierung einer echten objektalen Beziehung unmöglich macht (vgl. Briken 2017, S. 370 f.). Die Objekte werden nicht ganzheitlich wahrgenommen, sondern nur ein (Rollen-)Aspekt des Anderen („die ideal fürsorgliche Mutter" oder „der sadistisch verfolgende Vater").

Auch Herr G. sieht zu Beginn der Beziehung nur die „perfekte Liebe" und verleugnet alle problematischen Aspekte (Kontakt zu anderen Männern, Kränkung) bzw. richtet Aggression gegen sich (Entwertung), um die idealisierte Freundin halten zu können. Als die Situation und innere Einstellung dann umschlägt, bleibt von positiven Gefühlen nichts mehr übrig – die vormaligen Gefühle können nicht mehr nachvollzogen werden und wirken wie aus einer Scheinwelt. Das oben beschriebene Phänomen der Augenblicks-Identität wird somit auch bestimmend für die Beziehungsgestaltung, die man analog als Augenblicks-Beziehung bezeichnen könnte.

2.6 Defizite im Über-Ich

In den Diagnosesystemen spielt die Gewissenlosigkeit von Menschen mit dissozialen Persönlichkeitsanteilen immer eine Rolle. Scheinbar ohne alle Schuldgefühle und unfähig zur Reue werden andere Menschen mitunter schwer geschädigt. Vielmehr wird z. B. im Rahmen von sogenannten Neutralisierungstechniken noch das Opfer selbst verantwortlich gemacht („Wenn der nicht auf seine Sachen aufpasst, muss er sich nicht wundern, wenn er bestohlen wird") oder ein Unrecht der Tat gänzlich in Frage gestellt („Die ich vergewaltigt haben soll, war doch sowieso nur eine Schlampe"). Oberflächlich betrachtet entsteht Eindruck einer Gewissenlosigkeit der dissozialen Personen, die sich in vielen Regelverstößen diverser Art (polytrope Delinquenz), Empathiemangel, Rücksichtslosigkeit und Rationalisierungen äußert. Rauchfleisch (1999) geht dagegen davon aus, dass sehr wohl eine Über-Ich-Instanz vorhanden ist, die sogar geradezu sadistische Züge trägt. Diese habe sich im Rahmen der traumatischen Beziehungserfahrungen als verinnerlichte negative Objektbeziehungen gebildet. Ein reifes und realitätsangepasstes Über-Ich könne sich nur mit einem geliebten Objekt bilden – Zulliger (1962) wird entsprechend zitiert: „Das

Gewissen ist ein Abkömmling der Liebe". Durch die traumatischen Bindungserfahrungen wird aber z. B. ein sadistisch strafender (weil schlagender) Vater internalisiert, der das spätere Über-Ich formt. Es bildet sich eine sadistische und übermächtige Gewissensinstanz, die im Sinne einer inneren, kaum aushaltbaren Stimme der Klient:innen entweder diese selbst fertig macht („ich bin ein Stück Sch…", „ich bin das Letzte") oder die der Klient, um sich zu entlasten, auf die Außenwelt projiziert. Im erstgenannten Fall sehen wir die Klient:innen in Phasen, die durch Selbsthass, großer Verzweiflung und Depression, bis hin zu Suizidalität geprägt sind. Im zweiten Fall dagegen erlebt der/die Klient:in selbst keinerlei Schuldgefühle und gibt allen anderen oder den Umständen die Schuld (Projektion). Für das Umfeld und die professionellen Helfer:innen wiederum sind diese schamlosen und ungerechtfertigten Anklagen und die völlig fehlende Schulübernahme kaum zu ertragen und mobilisieren mitunter den Impuls explizit anklagen und bestrafen zu wollen (Projektive Identifikation). Wiederum wird der Kampf, der eigentlich im Inneren der Person tobt, mit anderen ausgetragen. Die Klient:innen nehmen aber auch weiterhin keine eigene Schuld wahr und sehen sich im Rahmen der sich manifestierenden Inszenierung als hilfloses Opfer, das ungerechtfertigt angegriffen wird und fertig gemacht werden soll (Beispiel Nebenklage, Krankenpflegerin).

Eigentlich *intrapsychische Konflikte* („ich hätte mich mehr anstrengen müssen, war aber zu faul", „ich habe einen Fehler gemacht und muss nun Verantwortung dafür übernehmen", „ich hätte jemanden fragen sollen, habe mich aber nicht getraut") können aber nicht ausgehalten werden, weil sie eine unerträgliche psychische Spannung nach sich ziehen und in schwersten Selbstvorwürfen enden würden („ich bin ein nutzloses Stück Sch…") und die eigene Existenzberechtigung in Frage gestellt ist. In diesen Momenten der Verzweiflung besteht auch eine gewisse Suizidgefahr. Die o. g. intrapsychischen Konflikte werden aber auch häufig im Sinne einer Abwehrleistung *interpersonell* inszeniert, d. h. ein Teil des Konfliktes wird einem anderen bzw. den Umständen zugeschoben, um sich dadurch zu entlasten. Insofern können dann auch an den Haaren herbeigezogene Erklärungen (die falsche Reihenfolge der Ereignisse bei Herrn G. oder „die Schuld der falschen Freunde") und Beschuldigungen anderer verstanden werden. Durch die interpersonelle Abwehr wird das Ich entlastet und eine Ursache oder ein:e Schuldige:r außerhalb gefunden, der/die angeklagt oder bekämpft werden kann. Die zugrundeliegenden Prozesse laufen sowohl auf Seiten der Klient:innen als auch der der Helfer:innen unbewusst ab und können die Arbeitsbeziehung und Behandlungsziele durch sehr ungünstige und teilweise destruktive Verstrickungen gefährden. So ist es beispielsweise nicht selten zu beobachten, dass Behandelnde sich im Rahmen der projektiven Identifikation mit den o. g. abgespaltenen Über-Ich-Anteilen identifizieren und negative Gegenübertragungen durch Einnehmen einer sadistisch-verfolgenden Über-Ich-Position agieren (Schneider-Lehmann/Lohmer 2008, S. 221) – die Behandler:innen übernehmen also die Rolle von Bestrafenden und nicht mehr Helfenden. Dieses Phänomen wird nicht selten begleitet von Ekel- und Wutaffekten auf Seiten der Behandler:innen und äußert sich in Sätzen wie: „… dem komm ich schon noch auf die Spur …", „… mit mir nicht …", „… dem habe ich mal einen Einlauf verpasst …". In diesem Licht können auch einsichtsbasierte Diskurse über die [moralische] Verwerflichkeit von Straftaten („jemanden ins Gewissen reden") betrachtet werden – sie haben „keinen rückfallvermeidenden Effekt" (Behnke & Endres 2008, S. 110), sondern bestenfalls akademischen Wert und sind somit obsolet. Häufig reicht ein Aussprechen dieser Affekte der Gegenübertragung aus, um wieder zu einer „professionell-neutralen Haltung" zurückzufinden (Preuss & Berner 2008, S. 295).

Übt man im Rahmen der Behandlung Kritik an Klient:innen, weil diese zum Beispiel die verabredeten Bewerbungen nicht geschrieben und abgeschickt hatten, so müssen sich die Behandler:innen darüber in Klaren sein, dass sich auch eine angemessen milde und sachliche Kritik mit dem sadistischen Über-Ich der Klient:innen verbünden kann. Unsere eigentlich leise und gut gemeinte Stimme ertönt gleichsam durch einen verzerrenden Verstärker und trifft die Klient:innen im Kern. Klient:innen hören nur, dass sie alles falsch machen würden und nutzlose und schlechte Menschen seien. Daraufhin verlieren sie entweder jeden Mut und Motivation und sehen die Beziehung zu den Behandler:innen als gescheitert oder verteidigen sich im Rahmen einer Gegenaggression. Unsere Schlussfolgerung für die Behandlung kann dabei nicht sein, dass wir unsere Klient:innen vor jeglicher gerechtfertigter Kritik beschützen, sondern dass wir um die diesbezügliche extreme Sensibilität unserer Klient:innen wissen und bewusst damit umgehen.

2.7 Bezug der eigenen Traumaerfahrungen zu Gewaltstraftaten[25]

Nach dem von Freud (1914, S. 487) beschriebenen „Wiederholungszwang" neigen traumatisierte Menschen dazu, erlebte Traumata unbewusst zu wiederholen und zu reinszenieren, um dadurch eine Art „Heilung" zu erfahren. Vielfach muss beobachtet werden, dass diese Versuche untauglich im Sinne einer Verarbeitung sind – dennoch bieten sie die Möglichkeit, sich wenigstens vorübergehend Linderung von den unerträglichen traumatischen Erinnerungen

25 Hier werden Sexual- und Gewaltstraftaten subsumiert, bei denen in unterschiedlich starker Ausprägung die Zusammenhänge von Entwicklungstraumata und Delikt angenommen werden.

zu verschaffen, die mit Gefühlen der Ohnmacht und Hilflosigkeit einhergehen. Beobachtungen zeigen, dass Frauen dabei unbewusst dazu neigen, sich erneut in Situationen zu begeben, in denen sie sich als Opfer wiederfinden, also beispielsweise in Beziehung mit einem gewalttägigen Mann (Eichenberg, Grittner & Fischer 2011, S. 33). Aus der Behandlung häufiger gehörte Annahmen wie „ich kann es schaffen, dass er mich nicht mehr schlägt, wenn ich ihn nur noch mehr liebe“ sind ein Beleg für die o. g. kurzfristige Linderung durch eine phantasierte Wirkmacht. Männer externalisieren tendenziell ihre Traumata hingegen eher und reinszenieren die traumatische Situation dann so, dass sie diesmal Täter sind. In der Tat erleben sie große Macht und Potenz und schaffen für kurze Zeit die maximale Distanz zu den eigenen Opfererfahrungen. Sie geben sich quasi den Beweis, dass der innere ohnmächtige und hilflose Zustand nicht wahr sein kann und stellen diesen unerträglichen inneren Zustand für kurze Zeit ab. Nach Fischer und Riedesser (1999, S. 108 ff.) ist die Tat dann eine Reinszenierung von Gewalt mit Täter-Opfer-Umkehr als Ausdruck einer Kontrolloperation, die das Ziel hat, mit den unerträglichen Erinnerungen im Traumaschema zu leben.

Auch gesunde Menschen mit viel weniger schlimmen Erfahrungen kennen sich als mehr oder weniger ohnmächtiges und hilfloses Opfer oder als mächtigen und überlegenen Täter – sie wissen stets von diesen Zuständen und haben also diese Persönlichkeitsanteile in eine Gesamtpersönlichkeit integrieren können. In Abbildung 1 ist die „normale“ Persönlichkeitsorganisation veranschaulicht. Die Abbildung ist eine modellhafte Darstellung des psychischen Innenlebens eines Menschen, das folgendermaßen erklärt werden könnte: Im Zentrum meiner Vorstellung steht ein Abbild meiner Selbst (Subjekt), wobei ich mir meiner negativen (aggressiven, zerstörerischen, ablehnenden etc.) und positiven (liebenden, helfenden, schöpferischen etc.) Selbstanteile bewusst bin und all diese Facetten meiner Persönlichkeit auch als zu mir gehörig erlebe. Ähnliches gilt für die Repräsentationen der Objekte. Es handelt sich dabei um verinnerlichte Bilder wichtiger anderer Menschen, die ich ebenfalls in allen Anteilen erleben kann. Wichtig: Es handelt sich nicht um die Objekte selbst (die betreffenden Menschen können ja auch schon länger verstorben sein, zumindest müssen sie aber nicht aktuell anwesend sein), sondern eben um Abbilder. Die Selbst- und Objektrepräsentanzen umfassen also gleichermaßen positive wie negative Merkmale und Affekte – diese sind komplex und differenziert.

Anders ist dies bei schwer traumatisierten Menschen: Die beiden Hälften stehen nicht miteinander in Beziehung, sind nicht in eine Gesamtpersönlichkeit integriert und können somit bestenfalls abwechselnd wahrgenommen und gelebt werden. Abbildung 2 zeigt eine Borderline-Persönlichkeitsorganisation mit entsprechend gespaltenem Bewusstsein. Wie bereits erwähnt, führen diese tiefgreifenden und anhaltenden traumatischen Erfahrungen dazu, dass sich die Psyche der Opfer in zwei Bereiche aufspaltet: gute und böse Teil- bzw. Partialobjekte, wobei Partialsubjekt- und Partialobjektrepräsentanzen nicht in Verbindung zueinander stehen und auch nicht in Verbindung gebracht werden können. Diese archaische Spaltung betrifft auch den Aspekt von Täter- und Opferseite.

Abb. 1: „Normale" Persönlichkeitsorganisation nach Clarkin, Yeomans und Kernberg (2008, S. 5), adaptiert von Lackinger (2012)

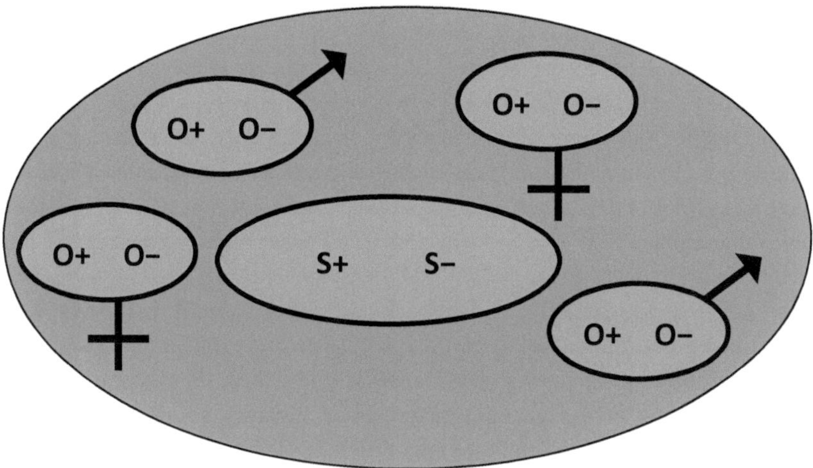

Abb. 2: Persönlichkeitsorganisation auf Borderline-Strukturniveau mit gespaltenen Gut-Böse-Anteilen nach Clarkin, Yeomans und Kernberg (2008, S. 5), adaptiert von Lackinger (2012)

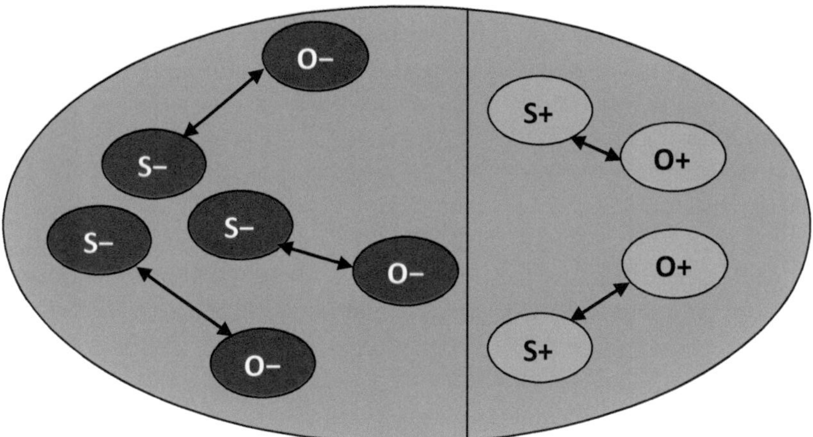

So ist es zu erklären, dass Straftäter im alltäglichen Kontakt mit Behandler:innen mitunter als sehr „zahm" und schwach wahrgenommen werden und gar nicht vorstellbar erscheint, dass sie es waren, die zu einem anderen Zeitpunkt brutale Straftaten begangen haben. Die Existenz von Täteranteilen ist gerade nicht spürbar. Formulierungen wie „mir ist eine Körperverletzung passiert" oder „so bin ich nicht" (ohne dass die eigentliche Tat geleugnet wird) zeugen davon, wie fremd und fremdgesteuert die Täterschaft in dem konkreten Moment des Erzählens erlebt wird. Besteht diese Fremdheit dauerhaft und umfassend, stellt dies einen sehr ungünstigen Aspekt für künftige Rückfallvermeidung dar. Rauchfleisch schildert sehr eindrücklich das entsprechende Phänomen (2013, S. 39ff.), bei dem die Aggression eines Gewalttäters in der Behandlungsbeziehung auf beiden Seiten verleugnet wird. Obwohl der Auszug aus dem Bundeszentralregister viele Vorstrafen ausweist, erscheint dann gerade bei Gewalttäter:innen Wut nicht richtig vorstellbar, zumindest ist sie aber in der Behandlungsbeziehung überhaupt nicht spürbar. Die Täteranteile sind abgespalten und es ist nachvollziehbar, dass auch die Behandelnden nichts daran ändern wollen, weil es eben unangenehm ist, einem aggressiven Täter gegenüberzusitzen. Es wird vielmehr das verletzliche Opfer gesucht, weil Klient:innen und Behandelnde letztlich Angst vor einer unbekannten, weil unbewussten mörderischen und vernichtenden Wut haben, die unkontrollierbar erscheint. Bleibt diese Aggression abgespalten und wird sie nicht in die Gesamtpersönlichkeit der Klient:innen integriert, so wird sie auch nie kontrollierbar. Insofern muss diese Aggression in für die Beteiligten aushaltbarere Weise in die Beziehung „hereingeholt" und behandelt werden (Lohner 2019, S. 378).

„Rutscht" die innere Welt jedoch in die Wahrnehmung der negativen Partialsubjekt- bzw. Objektrepräsentanzen, so können keine positiven Selbst- und Fremdanteile (mehr) gesehen werden. Die Welt, die Beziehungen erscheinen nur noch negativ und destruktiv – an die Stelle einer Rettungsphantasie tritt eine Angst vor Vernichtung durch die anderen, mit der Folge eines Verteidigungskampfes um die bedrohte Existenz (Rauchfleisch 1999, S. 114).

Literaturtipp

Eine Vertiefung psychodynamischer Psychotherapie bei Delinquenz ist bei Lackinger et al. zu finden:

- Lackinger, F., Dammann, G. & Wittmann, B. (Hrsg.) (2008): Psychodynamische Psychotherapie bei Delinquenz. Praxis der Übertragungsfokussierten Psychotherapie. Stuttgart: Schattauer.

2.8 Narzisstische Störungskomponente bei Menschen mit dissozialen Persönlichkeitsanteilen[26]

Fallbeispiel Herr C. – Zwerg oder Riese?

Herr C. war zum damaligen Zeitpunkt 21 Jahre alt und hatte eine Einheitsjugendstrafte von drei Jahren wegen wiederholter Drogen- und Gewaltdelikte zu verbüßen. Er war das „schwarze Schaf" seiner Familie, seine Mutter verzweifelte mit ihm. Der Vater hatte nach Gewaltvorfällen die Familie längst verlassen, der Stiefvater hatte mittlerweile auch resigniert. In der Haft hatte Herr C. eine Lehre zum Maurer begonnen, die er aber aufgrund schlechter Leistungen, v. a. in der Schule, wohl nicht würde beenden können. Mitgefangenen und Mitarbeiter:innen gegenüber trat er meist überheblich und „großspurig" auf – die Anstaltsleitung wurde von ihm idealisiert. Bei Mitarbeiter:innen stellte sich gelegentlich bei ihm (und eigentlich nur bei ihm) die Gegenübertragung ein, ungenügend zu arbeiten, vielleicht nicht gut genug ausgebildet zu sein, eventuell „Blödsinn zu reden", ohne dass er das aber jemals wirklich zu ihnen gesagt hätte. Von der Lehrerin der Berufsschule wurde mitgeteilt, dass der Klient sehr schlechte Leistungen erbrachte und ihrer Ansicht nach „nicht der Hellste" sei – sie bat den psychologischen Dienst, ihn auf ein Scheitern bei den Prüfungen vorzubereiten, weil sie eine große Kränkung für den Klienten fürchtete und „irgendwie die Phantasie hat[te], dass er sich umbringen könnte". Zu Beginn der nächsten Einzelsitzung antwortete er auf die Frage nach dem aktuellen Befinden mit dem Problem, er wisse nicht, ob er sich nach der Therapie den teuersten Sportwagen von Mercedes oder BMW kaufen sollte.

Obwohl narzisstische Persönlichkeitsanteile ein eigenes Thema im Hinblick auf Persönlichkeitsakzentuierung im Allgemeinen und im Hinblick auf Straffälligkeit im Besonderen darstellen, soll hier nur auf die narzisstische Störungskomponente eingegangen werden, die Menschen mit dissozialen Persönlichkeitsanteilen vielfach aufweisen. Ihr Selbstwertgefühl ist teilweise sehr gering und instabil, d.h. es kann zu extremen Schwankungen zwischen schweren Insuffizienzgefühlen einerseits und grandiosen Vorstellungen andererseits („pathologisches Größenselbst") kommen. Letztgenannte sind als Kompensationsversuche der erstgenannten zu verstehen, als Versuch, sich gegen das Gefühl zu wehren, „ein Nichts" zu sein, indem man sich sehr „aufbläht". Es scheint die narzisstische Homöostase gestört: einer extremen narzisstische Verletzbarkeit, die sich in einer großen Kränkbarkeit äußert, steht ein zu hohes Ich-Ideal gegenüber („wie groß müsste ich eigentlich sein, um meinen eige-

---

26 Zum Zusammenhang zwischen dissozialen Persönlichkeitsanteilen und Narzissmus siehe Stone (2018) und Hartmann (2018).

nen Ansprüchen zu genügen“) und das bei kaum narzisstische Bestätigung in der sozialen Realität („arbeitslose Schulabbrecher“, „Straftäter“, die abhängig vom Hilfesystem leben). Es stehen also übertrieben hohe Ansprüche an sich selbst und andere einer vielfach bisher verheerenden Lebensbilanz gegenüber (Rauchfleisch 1999).

Praxistipp

Dies macht hinsichtlich der Behandlung von straffälligen Menschen Erfolgserlebnisse (Bestehen eines Lehrgangs, Gabelstaplerführerschein etc.) so bedeutsam, bei denen die Klient:innen möglichst eindeutig erleben und gegebenenfalls reflektieren können, dass sie durch ihre eigenen Anstrengungen, und nicht etwa durch Glück oder Gnade, einen Erfolg erzielt haben. Zum einen können dadurch beispielsweise die beruflichen Integrationschancen verbessert und eine Teilhabe am Arbeitsleben als Kontrast zu einem Leben in Straffälligkeit kann vorstellbar werden. Zum andern kann dies zur Steigerung des Erlebens von Selbstwirksamkeit führen und wäre somit eine Behandlung der erlernten Hilflosigkeit und traumatisch erworbenen Überzeugung eigener Ohnmacht. Leider tendieren viele Klient:innen des psychosozialen Hilfesystems ganz allgemein dazu, ihre Erfolge external und instabil zu attribuieren („es war nur Glück“, „die Prüfung war leicht“), Misserfolge dagegen internal und stabil („ich kann es eben nicht, weil ich ein Dummkopf bin“). Diese schmerzhaften Bewertungen werden im Narzissmus durch Größenphantasien oder der Entwertung des ursprünglichen Ziels abgewehrt.

Kurz zusammengefasst

Dissoziale Persönlichkeitseigenschaften sind bei vielen Straftäter:innen mehr oder minder ausgeprägt anzutreffen und haben biologische und biographische (v. a. Bindungstraumatisierungen) sowie soziale Ursachen. Bindungstraumatisierungen können bei der Genese von späterer Gewalttätigkeit als Reinszenierungen des eigenen Traumas verstanden werden. Die Lebenswege sind von vielfachem Scheitern und großen sozialen Problemen gekennzeichnet. Dissoziale Eigenschaften können bei (erneuter) Straffälligkeit eine große Rolle spielen und beeinflussen mitunter die Gestaltung der Arbeitsbeziehung stark. Es sind charakteristische Eigenschaften des Über-Ichs (Gewissen, Umgang mit Schuld) und der Ich-Funktion (Einschätzungen der Realität, Wahrnehmung von sich und den anderen, Impulskontrolle, Gefühlswelt) zu beobachten und es fallen vielfach auch narzisstische Störungskomponenten (Selbstwertdefizit vs. Größenselbst) auf.

II *Wo* wird behandelt?

3 Zwangskontext – Straffälligenhilfe

„Bewährungs-hel-fer-in, das steht da, aber wie können Sie mir denn helfen, Sie helfen mir doch eher in den Knast hinein", so einer der ersten Sätze eines ehemaligen Klienten im Erstgespräch bei der Bewährungshilfe. Lassen wir diesen ausgesprochen Satz auf uns wirken.

Anregungen zur Fallreflexion

- Welche Gefühle tauchen auf?
- Was verbirgt sich (eigentlich) hinter dieser Aussage?
- Wie können wir diesen Klienten zur Zusammenarbeit gewinnen?
- Wie sind Auftrag, Funktion und Hilfe- sowie Kontrollaspekte der Straffälligenarbeit (hier: Bewährungshilfe) denn wirklich verortet?

Die einzelne Aussage von oben kann man gerne nach Schulz von Thun (2002, S. 4) und dem Vier-Ohren-Modell analysieren und käme dann möglicherweise einer Antwort auf die oben gestellten Fragen eins bis drei nahe, welche die unmittelbare Kommunikationsebene zwischen professionell Helfenden und der Klientel ansprechen. So könnte man hier davon ausgehen, dass der Appellaspekt wirklich einen „Ruf nach Hilfe" darstellt, der Sachaspekt, auf den der konkrete Aufdruck der Visitenkarte hinweist, die Selbstauskunft („mir ist einfach nicht zu helfen") und der Beziehungsaspekt („ich vertraue ihnen nicht") über die Person des Sprechers für eine Klärung in der Kommunikation sorgen kann. Nicht im Vier-Ohren-Modell abgebildet, trifft dennoch der Sender der Nachricht den Anlass des Kennenlernens – die Auftragsebene – auf den Punkt: Ja, er ist in einem Zwangskontext gelandet und so, möglicherweise seiner Sichtweise nach, erstmal den/der Helfenden – auf Gedeih und Verderb – ausgeliefert. Dabei handelt es sich nicht nur um eine bilaterale interpersonelle Interaktion zwischen Helfenden und Hilfesuchenden. Vielmehr geht es um eine Art Dreiecks-Beziehung zwischen dem Strafgericht, der für die Hilfe und Kontrolle beauftragten Institution und der/dem Klient:in. Dieses, als Triangulation im Zwangskontext beschriebene, Konstrukt kann inter- und intrainstitutionelle Kommunikationsmuster als Gedankenspiele wie folgt zum Ausdruck bringen (vgl. Conen 2007, S. 82).

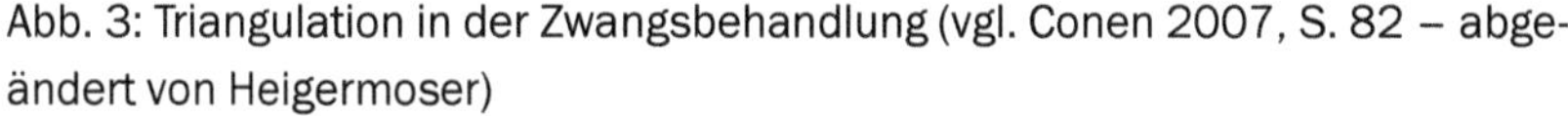

Abb. 3: Triangulation in der Zwangsbehandlung (vgl. Conen 2007, S. 82 – abgeändert von Heigermoser)

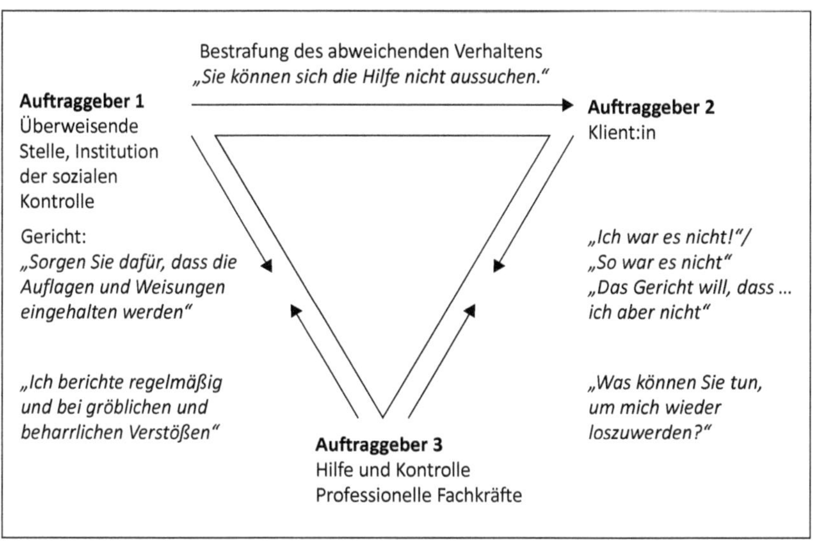

Diese unterschiedlichen Perspektiven werden oft als Spannungsfeld oder sogar als Dilemma im Kontext von Hilfe und Kontrolle auf der Ebene der professionell Helfenden verortet und stellen ein häufig diskutiertes Thema in inter- und supervisorischen Fallbesprechungen dar. Eine Auflösung des Dilemmas wird in Relativierungen, wie etwa, alles sei Zwang und zwangsbeladen (Beispiel: wenn man Geld verdienen möchte, muss man arbeiten/bzw. etwas tun), versucht. Oder es erfolgt eine Negierung von Zwang im Sinne: nicht die behandelnden Professionen entscheiden, sondern seien vielmehr „die Guten – im zwangs- und machtbeladenen System" der Strafjustiz (vgl. Conen 2011, S. 71). Teilweise wird auf Seiten der Behandelnden, aber auch der verurteilenden Institutionen immer wieder versucht, den ungeliebten Zwangskontext zu umgehen oder sich ihm zu entziehen und so lange wie möglich auf Freiwilligkeit und Engagement auf Seiten der Klient:innen zu setzen (vgl. Effinger 2002, S. 64). Sowohl theoretische Ansätze als auch evaluierte Praxismodelle haben jedoch gezeigt, dass anfangs erzwungene Hilfe durchaus erfolgreich sein kann. Einsicht und Motivation sind nicht zwangsläufig notwendig, um Veränderungen herbeizuführen und konstruktiv an Lösungen (mit) zu arbeiten (vgl. Conen 2011, S. 72). Somit gelten sie in unserem Thema auch nicht als unmittelbare Voraussetzung für eine sinnhafte Behandlung von straffälligen Menschen. Es bleibt jedoch ein großes „Aber", wenn es innerhalb von Zwangskontexten um Hilfe und Kontrolle gehen soll. Kontrolle ist immer auch mit Macht verbunden, und so braucht es zwingend Kriterien und Bedingungen für genau diese Art des Auftrages. Denn Zwangskontexte schränken immer auch die Rechte und Freiheiten von Klient:innen ein (vgl. Klug 2005, S. 184 f.). Eine Hilfemaßnahme wird in der Regel dann gerechtfertigt, wenn von einer Gefahr für „Leib und Leben Dritter" oder einer unmittelbaren Selbstgefährdung ausgegangen werden kann. Die Institutionen, die das Mandat haben, sozial erwünschtes Verhalten einzufordern (siehe Auftraggeber 1 in Abb. 3), bestimmen im Allgemeinen, ob eine Hilfemaßnahme geeignet und sinnhaft ist (vgl. Conen 2011, S. 73). Die helfenden Professionen (Auftraggeber 3) nehmen hier mitunter anhand von fachlichen oder gutachterlichen Stellungnahmen am Aushandlungsprozess teil und stellen eine Art Vermittlung zwischen Auftraggeber 1 und 2 dar, bleiben jedoch meist in der ersten Entscheidungsinstanz unbeteiligt und erhalten erst durch Rechtskraft eines Urteils dann den eigentlichen Behandlungsauftrag.

Einige Autor:innen stellen explizit die positive Sicht auf Zwangskontexte dar. So bilden Zwangskontexte weniger Hürden für die professionell Helfenden als eher einen Rahmen, mit dem man umgehen muss (vgl. Colapinto 1995, S. 67). Gumpinger (2001, S. 17) bringt es wie folgt auf den Punkt: „die wichtigste [...] Handlung im Zwangskontext besteht darin, mit einer unfreiwilligen, unmotivierten Klient:in auszuhandeln, wie aus ihr eine zwar immer noch unfreiwillige, aber an einer Problemlösung motivierte Klient:in werden kann".

Mangelnde Freiwilligkeit und Behandlungsmotivation gelten so nicht länger als Ausschlusskriterien oder sogar als mitbestimmend für eine negative Prognose. Besonders deutlich wird dies, wenn wir uns allgemeine Anforderungen des regulären Hilfesystems ansehen. Akuter Suchtmittelgebrauch oder eine Abhängigkeitserkrankung und Straffälligkeit sind oft Ausschlusskriterien zur Aufnahme einer regulären psychotherapeutischen Behandlung, und somit wird ein gewisser Teil an Menschen (zum Beispiel straffällige Menschen) vom Hilfesystem ausgegrenzt (vgl. Beushausen 2014, S. 9).

3.1 Professionelle Haltung und Kriterien in Zwangskontexten

Für die Bestimmung des Auftrages von Behandlung gilt es Hilfe nicht als losgelöst von Kontrolle zu betrachten. Das eine bedingt das andere und beide Teile sind in der Auftragsebene verortet. Für die Straffälligenarbeit ist es hilfreich, sich sowohl einem Subjekt- wie auch Strukturbezug zuzuwenden. Das bedeutet, die Hilfe- und Unterstützungsprozessen betreffen sowohl die jeweilige Lebenswelt der Klientel mit ihren subjektiven Bewertungen, alltäglichen Schwierigkeiten, Risiken wie auch Ressourcen als auch die Strukturen, die jenseits der individuellen Beeinflussbarkeit liegen, aber die konkrete Lebenswelt der Klientel maßgeblich mitbestimmen (z. B. sozio-ökonomische Milieus, (kriminal-)politische Entscheidungen, gesellschaftliche Segregation und Zuschreibungen) (vgl. Schneider 2006, S. 348 ff.). Straffällige Menschen sind in besonderer Weise von gesellschaftlichen Stigmatisierungen betroffen. Die Zuschreibungsprozesse (labeling) von außen beziehen sich meist auf die ganze Person oder Personengruppen (zum Beispiel: „Ausländerkriminalität") und sind begründet auf einzelne Merkmale oder Verhaltensweisen. Je nach Delikt und je nachdem, wie schwer die Tat eingeschätzt wird, finden Ausgrenzungen statt (vgl. Goffman 1967, S. 13). Die besondere moralische Qualität in der Interaktion und Kommunikation mit Straffälligen lässt sich, so Treptow (2007, S. 71 f.), an folgender Frage festmachen: „Ob es nämlich Sozialpädagog:innen gelingt, im Umgang mit Menschen, die aufgrund schwerwiegender Verletzungen der körperlichen oder seelischen Integrität anderer oder ihrer selbst zu ihren Adressaten geworden sind, jenen Respekt aufrecht zu erhalten, auf den sie, wie jeder andere auch – und weil sie Menschen sind! – Anspruch haben."

Zu den Kriterien für die Behandlung von Menschen in Zwangskontexten zählt ein hohes Maß an *Reflexivität.* Das bedeutet, Möglichkeiten aber auch Grenzen der behandlerischen Interventionen realistisch einschätzen zu können und dies allen im Prozess beteiligten Personen, gerade aber auch den Klient:innen gegenüber *transparent* vertreten zu können. Dabei spielt eine ausgewogene *Balance* eine maßgebliche Rolle, um nicht Schieflagen in den jeweiligen Erwartungen zu generieren. So kann es sein, dass sich Fachkräfte stärker an den Kontrollinteressen der Institution als an den Bedarfen der Klient:innen orientieren. Ebenso unprofessionell ist es andererseits Kontrollaufgaben zu negieren oder sogar zu verschleiern (vgl. Kawamura-Reindl & Schneider 2015, S. 83). Eine leitende Frage kann sein, wie Klient:innen selbst den von außen auferlegten Zwang erleben und wie hierzu neue Sichtweise angestoßen werden können (→ Teil III: *Wie* wird behandelt?). Letztendlich geht es darum, als professionelle Fachkraft immer auch mit spezifischen Verhaltensweisen von Klient:innen zu rechnen, die sich meist zu Beginn der Arbeitsbeziehung als Reaktion auf Zwang abbilden. Kurz: Mit Reaktanz (auch als Widerstand bezeichnet → Kapitel 3.2) ist zu rechnen! (vgl. Kähler & Zobrist 2013, S. 50 ff.). So gesehen steht der Satz zu Beginn dieses Abschnittes als ein mögliches Zeichen für ein Sich-wehren, gegen Fremdbestimmung und ein Beharren auf Autonomie und richtet sich nicht gegen die Person der professionellen Fachkraft, sondern gegen den Zwang an sich. Für uns in der psychosozialen Praxis Tätigen gilt es dann wiederum genau diesen Zwang konstruktiv zu nutzen und mit Reaktanz (oft auch als Widerstand betitelt) „geschmeidig" umzugehen (vgl. Miller & Rollnick 2015, S. 85 f.). (→ Kapitel 10 – Was wirkt wie?)

3.2 Verhaltensweisen in Zwangskontexten

Für Verhalten, das als Widerstand/Reaktanz bezeichnet werden kann, gibt es unterschiedliche psychologische Erklärungsansätze. Eine sehr weite Definition bezeichnet reaktante Verhaltensweisen als den Versuch, die eigene Autonomie und die eigene Freiheit, so weit es geht, wiederherzustellen. Dabei gilt die subjektive Wahrnehmung und die individuelle Bedeutung des Wertes „Freiheit" bei neuen Entscheidungen als maßgeblich (vgl. Conen 2007, S. 83 f.).

Die verschiedenen Therapieschulen der Psychotherapie finden unterschiedliche Erklärungen, wie Reaktanz entsteht und mit welchen Zielen entsprechende Verhaltensweisen gezeigt werden. So gehen kognitiv-behaviorale Ansätze davon aus, dass Reaktanz immer situativ bewertet und gesehen werden muss und so eine spezifisch gezeigte Reaktion auf eine bestimmte Situation darstellt. Nach psychodynamischen Überlegungen, handelt es sich bei Reaktanz um einer der zentralen Fragestellungen, die den gesamten Behandlungsprozess umfassen. Reaktanz stellt die Aufgabe an die Therapeut:innenseite, diese zu überwinden. Reaktantes Verhalten und dessen Exploration und Durcharbeitung bildet die Grundlage für Veränderungen (vgl. Conen 2007, S. 84). Unabhängig davon, welcher der beiden kurz skizzierten Denkschulen man folgen will, wird eine Vielzahl von Verhaltensweisen von Klient:innen, die sich zum Teil als offen oppositionell oder subtil versteckt zeigen, als Reaktanz bezeichnet. Als Beispiele werden in der Literatur und in Fallbeschreibungen oft Verhaltensweisen genannt, die auf eine offene Gegnerschaft zu Beginn eines Arbeitsbündnisses, oder wenn es um konkrete Veränderungsmaßnahmen gehen soll, hindeuten. Beispiele hierfür wären: „Sie können mir auch nicht helfen, das bringt hier nichts", oder subtiler durch Abstreiten und Lügen: „Ich war das nicht", „Ich habe keine Drogen genommen, mein Testergebnis muss vertauscht worden sein". Fortschreiben kann man die Liste durch Verhaltensweisen, wie beispielsweise bei Schwierigkeiten verstärkt mit monokausalen Erklärungen und einem Abstreiten der eigenen Verantwortlichkeit zu reagieren („das war ja nur, weil … die angefangen hat, ich hätte selbst ja nichts gemacht") oder Veränderungen schon fast fatalistisch für sich auszuschließen („mir kann man nicht mehr helfen – einmal Knasti, immer Knasti"). Auch ein zu angepasstes und zu positives Verhalten („mit Ihnen als Therapeut:in gelingt das, das weiß ich ganz genau, ich halte mich an alle Ihre Vorschläge") zählen mitunter zu diesen Beschreibungen.

4 Ambulante Settings zur Behandlung straffälliger Menschen

Ambulante Dienste der Straffälligenhilfe lassen sich zum Teil danach unterscheiden, wen sie behandeln – Jugendliche/Heranwachsende oder Erwachsene – und welche Hauptintention der Behandlung zugrunde liegt. In der Behandlung von jugendlichen und heranwachsenden Straftäter:innen ist der Zweck der gerichtlichen Verurteilung und der gerichtlich verhängten Maßnahmen deutlicher auf den Erziehungsgedanken als auf Strafe ausgerichtet. Hier greifen oft die vielfältigen Angebote der freien und öffentlichen Träger der Sozialen Arbeit. Bei Erwachsenen wiederum richten sich gerichtliche Sanktionen stärker nach strafrechtsphilosophischen Fragen zwischen rückwärtsgewandten Intentionen (Strafe in Zusammenhang von Sühne, weil eine Tat gegangen wurde) und vorwärts gerichteten Maßnahmen (Besserung und Resozialisierung) (vgl. § 46 Abs. 1 StGB). Dabei bildet die weitere Verhinderung von Straftaten die gemeinsame Klammer.

In diesem Teil-Abschnitt werden nun, der Alterspanne nach, die gängigsten ambulanten Dienste der Straffälligenhilfe vorgestellt.

4.1 Jugendgerichtshilfe[27]

Treten Jugendliche (14- bis 18-Jährige) oder Heranwachsende (18- bis 21-Jährige) mit dem Gesetz in Konflikt, ergibt sich eine unmittelbare Zuständigkeit des Jugendamtes in Form der „Mitwirkung der Jugendhilfe im Strafverfahren" (§ 52 Abs. 1 SGB VIII) als Pflichtaufgabe des Jugendamtes. Durch die gesetzliche Verankerung im § 38 SGB VIII und § 50 JGG ergibt sich für die professionellen Fachkräfte ein Art Scharnierfunktion zwischen Jugendhilfe einerseits und der Strafrechtspraxis andererseits (vgl. Kawamura-Reindl & Schneider 2015, S. 114). Beide Ankerpunkte an unterschiedlichen Stellen im Gesetz gehen jedoch von unterschiedlichen Aufträgen und damit verbundenen unterschiedlichen Handlungslogiken aus. Die Kinder- und Jugendhilfe hat den Auftrag, im Wächteramt das Kindeswohl zu schützen und die Entwicklung von jungen Menschen unter Prinzipien der Freiwilligkeit und Partizipation zu för-

27 Die Begriffe Jugendgerichtshilfe oder Jugendhilfe im Strafverfahren finden in der Praxis synonyme Verwendung.

dern (vgl. BMJFFG[28] 1990). Die Justiz verfolgt den Auftrag, Recht zu sprechen und künftigen Straftaten Einhalt zu gebieten (vgl. Arbeitsstelle Kinder- und Jugendkriminalitätsprävention 2011, S. 8). Dies stellt Fachkräfte mitunter vor gewisse Herausforderungen, die eigene Position im Verfahren trennscharf darzustellen. So problematisieren Kawamura-Reindl und Schneider (2015) das Aufeinandertreffen von lebensweltorientierten Paradigmen in der Kinder- und Jugendhilfe (dazu gehören unter anderem: Prävention, Normalisierung und Freiwilligkeit) und einem strafrechtlichen Sanktionssystem, das über Erziehung statt Strafe hinaus dennoch im Rahmen von general- und spezialpräventiven Ansätzen Urteile fällt (vgl. S. 116). Beide Institutionen verfolgen unterschiedliche Ziele: individuelle Förderung auf Seiten des SGB VIII und eine künftige Legalbewährung auf Seiten des StGB und JGG unter Berücksichtigung erzieherischer Mittel. Trenczek (2018) unterstreicht in diesem Zusammenhang die Funktion der Jugendgerichtshilfe als *sozialanwaltliche* Hilfe zugunsten junger Menschen in ihren familialen und lebensweltlichen Bezügen (vgl. S. 383). Die Partizipation der Betroffenen gilt dabei als grundlegendes fachliches Prinzip. Die Inanspruchnahme der Jugendhilfe im Strafverfahren durch den jungen Menschen ist freiwillig (Kawamura-Reindl & Schneider 2015, S. 115). Der gesetzliche Auftrag leitet sich zum einen aus § 38 JGG her und erstreckt sich von der intensiven Erforschung der Täter:innenpersönlichkeit bis hin zur vollendeten Wiedereingliederung der Täter:innen (Kawamura-Reindl & Schneider 2015, S. 119). Wollen wir nun Verortung und Aufgabenbereiche der Jugendhilfe im Strafverfahren anhand unserer beiden Fallbeispiele aus Kapitel 1 – Jugendkriminalität – genauer betrachten.

Aufgaben der JGH, dargestellt an Fallbeispiel S. – „ich wollte doch nur" … (Fortsetzung von Kapitel 1.1)

Unmittelbar nach Abschluss der Ermittlungen erfolgt die Übermittlung der Anklageschrift der Staatsanwaltschaft an den/die zuständige/n Sozialarbeiter:in beim Jugendamt. Frau M. lädt S. relativ zeitnah zu sich ins Jugendamt ein, um beraterisch tätig zu werden und im Sinne einer sozialarbeiterischen Diagnostik eine Stellungnahme für das zuständige Gericht vorzubereiten.

S. nimmt dieses Gespräch bereitwillig an, ihr ist Frau M. schon seit dem letzten Verfahren bekannt und die beiden scheinen eine tragfähige Arbeitsbeziehung zueinander gefunden zu haben. „Gott sei Dank, war ich da nicht alleine", äußerte sich S., froh darüber, dass sie bei ihrer ersten Verhandlung von Frau M. begleitet wurde. Dass sie bei der ersten Verhandlung neben der Bewährungsstrafe auch zu sozialen Arbeitsstunden „verdonnert" wurde, nahm sie hin, zumal diese erlassen worden seien, da sie einen Ausbildungsplatz bekommen habe. „Frau M. hat sich

28 Bundesministerium für Jugend, Familie, Frauen und Gesundheit.

voll gefreut und hat sogar schon bei mir eingekauft", so die Worte von S. Ansonsten sei es ihr und vor allem ihrer Mutter sehr peinlich gewesen, Post vom Jugendamt bekommen zu haben. Auch seien die Streitereien zu Hause und die damalige Inhaftierung ihres Stiefvaters zur Sprache gekommen und das, so S.: „hat doch gar nichts mit mir zu tun, dafür kann ich doch nichts."

In Vorbereitung auf die Verhandlung gestalten sich die Aufgaben von Frau M. nun wie in Tabelle 2 dargelegt.

Tab. 2: Zentrale Aufgaben der Jugendgerichtshilfe bzw. Jugendhilfe im Strafverfahren

Nach § 38 JGG; § 72a JGG	Nach § 52 SGB VIII; § 1 SGB VIII
• Erforschung der Persönlichkeit, der Entwicklung und der Umwelt der Beschuldigten • Einschätzung der Maßnahmen, die zu ergreifen sind • Berichterstattung und Teilnahme an der Hauptverhandlung, sekundärpräventive Aufgaben und Kriseninteryention • Kontinuierliche Betreuung der Jugendlichen und Wiedereingliederung • Kooperation mit anderen Beteiligten	• Prüfung, ob Leistungen der Jugendhilfe in Betracht kommen (Klärung des Hilfebedarfs und entsprechende Beratung); Einleitung bzw. Gewährung der Leistungen sowie Information der Staatsanwaltschaft oder des Gerichts und Prüfung von Diversionsmöglichkeiten* • Betreuung während des gesamten Verfahrens • Öffentlichkeitsarbeit und Kriminalprävention.

* Diversion wird verstanden als Verfahrenseinstellung, die anstelle einer Anklage oder Verurteilung tritt. So zählen hierunter u. a. „TOA" – Täter-Opfer-Ausgleich – oder das Bezahlen eines Geldbetrages.
entnommen aus Kawamura-Reindl & Schneider 2015, S. 12

Bei S. wurde ein längerfristiger Hilfeprozess von Seiten des Jugendamtes als nicht notwendig erachtet. So verblieb es bei zwei Gesprächen (Prüfung, ob Leistungen nach dem KJHG in Frage kommen). Bei der Erforschung der Persönlichkeit versuchte Frau M. sich ein umfassendes Bild der Lebenslage von S. zu verschaffen. Bei dieser als klassische Kernaufgabe der JGH geltenden Aufgabe gilt es die sozialarbeiterische Perspektive herauszustellen. Es geht hierbei nämlich nicht, wie fälschicherweise angenommen werden könnte, um die Aufklärung der Tat (vgl. Kawamura-Reindl & Schneider 2015, S. 124) oder sogar darum, der/dem Jugendlichen ein „Geständnis" abzuringen. Vielmehr geht es um die biographischen Hintergründe unter Zuhilfenahme von psychologischen Erklärungsmustern (→ Teil I). „Frau M. wollt voll viel von mir wissen und eigentlich konnte ich über alles reden, erstmal. So schlimm war das dann gar nicht, die [Frau M.] war voll nett." Die Gespräche folgen daher zumeist einem leitfadengestützten Vorgehen zu den Themenbereichen der persönlichen, familiären, sozialen, schulischen und beruflichen Entwicklung. Darüber hinaus werden Fragen zur strafrechtlichen Verantwortung – ist der/die Jugendliche in der Lage das Unrecht der Tat einzusehen? – gestellt. Eine Einschätzung erfolgt hinsichtlich der Frage, wie die sittliche Reife – Vorhandensein eines moralischen Bewusstseins und Anwendungsfähigkeit gesellschaftlicher Wert- und Normvorstellung – zu bewerten ist. Dabei geht es um den sogenannten Normalisierungsgedanken (Jugendkriminalität ist „normal" und Kennzeichen der Phase Jugend). Dieser als eher „rückwärts" gerichteter Ansatz (Wie wurde die Person zu der, die sie nach heutigem Stand ist?) wird dann um eine Zukunftsschau erweitert, indem die zuständige Fachkraft eine Einschätzung über zu ergreifende Maßnahmen formuliert. Ziel ist dabei für den Einzelfall eine geeignete Maßnahme zu finden. Auch gilt verstärkt das Credo der Partizipation in der Kinder- und Jugendhilfe, was bedeutet, dass die Jugendlichen in die Entscheidungsfindung aktiv mit einbezogen werden und ihnen Mitsprache gewährt wird. Bei S. kam Frau M. zu der Entscheidung, dass bei S. Jugendstrafrecht anzuwenden und von weiteren strafenden Maßnahmen abzuraten sei. Vielmehr sei sie in ihrer positiven Entwicklung hinsichtlich ihrer Ausbildung weiter zu bestärken. Auch die Sichtung der Anklageschrift – oft wird diese gemeinsam gelesen und für den/die Jugendliche verständlich erklärt – bilden die Grundlage für den JGH-Bericht und bereitet die Jugendliche und die Fachkraft auf die bevorstehende Hauptverhandlung vor.

4.2 Bewährungshilfe und Führungsaufsicht

In der rechtlichen Ausgestaltung der Bewährungshilfe (BwH) zeigt sich einerseits Klarheit über Auftrag und Kernaufgaben, die sich, wie im oben angeführten Abschnitt 3, unter Zwangskontexte subsummieren lassen. Andererseits bleiben die Ausgestaltungen, wie Hilfe und Kontrolle der zu einer Bewährungsstrafte Verurteilten auszusehen hat, in der Einschätzung und Ausgestaltung der professionell Helfenden. Ein Blick in die juristische Ausgestaltung der Bewährungshilfe weist auf unterschiedliche Möglichkeiten hin, wer – wann – wofür – wie lange – unter welchen Vereinbarungen eine Bewährungsstrafe mit Unterstellung[29] ausgesprochen bekommt. So sieht das Gesetz unter *wer* die Möglichkeit vor, dass entweder bereits bei der Verurteilung selbst, oder aber nach Verbüßung eines Teils einer verhängten Freiheitsstrafe, eine Bewährung installiert werden kann. Zu den Voraussetzungen gehört zum einem die Schwere

29 Nicht alle Proband:innen werden der Bewährungshilfe unterstellt, sondern die Unterstellung muss durch das urteilende Gericht ausdrücklich festgelegt werden.

und damit verbundene Höhe einer Strafe, die zur Bewährung ausgesetzt werden soll. Bei der Verurteilung zu einer Freiheitsstrafe von nicht mehr als einem Jahr setzt das Gericht die Vollstreckung der Strafe zur Bewährung aus, wenn zu erwarten ist, dass der oder die Verurteilte sich schon die Verurteilung als Warnung dienen lässt und künftig auch ohne die Einwirkung des Strafvollzugs keine Straftaten mehr begehen wird (§ 56 Abs. 1 StGB). Unter diesen Voraussetzungen kann das Gericht auch die Vollstreckung einer höheren Freiheitsstrafe, die zwei Jahre nicht übersteigt, zur Bewährung aussetzen, wenn nach der Gesamtwürdigung von Tat und Persönlichkeit des bzw. der Verurteilten besondere Umstände vorliegen (§ 56 Abs. 2 StGB).

Die Fallbeispiele S. und A. aus Kapitel 1, zumal sie auch noch nach dem Jugendstrafrecht verurteilt wurden, wären exemplarische Beispiele hierfür. So kann A. unter Umständen darauf hoffen, trotz erneuter Straffälligkeit unter Einbeziehung aller anderen Vorverurteilungen noch einmal eine Bewährungsstrafe erhalten, wenn das Gericht besondere Umstände sieht und eine Gesamtstrafe auch dann die zwei Jahre nicht übersteigt. Maßgelblich wäre hier allerdings eine positive Legal- und Sozialprognose.

Einen Strafrest kann die zuständige Strafvollstreckungskammer des Landgerichts bei zeitiger Freiheitsstrafe zur Bewährung aussetzen, wenn zwei Drittel der verhängten Strafe, mindestens jedoch zwei Monate, verbüßt sind, und dies unter Berücksichtigung der Sicherheitsinteressen der Allgemeinheit verantwortet werden kann (§ 57 Abs. 1 StGB). Hier kommt es, umgangssprachlich formuliert, darauf an, wie sich der/die Gefangene während der Haftzeit „geführt" hat: ob es während der Haft zu Disziplinarmaßnahmen kommen musste, ob der/die Gefangene regelmäßig an tagesstrukturierenden Maßnahmen teilgenommen hat und ob zum Zeitpunkt der Entlassung von einer positiven Legalprognose ausgegangen werden kann. Wird eine Bewährungsstrafe ausgesprochen, kann das Gericht den Verurteilten Auflagen (§ 56b StGB) und Weisungen (§ 56c StGB) erteilen. Als Auflagen, die eher den Charakter einer Strafe für das begangene Unrecht haben, können die Wiedergutmachung des Schadens, die Zahlung eines Geldbetrages an eine gemeinnützige Einrichtung oder an die Staatskasse oder die Erbringung einer sonstigen gemeinnützigen Leistung (z. B. Arbeitsauflagen) angeordnet werden. Unter Weisungen werden richterliche Gebote oder Verbote verstanden, die dazu beitragen sollen, künftige Straften zu vermeiden, z. B. die Weisung, gewisse Orte zu meiden, ein Alkoholverbot oder das Gebot, an einem sozialen Trainingskurs etc. teilzunehmen[30]. Die zeitliche Dauer legt das Gericht nach eigenem Ermessen fest,

30 Besonders eingriffsintensive Weisungen benötigen vorab das Einverständnis der/des Verurteilten und stellen zumeist einen gravierenden Eingriff in die Persönlichkeitsrechte dar – Stichwort: keine Therapie ohne Einwilligung.

sie beläuft sich auf zwei bis fünf Jahren. Wenn die verurteilte Person in der Bewährungszeit eine neue Straftat begeht und dadurch zeigt, dass sich die Erwartung, die der Strafaussetzung zugrunde lag, nicht erfüllt hat, oder wenn sie gegen Weisungen oder Auflagen gröblich und beharrlich verstößt, widerruft das Gericht die Strafaussetzung. Von einem Widerruf sieht das Gericht ab, wenn es ausreicht, die Bewährungszeit zu verlängern oder weitere Auflagen oder Weisungen zu erteilen (§ 56d StGB). Was genau „gröbliches oder beharrliches Verstoßen" bedeutet, ist im Gesetz nicht näher definiert und bedarf einer besonderen fachlichen Einschätzung von Seiten der zuständigen Fachkräfte. So stellen selbstverständlich geringe Terminversäumnisse in der Kontakthaltepflicht der Proband:innen[31] keinen beharrlichen Verstoß dar, auch kann die Weisung einer baldigen Arbeitsaufnahme einer erwerbspflichtigen Tätigkeit bei einer prekär bedingten Langzeitarbeitslosigkeit nicht zu Lasten der Proband:innen gewertet werden. Die Auslegungen über sinnstiftende und unterstützende Maßnahmen hier bedürfen jedoch desweilen einen Aushandlungsprozess, wie in Abbildung 3 aus Kapitel 3 dargestellt.

Führungsaufsicht

Historisch mit anderem Hintergrund und aus der Traditionslinie der Polizeiaufsicht kommend, stellt das Konstrukt der Führungsaufsicht ebenfalls eine nichtfreiheitsentziehende Maßregel der Besserung und Sicherung dar. Mittlerweile sind die Führungsaufsicht und deren Überwachung bei der Bewährungshilfe angesiedelt. Auf Gemeinsamkeiten und Unterschiede wird nun kurz hingewiesen. Diese sind für die Fallbeispiele Herr X. und später Herr E. (→ Kapitel 5.5 – Maßregelvollzug) relevant. Führungsaufsicht kann neben einer Freiheitsstrafe angeordnet werden, wenn die Gefahr weiterer Straftaten besteht (§ 68 StGB). Als Maßregel der Besserung und Sicherung hat sie ebenso wie eine Bewährungsaufsicht einen Doppelcharakter: Durch das Angebot der Hilfe und Betreuung (§ 68a StGB) weist sie „eine starke Nähe zur Bewährungshilfe auf, ist also grundsätzlich als Teil des Resozialisierungskonzeptes des Reformstrafrechts zu sehen. Andererseits unterstellt sie den Betroffenen einer Aufsichtsstelle [...] und dient als ambulante Entsprechung bzw. Alternative zur Sicherungsverwahrung damit dem Schutz der Allgemeinheit" (Morgenstern 2006, S. 152). Bei Straftäter: innen mit ungünstiger Sozialprognose, vor allem nach Verbüßung einer längeren Haftstrafe oder einer Entlassung aus der Strafhaft (Endstrafe), die nicht zur Bewährung ausgesetzt wurde, dient die Führungsaufsicht als Instrument der Überwachung und Kontrolle. Auch um nach dem Ende einer Unterbringung in einem psychiatrischen Krankenhaus sowie einer

31 In der Bewährungshilfe werden Klient:innen als Proband:innen betitelt, abgeleitet vom lateinischen Wort „probare".

Entziehungsanstalt Unterstützung für den Übergang in die Freiheit zu geben, kann Führungsaufsicht installiert werden. Damit soll sie nicht nur einen Beitrag zu Resozialisierung leisten, sondern auch mit erweiterten Kontroll- und Überwachungsmöglichkeiten Straftaten verhindern, relevante negative Sozialentwicklungen rechtzeitig feststellen und erforderliche Maßnahmen ergreifen. Hierzu zählen die Überwachung der gerichtlichen Auflagen, zum Beispiel Vorsprachen zu festgelegten Zeiten, verschärfte Meldepflicht bei der Polizei, Verpflichtung zur Psychotherapie oder Drogentherapie. Die gerichtlichen Weisungen im § 68b Abs. 1 Nr. 1–12 StGB sind nach § 145a StGB strafbewehrt, d.h. bei einem Verstoß gegen diese Weisungen kann ein erneuter Strafantrag gestellt werden, was eine Freiheitsstrafe bis zu drei Jahren oder Geldstrafe nach sich ziehen kann. Die Dauer einer Führungsaufsicht beträgt mindestens zwei und höchstens fünf Jahre. Unter bestimmten Voraussetzungen kann das Gericht eine diese Höchstdauer überschreitende unbefristete Führungsaufsicht anordnen. Von dieser Möglichkeit wird allerdings – mit der Ausnahme Bayerns – eher selten Gebrauch gemacht (Baur/Kinzig 2014, o.S.). Dies bedeutet in Abgrenzung zur Bewährungsaufsicht folgendes: Im Rahmen einer Führungsaufsichtsüberwachung haben wir tendenziell mit einer stärker kriminalitätsbelasteten Klientel, mit längeren Inhaftierungen und verstärkter mit Klient:innen mit komorbiden Erkrankungen zu tun. Kurz: Es geht hier um die Personen mit einem höheren Risiko für erneut schwere Straftaten bei gleichzeitig eher ungünstig erscheinenden Legalprognosen. Im Arbeitsalltag der Bewährungshilfe, die sowohl Bewährungs- wie auch Führungsaufsichtsverfahren betreut, lässt sich daraus ein stärkerer Fokus auf den Kontrollauftrag bei der Führungsaufsicht ableiten, im Vergleich zu Verfahren in der Bewährungsaufsicht.

Fallbeispiel Herr X.

Die bisherige Fallgeschichte von Herr X. (→ Kapitel 1.4) weist auf viele gescheiterte Versuche hin, um Herr X. mit pädagogischen, sozialarbeiterischen und/oder therapeutischen Maßnahmen zu erreichen. Nun wird er erneut aus der Strafhaft entlassen, diesmal hatte er kein Gesuch auf vorzeitige Entlassung gestellt und verbüßt bis zum letzten Tag seine Haftstrafe in der JVA. Nach Entlassung ordnet das zuständige Gericht Führungsaufsicht (FA) an und der FA-Beschluss wird an die zuständige Bewährungshilfe übermittelt. Dort ist Herr X. bereits aus vorherigen Bewährungen bekannt und tritt nun als „erfahrener Hase“ wieder in die Überwachung ein. Seine Worte beim erneuten Begrüßen: „Ich will keinen Ärger, Sie wollen keinen Ärger, also: wie oft muss ich hier auftauchen, dreimal im Jahr reicht bei mir völlig.“

Halten wir hier kurz die Szenerie an – Anregungen zur Fallreflexion

- Welche Gedanken kommen Ihnen in den Sinn?
- Haben Sie auch schon ähnliche Beispiele in anderen Zwangssettings kennengelernt?
- Wie gingen Sie damit um?

Bei genauerem Nachfragen, was Herr X. denn unter Ärger verstünde, antwortet er, dass er eigentlich ziemlich sauer sei, er habe extra Endstrafe gemacht, um das Gericht und auch die Bewährungshilfe loszuwerden („nichts gegen Sie, aber das bringt doch nichts"), und nun habe er fünf (!) Jahre FA-Unterstellung. Er wisse, was dies bedeute, er könne, wenn irgendjemand es nicht passt, von heute auf morgen, „mir nichts dir nichts, wieder verräumt werden, auch ganz ohne Straftat". Als kurzes Zwischenfazit könnte man an dieser Stelle festhalten: Einfach wird es mit Herrn X. nicht. Der Aufbau einer tragfähigen Arbeitsbeziehung ist erst einmal von viel Widerstand/Reaktanz gekennzeichnet. Auch spricht eine gewisse Wut, ein Noch-nicht-Hinnehmen der Situation aus Herrn X.

4.3 Straffälligenhilfe bei freien Trägern

Parallel und als ergänzende Maßnahmen der öffentlichen Trägerschaft finden bei freien Trägern eine Vielzahl an unterschiedlichen Maßnahmen vor allem für Jugendliche und Heranwachsende statt. Diese können im Jugendstrafverfahren als Weisungen in den Bewährungsbeschlüssen aufgenommen werden, oder finden noch vor dem Verhängen einer Jugendstrafe als sogenannte Diversion statt. Ziel und Idee dahinter beschreiben Goldbeck und Trenczek wie folgt: „Vergeltung und Generalprävention dürfen keine Bedeutung erlangen … Der Erziehungsgedanke des JGG erlaubt, ja fordert eine Durchbrechung des Strafdenkens" (2014, S. 277).

Ob als intensive Einzelbetreuung (Betreuungsweisung), als Arbeitsweisung oder als delikt- oder täter:innenspezifische Gruppenangebote konzipiert, ist die Vielfalt der Angebote auch von einer Vielfalt an unterschiedlichen Methoden gekennzeichnet. Es gibt beispielsweise sozial-kognitive Einzelbetreuungen, erlebnispädagogische oder sportpädagogische Ansätze. Für Gruppenangebote gilt dies ebenso. Für den Begriff des „sozialen Trainingskurses" gibt es keine allgemein gültige Definition, auch hierunter werden unterschiedliche Ansätze zusammengefasst. Als Kritikpunkte werden in diesem Zusammenhang fehlende Standards und eine unzureichende Vergleichbarkeit und mangelnde Übersichtlichkeit der Angebote beklagt. Ein kontinuierliches Kursangebot erfordert anspruchsvollere Organisation, etwa um zu vermeiden, dass für die potentiellen Teilnehmenden übermäßig lange Wartezeiten entstehen (vgl. Kawamura-Reindl 2015, S. 156). Wir werden im Teil III, „Was wirkt wie?“, noch einmal auf Anti-Gewalt- und Anti-Aggressions-Kurse zurückkommen, ebenso auf die Wirkung von Arbeitsweisungen, die als soziale Arbeitsstunden betitelte Weisungen von den Verurteilten eine Art Widergutmachung des entstandenen Schadens einfordern und erzieherisch auf den/die Jugendlichen wirken sollen.

Betreuungsweisung

Die Betreuungsweisung kommt als Alternative zum Freiheitsentzug besonders bei benachteiligten und gefährdeten Mehrfachtäter:innen in Betracht, um deren Abgleiten in eine kriminelle Karriere aufzuhalten. Zielgruppe sind Jugendliche mit Lern- und Entwicklungsdefiziten und geringer Unterstützung durch ihr soziales Umfeld (Kawamura-Reindl & Schneider 2015, S. 146). Die Betreuungsweisung ist an der Individualität der Jugendlichen und deren persönlichen Lebenssituationen ausgerichtet. Während sich die meisten Betreuungshelfer:innen zu Beginn einer Betreuungsweisung mindestens ein- bis zweimal wöchentlich mit den Betreuten treffen, geht der Betreuungsumfang mit fortschreitendem Verlauf der Maßnahme häufig deutlich zurück. Betreuungsweisungen bieten Hilfestellungen bei Schul-, Berufs- und Ausbildungsproblemen, Wohnungs- und Jobsuche, bei der Schuldenregulierung und der Bearbeitung von Suchtproblematiken sowie der sozialen (Re-)Integration. Die Betroffenen erhalten eine zielgerichtete Hilfe, es ist aber wichtig, dass ihre Eigenständigkeit, ihr freier Wille und ihre Selbstständigkeit erhalten bleiben. So hat der/die Jugendliche nach § 11 SGB VIII ein Mitbestimmungsrecht.

Fallbezug zu S.

Bei S. wurde zusätzlich zur Bewährungsunterstellung nach der ersten Verurteilung (Körperverletzung) eine Betreuungsweisung ausgesprochen. Diese gilt als nicht strafbewährt, das heißt, S. hat keinen Widerruf ihrer Bewährung zu befürchten, sollte sie nicht dazu bereit sein, mitzuwirken. Jedoch könnte das Gericht dann einen Ungehorsamsarrest anordnen (vgl. §§ 9–12 JGG). Bei S. gestaltete sich die Betreuungsweisung als sehr sinnstiftend für die weitere Organisation ihrer Verselbstständigung. Die Fachkraft eines freien Trägers organsierte mit S. ihren Auszug aus der mütterlichen Wohnung, gerade die emotional aufgeladene Situation konnte hier Ansprache und Aussprache finden. Dass dies parallel zwischen Umzugskistenpacken und dem Üben der eigenständigen Haushaltsführung, quasi nebenbei, passierte, stellt ein Beispiel für einen lebensweltbezogenen Ansatz der Fachkraft dar.

Fallbezug zu A.

Auch A. wurde zusätzlich einer Betreuungsweisung zu Teil. Ganz erstaunt nahm er zur Kenntnis, dass er sich sogar – im Rahmen des Mitspracherechtes – eine Person aussuchen könne, falls er konstruktive Vorschläge einbringe, so die partizipative Herangehensweise der damaligen Jugendgerichtshelferin Frau M. Der Vorschlag von A., den Sozialarbeiter des Jugendzentrums als Betreuungshelfer fragen zu wollen, wurde Rechnung getragen. „Der ist korrekt", so A., „und das Jugendamt habe hier mal was Sinnvolles vorgeschlagen, wenn er denn dies alles schon machen müsste". Er stellte jedoch unisono fest, dass er die Unterstellung unter einen Bewährungshelfer ja dann nicht mehr brauche „was soll das dann?". Mit etwas Humor wurde ihm die Bewährungsunterstellung als Langstreckenlauf und die Betreuungsweisung als Kurz- bzw. Mittelstrecke „verkauft" und natürlich auf die juristischen Unterschiede hingewiesen, so zum Beispiel auf die unterschiedliche Ausgestaltung bei Zuwiderhandlung (Betreuungsweisung – Ungehorsamsarrest, Bewährungshilfe – Widerruf der Bewährung und mögliche Inhaftierung).

5 Stationäre Settings zur Behandlung straffälliger Menschen

Stationäre Einrichtungen, in denen straffällige Menschen untergebracht und behandelt werden, lassen sich danach unterscheiden, welchem vorwiegenden Zweck sie dienen (Strafe, Sicherung, Behandlung), wen sie aufnehmen (bspw. Jugendliche vs. Erwachsene) und dementsprechend welche Rechtsgrundlage bei einer Aufnahme bestehen muss (Untersuchungshaft, Strafhaft, Maßregelvollzug). Im Folgenden sollen die wichtigsten Einrichtungsarten kurz vorgestellt und dabei auf ihre typischen Charakteristika, Rahmenbedingungen und ihre Klientel eingegangen werden, um so einige Besonderheiten der Behandlungsbedingungen herausarbeiten zu können.

Der Begriff der Behandlung im Justizvollzug ist (im Gegensatz zu der im Maßregelvollzug oder auch bspw. zu dem der Psychotherapie in Freiheit) nicht klar normiert. So definiert das Bayerische Strafvollzugsgesetz bspw. (Art. 3 BayStVollzG):

> „Die Behandlung umfasst alle Maßnahmen, die geeignet sind, auf eine künftige deliktfreie Lebensführung hinzuwirken. Sie dient der Verhütung weiterer Straftaten und dem Opferschutz. Die Behandlung beinhaltet insbesondere schulische und berufliche Bildung, Arbeit, psychologische und sozialpädagogische Maßnahmen, seelsorgerische Betreuung und Freizeitgestaltung. Art und Umfang der Behandlung orientieren sich an den für die Tat ursächlichen Defiziten der Gefangenen."

Wer also wie viel und wie genau behandelt wird, ist gesetzlich nicht exakt geregelt. Neben der Bearbeitung von Defiziten soll ein dezidierter Schwerpunkt auf die Förderung von Ressourcen gelegt werden. Alle Behandlungsanstrengungen folgen in erster Linie der Vermeidung künftiger Rückfälle und sollen die Gefangenen befähigen, mittels internaler (Skills) und externaler Ressourcen (Hilfe- und Unterstützungsnetzwerk aber auch Kontrolle) ihr Leben deliktfrei führen zu können.

> „In einem engeren Sinne bezeichnet der Begriff Behandlung die mehr oder weniger geplanten und systematisch durchgeführten psychotherapeutischen, sozialtherapeutischen und sozialpädagogischen Maßnahmen, mit denen Risikofaktoren für zukünftige Kriminalität abgemildert und sozial adäquate Verhaltensmuster vermittelt werden sollen. […] ‚Therapeutisch' sind dabei nicht die Ziele (es geht nicht primär um Heilbehandlung im Sinne der Gesundheitsfürsorge, sondern um die

> Vermeidung von zukünftigen Straftaten), sondern die eingesetzten Mittel, die aus der Psychotherapie übernommen werden" (Endres & Breuer 2018, S. 90).

Literaturtipp

Endres und Suhling bieten einen hervorragenden Überblick über den aktuellen Stand der Diskussion zu allen relevanten Themen der Behandlung im Strafvollzug:

- Endres, J. & Suhling, S. (2023). Behandlung im Strafvollzug – Ein Handbuch für Praxis und Wissenschaft. Heidelberg: Springer.

5.1 Behandlung in Untersuchungshaft

Besteht gegen einen Menschen ein dringender Tatverdacht, ohne dass dieser jedoch bereits rechtskräftig verurteilt wäre, so kann ein Gericht eine Untersuchungshaft verhängen. Dadurch soll sichergestellt werden, dass ein gerichtliches Strafverfahren durchgeführt werden kann. Das Gesetz nennt als Gründe für die Anordnung von Untersuchungshaft (§§ 112 ff. StPO) eine bereits erfolgte Flucht oder Fluchtgefahr, Verdunkelungsgefahr (z. B. Beeinflussung von Zeug:innen, Vernichtung von Beweismitteln) und Wiederholungsgefahr. Es gelten das Verhältnismäßigkeitsprinzip (mildere Maßnahmen, wie z. B. eine polizeiliche Meldepflicht, erscheinen nicht als ausreichend und die Zeit der Untersuchungshaft darf die Dauer der zu erwartenden Freiheitsstrafe nicht überschreiten) und der Beschleunigungsgrundsatz (Verfahren, bei denen gegen Beschuldigte Untersuchungshaft angeordnet ist, müssen bevorzugt betrieben werden). Obwohl bis zur rechtskräftigen Verurteilung die Unschuldsvermutung gilt, der Gefangene also noch nicht bestraft werden darf, führen die Haftgründe de facto teilweise zu härteren Haftbedingungen als in der Strafhaft. So ist der Kontakt mit der Außenwelt wegen Fluchtgefahr mitunter strenger reglementiert, es gibt keine Ausgänge oder Urlaube aus der Haft oder der Schriftverkehr wird durch das Gericht oder die Staatsanwaltschaft bei Verdunkelungsgefahr kontrolliert. Dementsprechend wird bei Jugendlichen auch aus pädagogischen und behandlerischen Überlegungen teilweise auf andere Unterbringungsmaßnahmen zurückgegriffen, die der Untersuchungshaftvermeidung zuzuordnen sind und die den drohenden Schaden einer entsprechenden Maßnahme reduzieren bzw. die Zeit auch dieser Unterbringung pädagogisch sinnvoll gestaltbar machen sollen.

Für Untersuchungsgefangene besteht im Gegensatz zu Strafgefangenen keine Arbeitspflicht, was aber in der Praxis dazu führt, dass arbeitswilligen Untersuchungsgefangenen keine Arbeit angeboten werden kann, weil die beschränkten Arbeitsplätze Strafgefangenen vorbehalten bleiben müssen. Dies hat zur Folge, dass Untersuchungsgefangene sehr oft tagein tagaus unbeschäftigt in ihren Zellen sitzen müssen und teilweise mit privaten Gütern (Tabak, Fernseher etc.) schlechter versorgt sind. Für viele Betroffene, besonders erstmalig Inhaftierte, stellt die Inhaftierung eine gravierende Zäsur dar und wird oft als sehr belastend erlebt. So kann die deutlich erhöhte Suizidrate bei Untersuchungsgefangenen im Vergleich zu Strafgefangenen mitunter durch einen Inhaftierungsschock und die Belastungen einer Untersuchungshaft erklärt werden (→ Kapitel 12.4). Neben der eher akuten Belastung einer Inhaftierung mit entsprechenden möglichen Folgen für die Untersuchungsgefangenen ist in dieser Phase auch der Prozess der Diversion noch nicht ausreichend erfolgt bzw. abgeschlossen, so dass beispielsweise Menschen mit schweren psychiatrischen Erkrankungen (z. B. psychotische Störungen), die jedoch noch nicht als solche erkannt worden sind, sich schlecht versorgt im Regelvollzug befinden. Außerdem kommt auf Menschen mit Suchterkrankungen ein Zwangsentzug zu, der zwar medikamentös abgefedert werden soll, die Gefangenen und die Anstalt aber sehr belasten kann. Darüber hinaus werden Substitutionsbehandlungen nicht in jeder Anstalt durchgeführt, was auf unterschiedliche politische Paradigmen und Praktiken der Behandler:innen zurückzuführen ist (Weiss et al. 2022). Niederschwellige Angebote für drogenabhängige Menschen im Sinne der Vermeidung von Folgeschäden für Gefangene, die nicht abstinent leben können oder wollen (insbes. Substitution, Spritzentausch), setzen sich schwer durch, weil sie dem umfassenden Kontrollanspruch der Institution entgegenlaufen (Obrist & Werdenich 2004). Andererseits sind „drogenkonsumierende Häftlinge aufgrund der Versorgungsstrukturen in Haft im Prinzip für Hilfeangebote besser erreichbar als in Freiheit" (Jakob & Pfeiffer-Gerschel 2013, S. 10).

Die Dauer der Untersuchungshaft kann sehr unterschiedlich sein, was eine (Behandlungs-)Planung sehr schwierig macht. Bereits nach kurzer Zeit kann der Haftbefehl aufgehoben werden, wenn bei nochmaliger Überprüfung der Haftgründe z. B. festgestellt wird, dass doch ein fester Wohnsitz vorhanden ist und damit das Risiko einer Flucht sinkt oder der dringende Tatverdacht sich nicht aufrechterhalten lässt. Bei sehr umfangreichen Prozessen aber kann die Untersuchungshaft sogar mehrere Jahre dauern, wobei dann der Schwerpunkt psychosozialer Interventionen auf Maßnahmen zur Aufrechterhaltung der Teilhabe liegt (z. B. Sicherung des ggf. vorhandenen Wohnraums, Erhalt sozialer Kontakte). Planungen in Richtung erweiterter Teilhabe (z. B. Beginn einer schulischen oder Berufsausbildung) stoßen durch die Unwägbarkeit der Aufenthaltsdauer an Grenzen, so dass leider auch bei durchaus längeren Haftstrafen, bei denen eine relativ lange vorangegangene Untersuchungshaft dann später einbezogen wird, eine insgesamt nur kurze Dauer in der behandlerisch günstigeren Strafhaft abgeleistet wurde. So kann es sein, dass zum Beispiel ein Jugendlicher mit einer Einheitsjugendstrafe von drei Jahren sich effektiv nur einige Monate in Strafhaft befindet, weil er vorher über ein Jahr in Untersuchungshaft saß und nach Verbüßung von zwei Dritteln seiner Haftzeit meist entlassen wird. Längere und intensivere Behandlungsmaßnahmen scheitern dann an diesen Verhältnissen. Die unmittelbare therapeutische Bearbeitung der Delikte ist in Untersuchungshaft gar nicht vorgesehen, weil schon die Voraussetzung nicht erfüllt ist, dass ein Gericht die Taten festgestellt hätte. Auch die Gefangenen wären aus verfahrenstaktischer Sicht schlecht beraten, wenn sie sich allzu offen über ihre Straftaten auslassen würden, weil ja auch die Behandler:innen in der späteren Hauptverhandlung als Zeugen dann vernommen werden könnten. In Fällen, in denen ein Untersuchungsgefangener von den Vorwürfen oder seinen Taten sehr belastet ist, stellt dies manchmal ein Dilemma für die Behandler:innen da, weil das Angebot eines offenen und vertrauensvollen Gesprächs gleichzeitig bedeuten könnte, dass den Klient:innen später genau dadurch Nachteile entstehen.

Aus behandlerischer Sicht besteht bei Untersuchungsgefangenen de facto zu allererst die Aufgabe, die Inhaftierung und den Prozess unbeschadet zu überstehen und in zweiter Hinsicht eine mögliche Strafhaft diagnostisch so vorzubereiten, dass dann eine entsprechende Behandlung erfolgen kann. In Anbetracht der teilweise langen Verweildauer in Untersuchungshaft wird gerade im Hinblick auf Jugendliche versucht, auch diese schon behandlerisch sinnvoll auszugestalten. Größte behandlerische Herausforderung ist neben den starken Restriktionen mit entsprechend negativen Effekten auf die Untersuchungsgefangenen, gerade bei Jugendlichen das Risiko, viel wertvolle Zeit ungenutzt verstreichen zu lassen – wie oben beschrieben.

Fallbezug zu A.

Das Fallbeispiel A. – ACAB – endete in Kapitel 1.2 mit der Tatsache, dass A. aufgrund erneuter Straffälligkeit und seiner prekären Wohnsituation in Untersuchungshaft kam. Dies bedeutet nicht nur für die zuständige Bewährungshilfe eine Schnittstelle zu stationären Settings des Vollzuges, auch das Jugendamt in Form der Jugendgerichtshilfe (JGH) tritt erneut auf den Plan. Bei der JGH kamen zu den traditionellen Funktionen in den 1990er Jahren Aufgaben hinzu, die sich aus der Notwendigkeit der Vermeidung von schädlichen freiheitsentziehenden Maßnahmen ergeben, insbesondere der Untersuchungshaft als eingriffsintensivste Form der Verfahrenssicherung. Der Gesetzgeber betont, dass die in keiner Weise pädagogisch ausgestaltete Untersuchungshaft bei jungen Menschen möglichst vermeiden werden sollte (§ 72 Abs. 1. S. 1 JGG) (Kawamura-Reindl & Schneider 2015, S. 130).

Mit Bekanntwerden der Verhaftung und vorläufigen Festnahme eines jungen Menschen und einem damit einhergehenden Haftbefehl haben die öffentlichen und freien Träger der Jugendhilfe im Strafverfahren grundsätzlich zu prüfen, ob die Voraussetzungen für eine Vermeidung der Untersuchungshaft oder einer Außervollzugsetzung des Haftbefehls vorliegen (vgl. §§ 72, 72a

i. V. m. § 71 JGG). Bietet sich eine Alternative zur Untersuchungshaft, so versucht die JGH im Rahmen des Haftprüfungstermins eine Haftentscheidungshilfe zu leisten, indem sie der bzw. dem Haftrichtenden Vorschläge unterbreitet, die die Untersuchungshaft entbehrlich machen (Kawamura-Reindl & Schneider 2015, S. 131).

Alternativen anzubieten und deren Finanzierung aus den Budgets der Kinder- und Jugendhilfe bei öffentlichen Trägern auch bereitzustellen, ist in der Praxis jedoch ein sehr schwieriges Thema. So kann es sein, dass haftrichterliche Gründe, eine schnelle Beendigung und eine Außerkraftsetzung der U-Haft einer Platzsuche und Vorbereitung auf eine alternative Einrichtung entgegenstehen, oder Einrichtungen der sogenannten U-Haft-Vermeidung mit entsprechenden Sicherheitsvorkehrungen baulich wie personell keine freien Plätze bieten. Diese Einrichtungen sind meist auch nicht flächendeckend angelegt und der/die Jugendliche in U-Haft hat somit weniger Möglichkeiten, auch während dieser Unterbringungsform an „gesunden" Kontakten Anteil zu haben (Besuche der Eltern, Unterstützung des örtlich zuständigen und schon bekannten Helfernetzes etc.). Im Fall A., und das ist für eher ländliche Gegenden eher typisch, suchten JGH, BwH und Jugendrichter nach einer pragmatischeren Lösung. A. wurde in eine sehr kleine Haftanstalt in der Nähe seines Umfeldes gebracht und in eine Einzelzelle verlegt. Die zuständigen Vollzugsbeamt:innen bekamen mehr oder weniger den Auftrag, auf den sich altersgemäß von den übrigen U-Häftlingen unterscheidenden besonderen Jugendlichen „aufzupassen". Für A. bedeutete dies eine einschneidende Zäsur. Durch eine glückliche Fügung – für A. konnte eine stabile Wohnsituation bei den Eltern einer Freundin gefunden werden, die als Pflegeeltern auf Probe vom zuständigen Jugendamt als geeignet begutachtet wurden – konnte A. nach 14 Tagen wieder aus der U-Haft entlassen werden und wartet nun auf seine erneute Verhandlung.

5.2 Behandlung im Jugendarrest

Rechtsgrundlage für Ahndung mit dem „Zuchtmittel" Jugendarrest ist der § 13 JGG, Jugendarrest wird verhängt die ergeht, „wenn Jugendstrafe nicht geboten ist, dem Jugendlichen aber eindringlich zu Bewusstsein gebracht werden muss, dass er für das von ihm begangene Unrecht einzustehen hat" (zu den rechtlichen Grundlagen siehe Kaplan & Rudolph 2020, S. 216 f.). Obwohl der Jugendarrest für alle Jugendlichen (also von 14 bis 18 Jahren) angeordnet werden kann, sind es überwiegend 16- und 17-jährige junge Männer, die sich im Jugendarrest befinden. Ihre durchschnittliche Verweildauer beträgt ca. zwei Wochen (Stelly & Thomas 2015, S. 17), so dass neben einer vermeintlich abschreckenden Wirkung und einer kurzen Herausnahme aus dem gewohnten problematischen Umfeld, wenig Möglichkeiten der Intervention bestehen. Die

Charakterisierung der Insassen von Jugendarrestanstalten hinsichtlich psychopathologischer und psychosozialer Charakteristika fällt schwer, weil die Forschungslage dazu eher dünn ist. Köhler et al. (2012) fanden bei insgesamt 30 bis 40 % psychische Auffälligkeiten, wobei Mehrfachtäter ungünstigere Persönlichkeitseigenschaften zeigten, etwa 10 % berichteten emotionale Symptome. Bei knapp durchschnittlicher Intelligenz konnten bei 40 bis 60 % der Jugendlichen hyperkinetische Symptome nachgewiesen werden und bei etwa einem Drittel ungünstiger Suchtmittelkonsum. Bisher gibt es zu wenig Forschung zur Legalbewährung von Jugendarrestant:innen. Jehle et al. (2020) fanden Rückfälligkeit bei etwas über 60 % der Population, was vergleichbar mit der Rückfallrate nach einer Jugendstrafe ist. Endres und Lauchs (2018) stellen eine große Verschiedenartigkeit hinsichtlich psychosozialer Charakteristika, Behandlungsbedürfnissen und entsprechend auch der Legalbewährung der Jugendlichen in bayerischen Jugendarrestanstalten fest. Dementsprechend müssten die Behandlungsanstrengungen anhand der Kriterien der Straftäterbehandlung (→ Kapitel 6.2 – RNR) wesentlich deutlicher ausdifferenziert werden, um zu sehen, was für welche:n Jugendliche:n wirkt und bei welchen Jugendlichen ein Jugendarrest nicht zielführend ist, weil diese bereits eine persistierende kriminelle Karriere eingeschlagen hätten.

Literaturtipp

Eine sehr gute und umfassende Übersicht zu den Rechtsgrundlagen, Charakteristika und Wirkungen des Jugendarrests und Jugendstrafvollzugs findet sich bei Walkenhorst und Fehrmann:

- Walkenhorst, P. & Fehrmann, S. E. (2018). Jugendarrest, Jugendstrafvollzug und Jugenduntersuchungshaft: Grundlegungen – Wirkungen – Perspektiven. In B. Maelicke & S. Suhling (Hrsg.), Das Gefängnis auf dem Prüfstand: Zustand und Zukunft des Strafvollzugs (S. 265–312). Wiesbaden: Springer.

5.3 Behandlung in Strafhaft

Schon ganz allgemein unterscheiden sich das Klima und die Möglichkeiten von einer Anstalt zur anderen teilweise drastisch, so dass von keiner gleichförmigen Situation in Strafhaft ausgegangen werden kann. Dies liegt an einer Reihe von Faktoren, wie der Anzahl der Gefangenen und der aktuellen Belegungssituation, der zahlenmäßigen Relation zwischen Personal und Gefangenen, der Dauer der Haft (Langstrafer:innen vs. Kurzstrafer:innen), der Charakteristika der Gefangenen (Alter, Geschlecht, Herkunft, vorwiegende Delikte, vorwiegende psychische Störungen) und nicht zuletzt an Makrofaktoren, wie der Strafvollzugspolitik des jeweiligen (Bundes-)Landes, die dann unmittelbare Auswirkungen auf die Vollzugspraxis haben kann (z. B. Möglichkeiten von Lockerungen, Ausstattung des Vollzugs).

Die Form einer Strafhaft und ihre Behandlungsangebote sollen im Folgenden nicht explizit getrennt für Jugendliche und Erwachsene diskutiert werden, obwohl sich schon aus der gesetzlichen Grundlage erhebliche Unterschiede mit entsprechenden Auswirkungen für die Praxis ergeben. Obwohl auch im Jugendstrafrecht die Strafe im Verhältnis zur Schuld stehen muss, ist bei Jugendlichen der Erziehungsgedanke sehr dominant (§ 2 Abs. 1 JGG), während bei Erwachsenen trotz des Resozialisierungsgedankens die Bestrafung eines Täters auch aus einem Sühneaspekt besteht. Dies hat zum einen Auswirkungen auf die personelle Ausstattung und die Behandlungsangebote, die im Jugendvollzug deutlich besser sind als im Erwachsenenvollzug. Zum anderen soll die Dauer einer Jugendstrafe so bemessen werden, dass die erforderliche erzieherische Einwirkung möglich ist (§ 18 Abs. 2 JGG), richtet sich also ansatzweise nach dem Behandlungsbedarf, während die Strafdauer im Erwachsenenstrafrecht sich nach der Schuld des Täters richtet, die er durch Begehung der Straftat auf sich geladen hat und deshalb unabhängig vom Behandlungsbedarf ist. So kann es insbesondere bei Erwachsenen sein, dass Menschen mit schweren psychosozialen Belastungen und entsprechend hohem Behandlungsbedarf, die aber den Vollzugsalltag sehr belasten, nur sehr kurze Strafen haben, in denen wenig behandlerisch unternommen werden kann. Andererseits gibt es z. B. bei Gefangenen mit einer lebenslangen Freiheitsstrafe eine lange Zeit der Latenz, in der einfach nur „abgesessen“ und abgewartet wird, weil die frühestmögliche Entlassung noch in weiter Ferne liegt und deshalb keine Entlassplanung in Frage kommt und therapeutische Maßnahmen auch den Horizont eines Lebens in Freiheit haben sollten, das heißt also erst begonnen, wenn das Ende der Strafe absehbar ist. Tatsächlich jedoch erscheint es gerade auch bei diesen langstrafigen Gefangenen sinnvoll möglichst früh zu intervenieren, um negative Einstellungen durch die Verurteilung und Inhaftierung (Breuer et al. 2017, S. 15) und deren „Chronifizierung“ frühzeitig angehen zu können.

Literaturtipp

Eine ausführliche Darstellung der Behandlung in Sicherungsverwahrung findet sich bei Bartsch, eine Übersicht über lebenslang Inhaftierte bei Dessecker:

- Bartsch, T. (2018). Sicherungsverwahrung und Strafvollzug bei Gefangenen mit vorgemerkter Sicherungsverwahrung. In B. Maelicke & S. Suhling (Hrsg.), Das Gefängnis auf dem Prüfstand: Zustand und Zukunft des Strafvollzugs (S. 363–380). Wiesbaden: Springer.
- Dessecker, A. (2018). Lebenslange Freiheitsstrafen. In B. Maelicke & S. Suhling (Hrsg.), Das Gefängnis auf dem Prüfstand: Zustand und Zukunft des Strafvollzugs (S. 351–362). Wiesbaden: Springer.

In Tabelle 3 sind Behandlungsangebote des Jugendstrafvollzugs aufgelistet, die grundsätzlich auch im Erwachsenenvollzug angeboten werden, jedoch sicherlich nicht in derselben Dichte. Dabei fällt auf, dass ein sehr breiter, sozialtherapeutischer Ansatz besteht, der viele Bereiche der Lebensführung anspricht. Die Fülle der grundsätzlich bestehenden Angebote sagt jedoch nicht automatisch etwas darüber aus, welche Behandlungsangebote ein:e Strafgefangene:r dann tatsächlich wahrnehmen kann – häufig verhindern eine effektiv zu kurze Haftzeit, Sprachprobleme, psychische Störungen oder mangelnde finanzielle oder personelle Ressourcen der Anstalt die Teilnahme. Nur ein kleiner Teil aller Gefangenen kommt in den „Genuss“ der Behandlung auf einer ressourcenintensiven sozialtherapeutischen Abteilung. Obwohl sicher bei vielen der anderen Gefangenen nicht ein derartig intensives Behandlungsprogramm indiziert erscheint, bleibt ein teilweise krasser Unterschied zwischen den Behandlungsmaßnahmen des Regelvollzuges und intramuraler Sozialtherapie zu konstatieren. Dieser Unterschied bezieht sich nur teilweise auf die Qualität der Behandlung, wo vor allem von einer sehr großen Heterogenität der Angebote (vgl. Behnke & Endres 2008) und mangelnder Standardisierung auszugehen ist. Darüber hinaus sind die (personellen) Ressourcen im Regelvollzug gegenüber denen der Sozialtherapie deutlich geringer (vgl. Behnke 2004).

Tab. 3: Behandlungsangebote im Jugendstrafvollzug (entnommen aus Hosser & Bosold 2008, S. 129)

Ziele	Angebote/Maßnahmen
Schulische und berufliche Förderung	Lese-/Rechtschreibkurse, Deutschkurse für Ausländer, Erwerb des Hauptschul-, Realschulabschlusses, BVJ, BGJ, Berufsausbildung, Erwerb beruflicher Teilqualifikationen
Förderung sozialer Kompetenzen	Sozialtherapie, soziales Training, Wohngruppenvollzug, Kompetenztrainings, erlebnispädagogische Maßnahmen
Freizeitangebote	Sportangebote, Kulturangebote, Bastelkurse, Ergotherapie, Gesprächskreise, kirchliche Angebote
Deliktspezifische Angebote	Anti-Gewalt-Training/Anti-Aggressivitäts-Training, Drogentherapie, Suchtberatung (auch von extern), Gruppen für Straftäter mit Tötungsdelikten, Gruppen für Mehrfach- und Intensivtäter, Behandlungsgruppen für Sexualstraftäter
Ergänzende Maßnahmen/ sonstige Angebote	Krisenintervention, therapeutische Einzelfallhilfe, Seelsorge, Entlassungsvorbereitung, Angehörigenarbeit, Schuldnerberatung, Arbeits- und Berufsberatung, Maßnahmen für besonders betreuungsbedürftige Personen, Erwerb des Führerscheins etc.

Auch Sicherheitsbedenken stehen einer Teilnahme immer wieder im Weg bzw. verhindern eine sinnvolle Ausgestaltung behandlerischer Maßnahmen, wie das folgende Fallbeispiel zeigt.

Fallbeispiel: Gefangene D. und T. – es geht mir auf den Wecker

Der Betriebsleiter der Schreinerei sucht den Anstaltspsychologen auf, weil er zwei Lehrlinge (D. und T.) hat, die ihm Schwierigkeiten machen. Beide seien im zweiten Lehrjahr und in der Arbeit eigentlich recht gut, würden wohl auch ihre Gesellenprüfung schaffen. Jeden Morgen aber biete sich ihm dasselbe Schauspiel: Obwohl die Gefangenen vom Hausbeamten geweckt worden seien, finde er sie noch in ihren Betten, tief schlafend, vor und brauche „ewig", bis sie ihm dann in den Betrieb folgen würden. Darauf angesprochen zeigten sich die beiden wenig problembewusst – sie seien ja jeden Tag da und hätten kaum Fehltage, was richtig ist. Auch auf die Vorhaltung des Schreinermeisters, dass „draußen, im echten Leben" aber niemand mehr da sei, der sie wecken würde, zeigen die Jugendlichen keine Einsicht – man käme draußen schon klar, das sei kein Problem.

Es zeigt sich hier ein typischer Effekt der artifiziellen und lebensfernen Umwelt eines Gefängnisses, die den Gefangenen, aber auch dem Personal vortäuschen kann, dass eine gelingende Lebensführung (bereits) ohne Weiteres möglich ist. So können sich suchtmittelabhängigen Menschen in der falschen Sicherheit wiegen, stabil abstinent zu sein und es auch zu bleiben, obwohl sie dies tatsächlich nur im Rahmen der „beschützten Umgebung" des Strafvollzugs mit seiner Abschirmung und externen Überwachung[32] schaffen. Ebenso können Menschen, die Probleme haben, Strukturen zu halten, wie die Jugendlichen im Fallbeispiel, darüber hinweggetäuscht werden, dass es hauptsächlich die rigide äußere Struktur einer Anstaltsroutine ist, die es ihnen ermöglicht, zu funktionieren. Eine Anpassung der Vollzugsrealität an die Realitäten eines Lebens in Freiheit ist deshalb auch aus behandlerischer Sicht dringend erforderlich (vgl. Art. 5 Abs. 1 BayStVollzG), um unter möglichst „realen" Bedingungen üben und erproben zu können (Wischka 2013) und die Behandler:innen die Wirksamkeit der Behandlung möglichst realistisch beobachten können (vgl. Behnke & Endres 2008).

Fallbeispiel: Gefangene D. und T. – es geht mir auf den Wecker (Fortsetzung)

Der Anstaltspsychologe und der Schreinermeister beschließen, bei der Anstaltsleitung die Beschaffung zweier Wecker zu beantragen, damit die Jugendlichen

32 In diesem Zusammenhang sei allerdings darauf hingewiesen, dass Justizvollzugsanstalten nicht als drogenfreie Räume gelten können. Eine Beschaffung von Alkohol und Drogen ist unter Haftbedingungen teilweise zwar schwerer, aber sicher nicht unmöglich.

(wie in Freiheit) selbst bestimmen können, wann sie aufstehen. Dadurch kann evtl. ein Problembewusstsein geschaffen und im günstigen Fall auch die Selbstmanagementfähigkeit der Jugendlichen gestärkt werden. Der Antrag wurde durch die Anstaltsleitung allerdings abgelehnt, da von Seiten des Sicherheitsbeamten Bedenken geäußert wurden, mit der Bitte, den Antrag negativ zu bescheiden. Der Sicherheitsbeamte sah die Möglichkeit, dass die Jugendlichen durch den Wecker in die Lage versetzt werden könnten, sich zu einer nächtlichen Flucht zu verabreden, weil man den Zeitpunkt nun miteinander koordinieren könne. Der Einwand des Anstaltspsychologen, dass Gitterstäbe und eine sechs Meter hohe Mauer die Flucht weiterhin behindern würden, blieb indes unbeachtet.

In diesem kleinen Beispiel zeigen sich innerinstitutionelle Widerstände (vgl. Behnke & Endres 2008) gegen die Behandlung und (in ihrer Rolle) Behandler:innen, die leider immer wieder den Alltag bestimmen und Beleg dafür sind, dass Gefängnisse bestenfalls zum Teil Behandlungseinrichtungen sind. Strafe wird nicht mit „behandlerischen Wohltaten" assoziiert und es bestehen Zweifel der Mitarbeiter:innen an der Wirksamkeit der Maßnahmen. Dadurch kommen Gefängnisse ihrer Aufgabe und ihrem gesellschaftlichen Auftrag der Resozialisierung nur unzureichend nach, und es entsteht letztlich weniger Sicherheit für die Allgemeinheit – die Weiterentwicklung des Behandlungsgedankens ist deshalb für den Justizvollzug dringend geboten (vgl. Dahle et al. 2020). Neben der Möglichkeit der Gefangenen, an einer Behandlungsmaßnahme teilnehmen zu können, muss die Spezifität der Maßnahmen im Hinblick auf die Reduzierung des Rückfallrisikos betrachtet werden, also welche Behandlungsmaßnahmen die kriminogenen Faktoren ansprechen (→ Kapitel 6.2). So ist ein beispielsweise erfolgreich absolvierter Schulkurs sicherlich generell sinnvoll, reduziert aber als solcher die Rückfallwahrscheinlichkeit eines Menschen mit pädophiler Sexualpräferenz meist wohl nicht. Darüber hinaus ist es nicht damit getan, die Gefangenen mit Behandlungsmaßnahmen zu überziehen und dabei lediglich auf den erfolgreichen Abschluss einer Behandlungs- oder Schulungsmaßnahe zu achten. Der Transfer der erworbenen Fähigkeiten in die tatsächliche Lebenswelt der Gefangenen in Freiheit ist bei der Ausgestaltung ebenso wichtig, wie die Implementation und Umsetzung einer entsprechenden Maßnahme (→ Teil III – Was wirkt wie?).

5.4 Behandlung in sozialtherapeutischen Abteilungen von Justizvollzugsanstalten

Für Gewalt- und Sexualstraftäter:innen kommt eine Behandlung in einer sozialtherapeutischen Abteilung (SoThA) einer JVA in Frage, bzw. ist für Sexualtäter:innen mit einer Freiheitsstrafe ab zwei Jahren obligatorisch, so dass diese mittlerweile 50 % aller SoThA-Teilnehmer ausmachen (Etzler et al. 2020). Gefangenen, bei denen nach der Freiheitsstrafe Sicherungsverwahrung angeordnet ist, muss eine Behandlung angeboten werden, mit dem Ziel, die Sicherungsverwahrung nicht mehr antreten zu müssen. In diesen SoThAs werden im Rahmen des sogenannten „Wohngruppenvollzugs" (Milieutherapie) freie Therapieangebote (Einzel- und Gruppentherapie) und manualisierte Therapieprogramme (Soziale Kompetenz, Selbstmanagement, Deliktbearbeitung zur Rückfallvermeidung etc.) durchgeführt. Durch den relativ langen Aufenthalt der Gefangenen (i. d. R. zwei bis vier Jahre), das feste Bezugstherapeut:innensystem und einen deutlich günstigeren Personalschlüssel[33] (im Idealfall ein/e Therapeut:in pro vier Gefangene, Therapeut:innenteam besteht aus Sozialarbeiter:innen und Psycholog:innen) ist diese Maßnahme sehr intensiv und erzielt ermutigende Erfolge im Sinne der Rückfallvermeidung (→ Kapitel zur Wirksamkeit). Für die spezialisierten Abteilungen für Gewalt- und Sexualstraftäter:innen wird der Begriff „Integrative Sozialtherapie" verwendet, „der die Sozialtherapie im Justizvollzug von einer bloß additiven Ergänzung im Sinne einer ‚Therapie im Strafvollzug'" (Egg 2010, S. 319) abheben soll.

Integrative Sozialtherapie ist gekennzeichnet durch:

1. Berücksichtigung und Einbeziehung des gesamten Lebensumfeldes in und außerhalb der sozialtherapeutischen Einrichtung bis zur Entlassung;
2. Gestaltung der Handlungsmöglichkeiten und Beziehungsformen innerhalb der sozialtherapeutischen Einrichtungen im Sinne einer therapeutischen Gemeinschaft und
3. Modifizierung und Verknüpfung psychotherapeutischer, pädagogischer und arbeitstherapeutischer Vorgehensweisen.

Weit verbreitet in der Straftäter:innenbehandlung sind speziell für die Zielgruppe entwickelte manualisierte Behandlungsmodule wie z. B.: R & R (Reasoning and Rehabilitation), RPP (Relapse Prevention Programme), SOTP (Sex Offender Treatment Programme), BPS (Behandlungsprogramm für Sexualstraftäter), GSV (Gruppenprogramm soziale Verantwortung), BiG (Behandlungsprogramm für inhaftierte Gewalttäter), Zukunfts-ICH.

Eher unspezifische Programme, wie die zur Steigerung sozialer Kompetenzen (z. B. R & R, GSV), können bei allen Täter:innengruppen eingesetzt werden,

33 Vgl. Egg (2007). Mindestanforderungen für sozialtherapeutische Anstalten und Abteilungen im Justizvollzug des Arbeitskreises Sozialtherapeutische Anstalten im Justizvollzug e. V.

andere wurden speziell für bestimmte Deliktgruppen entwickelt (z.B. SOTP, BiG). Der Vorteil dieser Programme, nämlich umfangreich an den verschiedenen kriminogenen Problembereichen anzusetzen, markiert zugleich deren Grenze: Sie sind auf den individuellen Fall manchmal nicht hinreichend abgestimmt und widersprechen daher dem Bedürfnisprinzip. So sind beispielsweise die Programme für Gewalttäter:innen eher auf Täter:innen mit Körperverletzung mit geringer Impulskontrolle zugeschnitten als auf Beziehungstäter:innen – die zugrunde liegende kriminogene, psychologische Phänomenologie dieser beiden Täter:innengruppen unterschiedet sich jedoch in der Regel. Dabei wird auch nicht beachtet, dass nicht jede:r Straftäter:in dieselben Defizite aufweist und auch die vorhandenen Ressourcen oft unterschiedlich ausgeprägt sind. Auch bestehen nicht selten sehr individuelle Konstellationen, die ein manualisiertes Programm nicht berücksichtigen kann. Urbaniok (2003, S. 40) hat dazu pointiert formuliert:

> „… zuerst die Vorwäsche, dann die Hauptwäsche, der Spülvorgang und dann wird geschleudert. Es gibt aber Täter, für die der Hauptwaschgang zu früh kommt, andere müssten dreimal geschleudert, dafür aber gar nicht gewaschen werden. Ein solches Programm ist daher in der Praxis ein Schrotschuss in den Nebel. Für manche Klienten sind die Art der Präsentation und das Timing perfekt. Sie werden ‚therapeutisch voll getroffen'. Andere werden nur gestreift und an wieder anderen geht ein solches Programm gänzlich vorbei."

Die bereits dargestellten manualisierten Trainingsprogramme werden in den meisten sozialtherapeutischen Abteilungen auch gelegentlich im Allgemeinvollzug (hier v.a. Jugendvollzug) eingesetzt. Der Ort, an dem die individuellen Konstellationen therapeutisch bearbeitet werden, ist überwiegend die Einzeltherapie. Doch finden sich in etlichen sozialtherapeutischen Konzepten auch „thematisch offene" Therapiegruppen, deren Inhalte nicht durch Module vorgegeben, sondern aus den Einzelbeiträgen und dem Prozess entwickelt werden, um auf diese Weise die o.g. Nachteile ausgleichen zu können. Der große Vorteil solcher Gruppen ist die Einbeziehung der aktuellen Interaktion zwischen den Teilnehmenden und den Therapeut:innen. Eine Problematik des Therapieteilnehmers, die für das Delikt (mit)ursächlich ist, wird aktuell in Szene gesetzt und kann mit unmittelbarer emotionaler Beteiligung bearbeitet werden. Etwa das Dominanzstreben eines Teilnehmers, das auch eine Determinante seiner Straffälligkeit darstellt, wird unweigerlich in die Interaktionen mit den anderen Gruppenteilnehmern und den Leitern einfließen. So kann auch die „Stationsgruppe", in der alltägliche Probleme des Zusammenlebens besprochen werden, große therapeutische Tiefe und Relevanz erhalten. Die strukturierte Arbeit mit Trainingsprogrammen und thematisch offene Therapiegruppen ergänzen sich hervorragend. Hier werden unmittelbar Denkprozesse in Gang gesetzt und Fertigkeiten eingeübt, dort die individuellen Muster wiederholt, erkannt und modifiziert. Auf Basis ihrer Alltags- und Lebensweltorientierung können im Rahmen der Sozialtherapie neue, funktionale Verhaltensweisen und Kompetenzen erprobt und eingeübt werden. Ziel der Sozialtherapie ist es, eine Lebenswelt zu schaffen, in der es möglich ist, mit einem ressourcenorientierten, salutogenetischen Ansatz und biopsychosozialem Verständnis die komplexen Problemlagen der Klient:innen in diesem „sozialen Feld" (vgl. Thiersch, Grundwald & Köngeter 2010, S. 178 f.) zu bearbeiten.

Psychotherapie orthodoxer Prägung kommt im Strafvollzug aufgrund diverser Gründe an ihre Grenzen und es bedarf starker Modifikation der Verfahren. Rauchfleisch (2001) spricht in diesem Zusammenhang von einem „bifokalen Behandlungsmodell", wenn er fordert, die abstinente Haltung (im Sinne einer Passivität) zugunsten eines Mit-Einbeziehens der (teilweise desaströsen) sozialen Realität der Gefangenen aufzugeben. Darüber hinaus wirkt die Psychotherapie behandlungsbedürftiger Probleme im Strafvollzug nicht per se rückfallpräventiv (Behnke & Endres 2008) – tatsächlich hat Sozialtherapie im Strafvollzug in der Verringerung des Rückfallrisikos ihr zentrales Ziel und erfährt hierdurch ihre Existenzberechtigung. Da die Prävalenz von Persönlichkeitsstörungen unter den Therapieteilnehmer:innen hoch ist, hat sich schulenübergreifend die Erkenntnis durchgesetzt, dass von längeren Behandlungszeiten auszugehen ist, um langjährig eingeschliffene Denk- und Verhaltensmuster zu korrigieren (Suhling & Wischka 2013). Allerdings ist bei kürzeren zeitigen Freiheitsstrafen das Ende der Behandlung nicht durch behandlerische Gesichtspunkte bestimmt, sondern eben durch das Urteil, was die erreichbaren therapeutischen Ziele von vorne herein limitiert.

5.5 Krankenhaus des Maßregelvollzugs – § 63 StGB

Begeht ein Mensch eine Straftat, so kann ein Gericht den Straftäter zu einer Freiheitsstrafe verurteilen, die dieser, sofern nicht zur Bewährung ausgesetzt, in einer Justizvollzugsanstalt zu verbüßen hat. Die juristische Schuld, die der Straftäter durch die Straftat auf sich geladen hat, liegt in der Vergangenheit. Anders verhält es sich bei Menschen, die während der Begehung der Straftat schuldunfähig (§ 20 StGB)[34] waren. Als protoptypischen Fall kann hier exemplarisch ein Mensch genannt werden, der während eines psychotischen Schubs Stimmen hört, die ihm befehlen, einen anderen Menschen zu töten, weil dieser vom Teufel besessen sei. Tut er dies dann, weil er nicht mehr erkennen kann, dass sein Tun unrecht ist (Einsichtsfähigkeit), oder weil er sich nicht mehr

34 Oder vermindert schuldfähig (§ 21 StGB).

zurückhalten kann (Steuerungsfähigkeit), dann wird wohl die Schuldfähigkeit aufgehoben sein. Bei dieser Entscheidung greifen Gerichte regelmäßig auf die Expertise psychowissenschaftlich-forensischer Expert:innen zurück, was sinnvoll ist, weil die tatsächlichen Fallkonstellationen in der Praxis meist in entscheidenden Aspekten von solch prototypischen Konstellationen abweichen und die Begutachtung deshalb viel Sachverstand erfordert.

Weil diese Menschen nun aber eben keine Schuld auf sich geladen haben, dürfen sie dafür auch nicht bestraft werden. Obwohl sie eine Straftat begangen haben, wären sie also theoretisch nach der Verhandlung unmittelbar freizulassen, es sei denn, von ihnen geht auch in Zukunft die Gefahr aus, dass sie rechtswidrige Taten zu erwarten und sie deshalb für die Allgemeinheit gefährlich sind (§ 63 StGB). In diesem Fall, der meist ebenfalls von Gutachter:innen untersucht wird, kommt eine Unterbringung in einem Maßregelvollzugskrankenhaus in Betracht, die der „Besserung und Sicherung" dienen und in denen die Patient:innen[35] behandelt werden, bis eine positive Legalprognose besteht. Das ist dann der Fall, wenn eben keine Gefahr für weitere schwere Straftaten mehr ausgeht. Demensprechend ist die Unterbringung in einem Krankenhaus des Maßregelvollzugs zeitlich nicht bestimmt und kann kürzer als eine vergleichbare Strafhaft, aber eben auch deutlich länger sein. Im Gegensatz zu einer zeitigen Freiheitsstrafe richtet sich ihre Dauer also im Wesentlichen[36] nach dem Erfolg einer Behandlung.

Wenn man davon ausgeht, dass in den meisten Fällen eine psychische Störung Grundlage für den § 20 StGB war, sind hohe Prävalenzraten psychischer Störungen unter den Patient:innen des Maßregelvollzugs zu erwarten. Darunter dominieren als (Haupt-)Diagnosen mit 40 % schizophrene Psychose, 6 % hirnorganische Störungen, 44 % Persönlichkeitsstörungen (oft i. V. m. Intelligenzminderung) und 6 % geistige Behinderungen. Neben diesen Hauptdiagnosen werden komorbid v. a. Suchterkrankungen (Alkohol) und Persönlichkeitsstörungen diagnostiziert, vielfach in Form einer verfestigten dissozialen Entwicklung (Leygraf 2006, S. 195).

Literaturtipp

Eine sehr gute und umfassende Übersicht zur Behandlung und den entsprechenden Standards im Maßregelvollzug nach den §§ 63 und 64 StGB findet sich bei Müller et al.:

35 Bereits an der Bezeichnung „Patient:innen" wird der Charakter der Maßregel deutlich, der von dem einer Bestrafung von Gefangenen deutlich abweicht.

36 Daneben spielt auch die Verhältnismäßigkeit einer Unterbringungsdauer eine Rolle, weil der Aufenthalt im Maßregelvollzug im Verhältnis zur Gefahr stehen muss, die vom Täter ausgeht, und i. d. R. nicht wesentlich länger dauern darf als eine vergleichbare Strafhaft.

- Müller, J. L. et al. (2018). Standards für die Behandlung im Maßregelvollzug nach §§ 63 und 64 StGB: Interdisziplinäre Task-Force der DGPPN. Forensische Psychiatrie, Psychologie, Kriminologie, 12(2), 93–125.

Fallbeispiel Herr E. – „der Nachbar war bös“

Herr E., 52 Jahre, galt immer schon irgendwie als „Sonderling“. Aufgewachsen in einem kleinen Dorf mit einer 5 Jahre älteren Schwester tat er sich von Anfang schwer. In der Regelschule kam er nicht wirklich mit, brauchte ziemlich lange um Lesen zu erlernen und deutliche mehr Zeit und Anleitung für die ihm gestellten Aufgaben. Im Sozialverhalten war er eher zurückgezogen, weinte oft und fiel durch unangepasste Wutausbrüche auf. Herr E. wiederholte die erste und die fünfte Klasse und verließ die Hauptschule nach der 9. Klasse ohne Abschluss. Nach der Schulzeit fand Herr E. Anstellung als Hilfsarbeiter im ortsansässigen Steinbruch. Hier galt er als sehr arbeitswillig und tatkräftig. Die Eltern verstarben relativ früh, er und seine Schwester blieben auf dem kleinen Gehöft wohnhaft. Die Schwester ging einer Verkäuferinnentätigkeit nach und mit dem Verdienst des Herrn E. konnte ein durchaus einträgliches Leben finanziert werden. In der Nachbarschaft kam es das ein oder andere Mal zu Differenzen, so war man sich oft uneinig, wer welche Wege- und Fahrtrechte innehabe und wer für die Instandhaltung der gemeinsamen Stichstraße verantwortlich ist. Die Schwester klagte in regelmäßigen Abständen bei ihrem Bruder über den Nachbarn. An einem Abend ging Herr E. mit Zeitungspapier und einem Benzinkanister unerlaubt auf die Terrasse des Nachbarhauses und setzte dort den Stützbalken des Holzbalkons in Brand. Die Familie des Hauses kam mit leichten Rauchvergiftungen und einem Schrecken davon. Der Sachschaden am Haus war beträchtlich. Herr E. konnte relativ schnell als Täter entdeckt werden und wurde aufgrund von schwerer Brandstiftung angeklagt. Im Zuge des Verfahrens stellten sich nun folgende Fragen – liegen im Sinne der §§ 20/21 StGB die Schuldunfähigkeit bzw. eine verminderte Schuldfähigkeit vor?

Hintergrund:

- Bei Herrn E. bestand eine leichte Intelligenzminderung – im Grundschulalter wurde ihm ein IQ von 56 bescheinigt.
- Im forensischen Gutachten wurde ihm zudem eine schizoaffektive Störung[37] attestiert.

37 Bei der schizoaffektiven Störung treten typischerweise Verstimmungen auf, wie Depression oder Manie, die mit den für Schizophrenie typischen Symptomen einhergehen. (https://www.msdmanuals.com/de-de/heim/psychische-gesundheitsst%C3%B6rungen/schizophrenie-und-%C3%A4hnliche-st%C3%B6rungen/schizoaffektive-st%C3%B6rung)

Der Gutachter, Dr. B., führte Folgendes aus: Eine schizo-affektive Störung des Angeklagten würde bereits seit längerer Zeit bestehen. Die psycho-pathologische Vulnerabilität begann bereits Monate vor der Tat durch die Ankündigung des Arbeitgebers, den Steinbruch stillzulegen, Überforderung in der allgemeinen Haushaltführung und Lebensführung. Im Gespräch erzählt Herr E., dass er oft lauten Streit mit der Schwester habe und ihn das sehr traurig mache und er dann sich nicht zu helfen wisse. Aus dem Bett sei er nicht mehr aufgestanden, was den Streit mit der Schwester dann noch schlimmer gemacht habe. Der Nachbar sei „bös“ und daher wollte er etwas unternehmen. Dr. B. stellte fest, dass die Anwendung des Paragrafen 20 StGB (Schuldunfähigkeit) auszuschließen sei, da keine tiefgreifende Bewusstseinsstörung vorliegen würde. Hingegen befürwortete Dr. B. die Anwendung des Paragrafen 21 StGB (verminderte Schuldfähigkeit). Herr E. wurde daraufhin zu einer Strafdauer in Höhe von 3 Jahren und 6 Monaten verurteilt. Das Gericht sprach sich für eine Unterbringung nach § 63 StGB aus.

Bei Herrn E. scheinen einige Faktoren zu kumulieren. So kann man davon ausgehen, dass durch das Zusammentreffen von Minderbegabung bei gleichzeitig marginalisiertem Aufwachsen mit wenigen bzw. keinen spezifischeren Fördermöglichkeiten seine Erkrankungen chronifiziert wurden und Herr E. unter anderem stärkeren Stigmatisierungs- und Diskriminierungserfahrungen ausgesetzt war (vgl. Hermes 2022, S. 149).

Systemisch betrachtet finden wir bei Herrn E. mehrere Ebenen und eine Vielzahl an Systemen, an denen er in unterschiedlichen Rollen teilnimmt, bzw. die durch Interaktionsmuster in den jeweiligen Beziehungsgeflechten Verhaltensweisen von Herrn E. erklären könnten. Man geht nach der systemischen Perspektive davon aus, dass eine Person, die eine Auffälligkeit zeigt, als „Symptomträger:in“ fungiert und so ein Zeichen setzt, dass Interaktionen nicht adäquat funktionieren, bzw. einen Krankheitswert aufweisen (vgl. Hermes 2022, S. 21). So würde sich an dieser Stelle eine Vielzahl an aufeinander bezogenen Fragestellungen ergeben, beispielsweise:

- *Auf Geschwisterebene* – Wie ist die Konstellation von Herrn E. und seiner Schwester? Welchen Zweck erfüllt die zum Teil aufopfernde Pflege der großen Schwester gegenüber dem kleinen (mittlerweile 56-jährigen) Bruder? Welchen Versorgungspart trägt Herr E. durch sein Arbeitseinkommen für den Erhalt des ehemals elterlichen Anwesens bei? Sind beide gemeinsam einsam?
- *Auf Nachbarschaftsebene* – Welche Funktion erfüllt Herr E. als „böser Nachbar“? Bestand diese Zuschreibung schon seit längerer Zeit?
- *Auf kommunaler bzw. gesellschaftlicher Ebene* – Welche Teilhabechancen hat und hatte Herr E. wirklich? Aus den Erkenntnissen von Menschen mit psychischen Beeinträchtigungen und deren Einbindung in eine regelmäßi-

ge Arbeit wissen wir, dass dies zwar eine große Stütze (auch finanziell) darstellt, jedoch das Wegfallen der Arbeit zu einer noch größeren Gefahr der Vereinsamung führt als das Ausscheiden aus den Dienst einer „gesunden“ Person (vgl. Weilekes 2007, S. 28).

Herr E. kann als Patient im Maßregelvollzug nach § 64 StGB als einerseits gefährlich – weil noch nicht behandelt – und andererseits als Betroffener einer mangelnden Behandlung in der Vergangenheit (Opfer der Umstände) gewertet werden. Zudem stellen sich an der Stelle auch die Fragen, inwiefern Herr E. wirklich den Ausführungen des Gerichtes und der Entscheidungsträger folgen kann. Einer „Übersetzung“ von juristischem Amtsdeutsch in leichte Sprache ist im Zuge der Komplexität eines Strafverfahrens nicht oder nur unzureichend Rechnung getragen. Ohne die Möglichkeit der Unterbringung würde Herr E. möglicherweise noch längere Zeit unbehandelt verbleiben, trotzdem gilt er als Straftäter. Das Bedauern, dass Herr E. strukturell bedingt nicht früher die notwendige Förderung erhalten hat, mag augenscheinlich sein, dennoch ergibt sich aus dem Zwangskontext hier eine Chance auf Besserung.

Stufenmodell im Maßregelvollzug

Dem Charakter eines psychiatrischen Krankenhauses entsprechend und in Anbetracht der vorwiegenden Diagnosen folgerichtig, dominiert die psychiatrische Behandlung der Patient:innen, also zunächst die Gabe von Medikamenten. In zweiter Linie sind, nicht zuletzt aufgrund der dissozialen Entwicklungen, aber auch hier psychosoziale Behandlungsmaßnahmen indiziert, die den Behandlungsprogrammen des Strafvollzugs ähneln, jedoch in Krankenhäusern des Maßregelvollzugs in der Regel deutlich umfangreicher angeboten und konsequenter angewendet werden können. In Abbildung 4 ist ein mit therapeutischen Elementen erweitertes Vulnerabilitäts-Stress-Bewältigungs-Modell am Beispiel der Behandlung von Patient:innen mit schizophrenieformen Störungen in Anlehnung an Zubin & Spring (1977) dargestellt. Dieses integrative Behandlungskonzept könnte so oder so ähnlich auch für die Behandlung von Patient:innen des Maßregelvollzugs Anwendung finden. Aufbauend auf einer erforderlichen medikamentösen Therapie deckt es auch viele relevante psychosoziale Therapiemaßnahmen ab – die Breite und Komplexität einer integrativen Behandlung wird deutlich.

Nicht zuletzt diese schweren psychischen Störungen führen bei den Patient:innen zu psychosozialen Problemlagen, welche sie an Teilhabe hindern und somit Gegenstand einer umfassenden Therapie sein müssen (z. B. Wohnung, Arbeit, private Beziehungen).

Abb. 4: Erweitertes Vulnerabilitäts-Stress-Bewältigungs-Modell in Anlehnung an Zubin & Spring (1977) mit therapeutischen Elementen (entnommen aus Lohner et al. 2006, S. 150).

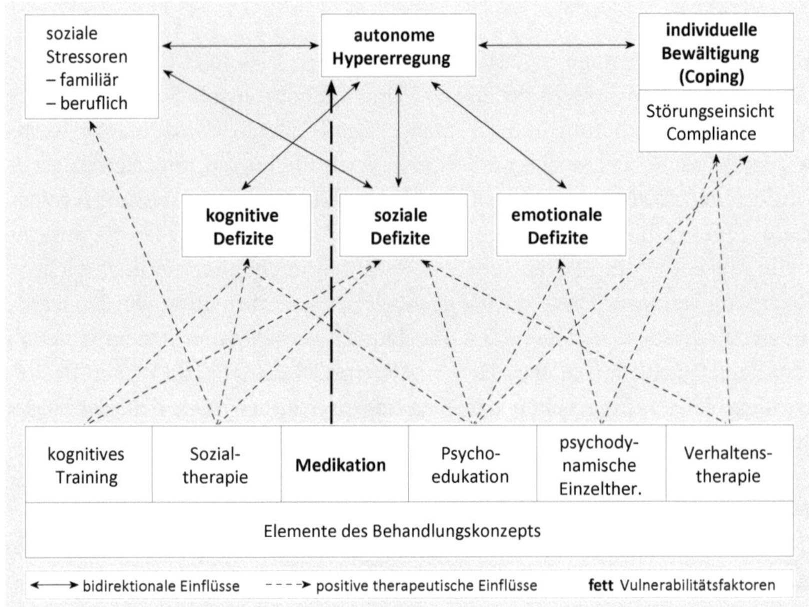

Aus behandlerischer Sicht sehr interessant sind noch die Stufenkonzepte der Lockerungen. Diese sind nicht als reine Belohnung zu verstehen, da ja zum einen im Maßregelvollzug gar nicht bestraft wird, weshalb ein Anspruch auf Lockerungen besteht und zum anderen diese auch behandlerischen Zwecken dienen. So ist neben dem Aspekt einer zusätzlichen Motivation für die Patient:innen auch die therapeutische Funktion wichtig, dass diese soziale Kontakte pflegen und Hospitalisierungseffekte reduzieren können, ihre erworbenen Fähigkeiten Belastungserprobungen unter Realbedingungen unterziehen können und im Rahmen der Entlassvorbereitung schrittweise ein Leben in Freiheit bereitet werden kann (Leygraf 2006, S. 200). Auch in dieser behandlerischen Hinsicht ist der Maßregelvollzug dem Strafvollzug deutlich voraus, weil letztgenannter Lockerungen in den überwiegenden Fällen noch als reine Belohnung am Ende einer Haft ansieht und sie immer noch zu wenig als Mittel der Behandlung einsetzt. Die Existenz dieser Lockerungsstufen darf allerdings nicht darüber hinwegtäuschen, dass viele Patienten des Maßregelvollzugs (§ 63 StGB) sehr lange auf ihre Entlassung warten müssen, weil keine positive Legalprognose gestellt werden kann, was sowohl bei den Patient:innen als auch bei den Behandler:innen zu einer resignativ-pessimistischen Grundhaltung führen kann (Schalast 1997). Dies liegt auch an den teilweise sehr schwerwiegenden psychosozialen Multiproblemlagen, in denen sich die Patient:innen befinden (s.o.).

Die gelegentlich anzutreffende Annahme in Stammtischdiskursen oder Internetforen, die Täter:innen würden alle „auf verrückt" oder „schwere Kindheit" machen, um „in den Genuss des Maßregelvollzugs" zu kommen und so einer Strafhaft zu entgehen, ist schon deshalb schlichtweg falsch, weil die meisten Täter:innen, mindestens aber ihre Anwält:innen wissen, dass die Unterbringung im Maßregelvollzug eben nicht zeitlich begrenzt ist. Die damit ebenfalls unterstellte leichte Täuschbarkeit von Gerichten und Sachverständigen ist aus der Praxis ebenso wenig nachvollziehbar wie die Annahme, eine Unterbringung im Maßregelvollzug sei „angenehmer" für die Insassen als die Zeit als Gefangene einer Justizvollzugsanstalt. So gut wie nie wird eine Zeit im Gefängnis oder Maßregelvollzug als in irgendeiner Form angenehm empfunden, und bei Menschen, die einen Vergleich zwischen den Institutionen herstellen können, ist die Unterbringung im Maßregelvollzug meist auch nicht positiver bewertet. Tatsächlich wird an diesen Aussagen offensichtlich, wie Straftäter:innen als Sündenbock bzw. Projektionsfläche für Bestrafungsphantasien und der sie bestrafende Staat als „unfähig und lasch" herhalten müssen. Neben einer politischen Instrumentalisierung (z.B. bei Fällen der Straffälligkeit von Mitgrant:innen), dienen solche Aussagen auch dazu, im Rahmen einer Dichotomisierung (gute Menschen – böse Menschen) Straftäter:innen zu brandmarken und dadurch die eigene Person aufzuwerten. Insofern dienen sechs Meter hohe Mauern einer Justizvollzugsanstalt nicht nur dazu, „die Bösen" wirklich einzusperren, sondern werden von dem Teil auf der „richtigen Seite der Mauer" dazu benutzt, sich von Schuld freizusprechen.

5.6 Entziehungsanstalt – § 64 StGB

Die §§ 63 und 64 StGB sind sog. Maßregelparagraphen und in beiden Fällen geht es um die Behandlung von Straftäter:innen mit einer psychischen Störung durch die forensische Psychiatrie. Beim § 64 ist, anders als beim § 63 StGB (s.o.), eine vorangegangene Ex- oder Dekulpierung nach den §§ 20 oder 21 StGB nicht zwingende Voraussetzung. Während nach § 63 StGB Untergebrachte eine Vielzahl von *Haupt*diagnosen aufweisen können, sind es beim § 64 StGB nur Menschen mit dem „Hang" Alkohol oder ein anderes Rauschmittel zu sich zu nehmen und die aufgrund dieses Hangs dann Straftaten begehen (z.B. Beschaffungskriminalität bei opioidabhängige Personen). Neben diesen Suchterkrankungen bestehen aber bei vielen Patient:innen noch weitere psychische Störungen, welche die Behandlung beeinflussen, insbesondere sind Persönlichkeitsstörungen häufig. Im Gegensatz zum § 63StGB ist die Unterbringung nach § 64 StGB zusätzlich an eine Aussicht auf Erfolg der Behandlung („Heilung") geknüpft – besteht diese nicht, so wird auch der § 64 StGB nicht angeordnet. Obwohl auch beim Maßregelparagraphen 64 StGB der Aspekt der Gefahrenabwehr wichtig ist, hat im Gegensatz zum § 63 StGB also der Behandlungszweck Priorität (Schalast 2006, S. 340). Auch der zeitliche Horizont unterscheidet sich deutlich: Ist der § 63 StGB unbefristet, so darf die Unterbringung in einer Entziehungsanstalt (§ 64 StGB) zwei Jahre nicht überschreiten (§ 67 d(1) StGB), wobei im Anschluss oder (aus behandlerischer Sicht meist viel sinnvoller) vorweg zusätzlich vielfach eine Strafhaft zu verbüßen ist.

5.7 „Therapie statt Strafe" – § 35 BtmG

In der Urteilsfindung bei einer Suchterkrankung in Verbindung mit Straffälligkeit gibt es unterschiedliche Möglichkeiten einer Aburteilung. Die häufigste Vollstreckungslösung findet nach dem § 35 BtmG – Therapie statt Strafe – Anwendung.[38] Die Begrifflichkeit „... statt Strafe" trifft oft auf Unverständnis bzw. verleitet zur Fehlinterpretation. Richtigerweise sollte es eine Drogenentzugstherapie veranlasst durch strafrechtliche Maßnahmen heißen (vgl. Jehle 2007, S. 349). In Abgrenzung zu Therapieweisungen ist hier die Verurteilung zu einer Freiheitsstrafe Voraussetzung und die Vollstreckung dieser wird zugunsten einer Heilbehandlung zurückgestellt. Die Idee hinter dieser Vorschrift ist betäubungsmittelabhängigen Verurteilten die Möglichkeit zu geben, sich einer freiwilligen Therapie außerhalb des Strafvollzuges zu unterziehen. Der Strafcharakter bleibt insofern erkennbar, als es sich nicht um eine Wahlfreiheit der verurteilten Personen handelt, entweder Therapie oder Strafhaft zu wählen. Vielmehr setzt der § 35 BtmG einen Antrag bei der Staatsanwaltschaft voraus, bei Jugendlichen und Heranwachsenden entscheidet die/der zuständige Jugendrichter:in (vgl. Laubenthal & Nester 2010, S. 23) nach Antrag der Erziehungsberechtigten oder des Heranwachsenden selbst. Auch spielt die Strafdauer eine maßgebliche Rolle. So hat der Gesetzgeber hier eine absolute Obergrenze von zwei Jahren vorgesehen. Dies soll Menschen mit einer leichten mit mittelschweren Suchterkrankung bei gleichzeitig im Zusammenhang stehender Straffälligkeit, die Möglichkeit einer therapeutischen Behandlung zu ermöglichen. Bei schwerwiegenderen Taten, soll der Strafvollzug Vorrang haben und die Möglichkeit die Therapie während der Haft vorzubereiten, bis der zu verbleibende Strafrest zwei Jahre nicht mehr übersteigt (vgl. Patzak 2012, § 35

38 Als Alternative gäbe es die Formen der Therapieweisung bei Aussetzung einer Freiheitsstrafe zur Bewährung oder bei Aussetzung des Strafrestes zur Bewährung (vgl. § 56c III Nr. 2 und § 57 III i. V. m. § 56c Nr. 2 StGB).

Rn. 115). Diese Grenze trägt dem Umstand Rechnung, dass die Zurückstellung systematisch dem Reglement der Strafaussetzung zur Bewährung nachgebildet ist und orientiert sich an der durchschnittlich bis zu 20-wöchigen Behandlungsdauer einer Drogentherapie (vgl. Jehle 2007, S. 357)

Kritisch wird an dieser Stelle angemerkt, dass es sich bei einer Entscheidung nach § 35 BtmG ausschließlich um einen an einer Sucht erkrankten Menschen handelt, deren Hintergrund eine illegale Suchtmittelabhängigkeit abbildet. Menschen, die legale Suchtmittel konsumieren (stoffgebunden wie stoffungebunden), können vom § 35 BtmG keinen Gebrauch machen. Auch setzt eine grundsätzliche Heilbehandlung immer auch ein gewisses Maß an Wahlrecht und Wahlfreiheit der Patient:innen voraus. Hier gestaltet sich die Auswahl an geeigneten stationären Therapiemöglichkeiten etwas anders: Eine erfolgreiche Antragstellung setzt unter anderem voraus, dass oft schon in Vorbereitung auf die Hauptverhandlung Kostenträger und Platzzusage einer nach dem § 35 BtmG zertifizierten Einrichtung vorliegen sollte (vgl. Kornprobst 2007, § 35 Rn. 104). Die entsprechenden Fachkrankenhäuser sind dann als behandelnde Institutionen dazu verpflichtet, bei Therapieabbruch die zuständige Strafvollstreckungskammer zu unterrichten. Die Behandlung von Suchterkrankungen und Entscheidungen über den weiteren Verlauf treffen daher nicht die Patient:innen allein, auch in diesem Bezug findet die Behandlung, wenn auch freiwillig erwirkt, somit in einem Zwangskontext statt, da im Falle einer Zuwiderhandlung mit justiziellen Konsequenzen zu rechnen ist. Dies beeinflusst mitunter die therapeutischen Behandlungsformen im Rahmen des zu Beginn dargestellten Dreieckes mit unterschiedlichen Auftragsebenen und einer gesondert davon handelnden Behandlungsebene.

Fallbezug zu F. – ein Leben wie im Rausch

Kommen wir an dieser Stelle nochmals zurück auf das Fallbeispiel F. vom Abschnitt I (Kapitel 1.3) – „*Wer* wird behandelt?“. Bei F. stellte sich tatsächlich die Frage, ob für ihn die Beantragung des § 35 BtmG eine Alternative darstellen könne. In seiner Wohnung wurde eine nicht unbeträchtliche Menge an illegalen Suchtmitteln gefunden. Diese juristische Mengenangabe bezieht sich dabei auf den Wirkstoffgehalt und auf die Frage, ob F. die Suchtmittel für den Eigengebrauch vorgesehen hatte oder ob er sogar in Verdacht steht, damit Handel betrieben zu haben. Die Suche nach Antworten liegt in juristischer Hand. Auf eine vorherige Einschätzung bzw. eine sozialpädagogische Empfehlung durch die JGH wie bei Jugendlichen und Heranwachsenden kann F. nicht zählen. Mit 23 Jahren und seiner selbstständigen Lebensweise ohne weitere bekannte Entwicklungsverzögerungen wird er nach dem Erwachsenenstrafrecht abzuurteilen sein. Die strafrechtliche Bewertung betrifft Entscheidungen, die maßgeblich eine weiterführende therapeutische Behandlung nach dem § 35 BtmG tangieren, sofern hier dem Antrag stattzugeben ist. Suchttherapeutische Empfehlungen und Sichtweisen griff eine aus dem Jahr 2013 stammende Studie zur Medizinischen Rehabilitation Drogenkranker nach § 35 BtmG auf. So wurde darin festgestellt, dass grundsätzlich eine Therapie als die geeignetere Behandlungsform im Vergleich zur Haftstrafe angesehen werden solle (vgl. Zurhold, Verthein & Reimer 2013, S. 122). Als Therapiemotivation wurde das Bemühen der/des Patient:in bewertet, sich überhaupt dazu entschieden zu haben, eine Therapie aufnehmen zu wollen. So käme es weniger auf die Art des Drucks als auf eine dann doch freiwillig getroffene Entscheidung, eine Therapie einer Haftstrafe vorzuziehen, an. Bei den generellen Aufnahmebedingungen sprechen sich die Kostenträger – die Deutsche Rentenversicherung, aber auch einige behandelnde Therapeut:innen – für eine Begrenzung der Patient:innen mit dem Hintergrund des § 35 BtmG aus. Dies wird darin begründet, dass man ansonsten eine zu große atmosphärische Nähe zu subkulturellen Phänomenen mit internen Macht- und Dominanzverhalten befürchte, wie dies aus Haftanstalten bekannt ist (näheres dazu in Kapitel 12.2). Dies wiederum würde einer therapeutischen Arbeit entgegenstehen (vgl. Zurhold, Verthein & Reimer 2013, S. 124). Als weitere Ausschlusskriterien werden biographische Risikofaktoren gesehen, die auf eine frühzeitige und langanhaltende Kriminalitätsbelastung hindeuten. Es stellt sich hier die Frage, inwiefern die Art und Weise des kriminellen Verhaltens wirklich in Zusammenhang mit einer Abhängigkeitserkrankung zu bewerten ist und nicht die Suchterkrankung, sondern das kriminelle Verhalten als Hauptfokus der gerichtlichen Entscheidung steht (vgl. Zurhold, Verthein & Reimer 2013, S. 125).

Letztendlich konnte bei F. dem Antrag auf Zurückstellung einer Haftstrafe in Höhe von zwei Jahren unter den Voraussetzungen des § 35 BtmG stattgegeben werden und einer Therapieaufnahme stand nichts mehr im Wege. Wie schwer es jedoch für manchen an einer Sucht erkrankten Menschen sein kann, die Motivation aufrechtzuerhalten, werden wir in Teil III, „*Wie* wird behandelt?“ (Kapitel 9 Motivationsarbeit), sehen.

Praxistipp

Detaillierte Informationen zur Rehabilitation bietet die „Arbeitshilfe für die Rehabilitation und Teilhabe von Menschen mit Abhängigkeitserkrankungen“ der Bundesarbeitsgemeinschaft für Rehabilitation (BAR), kostenloser Download oder Bestellung (2 €) unter www.bar-frankfurt.de/publikationen/arbeitshilfen.

- Die Broschüre „Entwöhnungsbehandlung – ein Weg aus der Sucht“ der Deutschen Rentenversicherung kann kostenlos heruntergeladen werden unter www.deutsche-rentenversicherung.de → Über uns & Presse → Broschüren → Alle Broschüren zum Thema „Rehabilitation“.
- Die Deutsche Gesellschaft für Psychiatrie und Psychotherapie, Psychosomatik und Nervenheilkunde (DGPPN) erarbeitet und publiziert praxisbezogene

Leitlinien für professionelle Fachkräfte, unter anderem Leitlinien zu Alkohol und Tabak. Downloads unter www.dgppn.de/leitlinien-publikationen/leitlinien.html → Unterpunkt „Psychische und Verhaltensstörungen durch psychotrope Substanzen".

Kurz zusammengefasst

Die Frage „*Wo* findet die Behandlung von straffälligen Menschen statt?" mündet in verschiedene Formen von Behandlungssettings. Diese versuchen zudem themenspezifisch den jeweiligen Ursachen für straffälliges Verhalten gerecht zu werden. So unterscheidet sich der Erziehungsgedanke im Jugendstrafverfahren generell und im Jugendvollzug per se maßgeblich vom Erwachsenenvollzug. Straftaten, die mit einer Drogenabhängigkeit in Verbindung gesetzt werden, können zudem eher Klient:innen in das Hilfesystem der Suchtmedizin überführen und ein Fokus auf Heilung der Suchterkrankung erscheint als die geeignetere Maßnahme als eine Inhaftierung. Ebenso werden Menschen, die durch unmittelbaren Einfluss einer psychischen Erkrankung straffällig wurden, tendenziell eher in Settings der Psychiatrie untergebracht, da auch hier eine reine Inhaftierung eher als kontra-indiziert angesehen wird. Die jeweilige Form (das jeweilige *Wo*) ist immer in Abhängigkeit von Alter, der Schwere der Tat(en) und den juristischen Strafrahmen zu sehen. Daher fällt es nicht immer leicht, die jeweilige richtig erscheinende Form der Behandlung zu finden. Den jeweiligen Besonderheiten des Einzelfalls und einem Schutzbedürfnis der Allgemeinbevölkerung ist hier gleichermaßen Rechnung zu tragen.

Die Behandlung von straffälligen Menschen, unabhängig des Settings, setzt spezifische kriminologische und psychologische Grundkenntnisse voraus. Es sind sowohl persönliche Risikofaktoren wie auch gesellschaftliche Mitbedingungen und Folgen von Stigmatisierungen mit zu bedenken. Gerade das Ziel der Jugendhilfe – die Entwicklung des jungen Menschen zu einer autonom und reflexiv handelnden, eigenverantwortlichen und gemeinschaftsfähigen Persönlichkeit zu fördern – erfordert eine konsequente Integrations- und Normalisierungsarbeit. Hierzu stellt die Jugendhilfe nicht die Straffälligkeit in den Mittelpunkt ihrer sozialpädagogischen Interventionen, sondern die Probleme und Bedürfnisse der jungen Menschen (Kawamura-Reindl & Schneider 2015, S. 157).

Auch für die Behandlung bei erwachsenen Straftäter:innen gilt: Wenn Zwangskontexte transparent, gestützt durch eine professionelle Grundhaltung und Kriterien fachlich klar darstellt werden, kann Zwang helfen, Klient:innen für Hilfen zu erreichen, die sie sonst nie erhalten hätten, einen Einstieg in Hilfesysteme überhaupt zu ermöglichen sowie, Veränderungsmotivation mit zu gestalten und zu begleiten. „Klient:innen, die sonst hoffnungslos ausgegrenzt wären, für eine Zusammenarbeit zu gewinnen" (Conen 2011, S. 74). Die Straffälligenhilfe setzt dabei auf eine Art „Übersetzungsleistung", fachlicher Positionierung und Aushandlung innerhalb des Spannungsfeldes Hilfe und Kontrolle.

Fragen zur (Selbst-)Reflexion

- Falls Sie selbst in den Feldern der Straffälligenhilfe tätig sind: Wie empfinden Sie das Spannungsfeld zwischen Hilfe und Kontrolle? Was hilft Ihnen für Ihre Auftrags- und Rollenklärung?
- Haben Sie in Ihrer täglichen Praxis (auch außerhalb der Straffälligenhilfe) mit Klient:innen im Widerstand (Reaktanz) zu tun? Wie gehen Sie damit um?

III *Wie* wird behandelt?

6 Grundsätze der Straftäterbehandlung

Die justizielle wie auch die freie Straffälligenhilfe sind nicht alleinig auf Hilfeaspekte begrenzt, Kontrollfunktion und ein Fokussieren auf den jeweiligen Kernauftrag (beispielsweise: Deliktbearbeitung; Rückfallvermeidung; Resozialisierung) fließen – wenn auch unterschiedlich graduiert – immer in die Behandlung mit ein.

Als Ankerpunkt für professionelle Fachkräfte wird das Credo „die Person von Delikt getrennt zu betrachten" als Hinweis gegeben, wenn das Spannungsfeld zwischen Hilfe und Kontrolle als stark blockierend empfunden wird. Dieser Praxistipp ist durchaus hilfreich, falls der Blick auf Ressourcen gerade nicht möglich ist, wäre aber für den gesamten Behandlungsprozess zu einseitig. Wenn Behandlungsmodelle erfolgsversprechend sein sollen, braucht es dazu immer den Blick auf beide Aspekte – kontextuelle Bezüge und individuelle Faktoren, welche straffälliges Verhalten erklären oder begünstigen. Am Ziel, weitere Straffälligkeit zu reduzieren und individuelle Rückfall-Risiken zu minimieren, müssen sich dahingehend die unterschiedlichen Behandlungsprogramme in den jeweiligen Settings messen lassen. Es gilt individuellen Bedarfen der Klientel genauso Rechnung zu tragen wie den Umweltbedingungen und gesellschaftlichen Zusammenhängen hinsichtlich kriminalitätsfördernder und -minimierender Faktoren (vgl. Schmidt 2021, S. 55).

6.1 Basisvariablen der professionellen Haltung in Zwangskontexten

Als Basisvariablen in der Behandlung und Beratung von Menschen, die in psychosozialen Kontexten allgemein um Rat und Unterstützung erfragen, werden oft die Grundlagen nach dem klienten-zentrierten non-direktiven Ansatz nach C. Rogers angeführt. Demnach gelten „Empathie", „Kongruenz" und „Wertschätzung" als maßgeblich für eine gelingende Beziehungsgestaltung zwischen Klient:in und Behandler:in (vgl. Albrecht 2017, S. 49). Dies gilt auch für die Behandlung von straffälligen Menschen, bedarf jedoch einiger weiterer Klärungen. Empathie, Kongruenz und Wertschätzung gelten nach wie vor als unabdingbare Grundhaltung. Jedoch bedarf es innerhalb von Zwangskontexten einer detaillierteren Betrachtung, Zobrist und Kähler (2017, S. 49) beschreiben dies als methodisches ABC in Zwangskontexten. Demnach sollen sich professionelle Fachkräfte eingeladen fühlen, sich innerhalb des Zwangskontextes mit

a) Auftrags- und Rollenklärungsprozessen innere und äußere Klarheit zu verschaffen. Sodann geht es um die unmittelbare Kommunikationsebene zwischen Fachkraft und Klient:in, indem
b) motivationale Prozesse innerhalb des Zwangssettings diagnostisch und methodisch aufgegriffen werden. Und
c) ohne eine konstruktive Beziehungsgestaltung wird es nicht, oder nur sehr unzureichend möglich sein, Veränderungen im Verhalten herbeizuführen. Der Umgang mit „Reaktanz“ bzw. „Widerstand“ ist hierbei mitunter entscheidend.

6.2 Die RNR-Prinzipien als Basis für Diagnostik, Prognose und Behandlung

Von Andrews et al. (1990) wurden drei Grundsätze für eine wirksame Straftäterbehandlung formuliert, die jeder Behandlung von Straftäter:innen zugrunde liegen sollten und somit eine Art Rahmen sowohl für ambulante wie stationäre Settings darstellen:

1. *Risikoprinzip* – *Wer* wird behandelt? Die Behandlung ist in ihrer Intensität und Dichte auf den Grad der Störung und die jeweilige Rückfallwahrscheinlichkeit abzustimmen.
2. *Bedürfnisprinzip* – *Was* wird behandelt? Die Behandlung orientiert sich an den für den Einzelfall spezifischen kriminogenen Einflussfaktoren.
3. *Ansprechbarkeitsprinzip* – *Wie* wird behandelt? Die Interventionen sind den individuellen Lernmöglichkeiten und -stilen anzupassen.

Das Risikoprinzip

Nach dem Risikoprinzip ist die Behandlung nach dem Ausmaß der Gefährlichkeit zu dosieren. Gefangene mit oft extrem schwierigen Biographien und langen kriminellen Entwicklungen benötigen meist hochfrequente und manchmal mehrere Jahre andauernde Behandlungen. Was sich in Jahren und Jahrzehnten an Einstellungen und Verhalten ausgebildet hat, kann nicht in kurzer Zeit nachhaltig verändert werden. Umgekehrt können bei punktueller Delinquenz zeitlich eng begrenzte Maßnahmen ausreichend sein. Bei geringem Risiko kann eine Intervention auch unterbleiben. In der Praxis sind, wie bereits erwähnt, allerdings viel eher das Strafmaß bzw. die Aufenthaltsdauer in einer Einrichtung des stationären Sanktionsspektrums (JVA, Maßregelkrankenhaus) der für die Intensität und Dichte ausschlaggebende Faktor. Auch die Frage, ob beispielsweise ein/eine Straftäter:in psychologisch-psychiatrisch untersucht und begutachtet wird, richtet sich nicht unbedingt nach dem Ausmaß der vielleicht vorhandenen Störung, sondern vielfach nach der Schwere der Straftat(en) – so arbeiten beispielsweise Bewährungshelfer:innen nicht selten mit Klient:innen, bei denen trotz einer offensichtlich vorhandenen psychischen Störung (zum Beispiel: Psychose) nie eine Begutachtung durchgeführt wurde, weil ihre Straftaten zu geringfügig waren und auch keine Schuldminderung in Frage kam, weil kein Zusammenhang mit einer Störung angenommen werden musste (vielleicht weil es sich nur um geringfügige Diebstähle handelte). Die Ressourcen für Behandlung und Begutachtung richten sich also vielfach nach dem Strafmaß, nicht aber nach den behandlerischen Erfordernissen und dem Potential für weitere, gegebenenfalls auch schwerere Straftaten. Gerade im Hinblick auf die Behandlungsmaßnahmen, die Sicherungsverwahrten und anderen bereits schwerwiegend straffällig Gewordenen zuteilwerden sollen (!), stellt sich aber die Frage, ob die entsprechenden Ressourcen nicht auch gut bei Straftäter:innen investiert wären, die geringfügiger in Erscheinung getreten sind und die aber ein großes Potential für schwerere Straftaten haben (vgl. Böhm 2018, S. 162). So wären im Sinne des präventiven Opferschutzes weitere Straftaten vielleicht zu verhindern, anstatt vorwiegend dann zu behandeln, wenn bereits schwere Straftaten passiert sind.

Zunächst muss bei der Behandlung von Straftäter:innen eine Fokusbildung erfolgen, wobei auf Basis einer *individuellen* Delikthypothese die kriminogenen Faktoren zu behandeln sind (siehe Bedürfnisprinzip später in diesem Kapitel). Bei einer Delikthypothese wird eine auf den jeweiligen Einzelfall bezogene Aussage darüber getroffen, welche Faktoren bei dem/der Straftäter:in für die Straffälligkeit kausal bedeutsam erscheinen und in welcher funktionalen Beziehung sie zueinanderstehen (vgl. Endres & Schwanengel 2015, S. 310). Es handelt sich also nicht nur um eine kategoriale Diagnostik („Gewalttäter:in", „Sexualstraftäter:in", „suchtkrank", „dissozial" etc.), sondern um ein Fallverstehen im Sinne der Sozialen Diagnostik (Heiner 2012). Im Sinne der Vermeidung künftiger Straffälligkeit müssen alle Beteiligten ein Verständnis von den entsprechenden kriminogenen Wirkmechanismen entwickeln. Dieses Fallverstehen der Sozialen Diagnostik ist wichtig, um eine Tat im Sinne einer Delikthypothese „verstehen" zu können (Saimeh 2018, S. 369 f.), und für die Prognose weiterer Delinquenz entscheidend, weil die entsprechenden intrapsychischen (zum Beispiel: Impulsivität, Kränkbarkeit etc.) und externen Faktoren (zum Beispiel: Peer-Group, Suchtmittelkonsum etc.) benannt werden können. Den Klient:innen kann ein Verstehen ihrer eigenen Reaktionsbereitschaften vermittelt werden. Diese können dann durch gezielte Interventionen behandelt werden (als Beispiel: Anti-Gewalt-Training oder Suchtbehandlung), um eine Erweiterung ihrer prosozialen Handlungsmöglichkeiten und – auch im Sinne der Steigerung des Selbstwirksamkeitserlebens – Verbesserung der Selbstmanagementfähigkeiten zu erreichen.

Fallbezüge aus Kapitel 1

Wollen wir nun das erste Prinzip („risk") kurz auf einige Fallbeispiele aus dem Kapitel 1 anwenden. Für die Jugendliche S. scheint es relativ klar, dass keine bzw. nur eine sehr geringe Gefahr besteht, dass sie wieder mit einer Straftat auffällig wird. Aus den bisherigen Erkenntnisse und unter Berücksichtigung bindungs- und entwicklungspsychologischer Annahmen, können wir davon ausgehen, dass S. trotz der Streitigkeiten mit ihrer Mutter insofern eine gute Basis an sicheren Bindungsmustern ausbilden konnte, auf „gesunde Inseln" (Ausbildung, unterstützender Freundeskreis, Betreuungshelferin) zurückgreifen kann und zunehmend positive Selbstwirksamkeitserfahrungen sammeln konnte. Bei A. ist es auf den ersten Blick nicht ganz so leicht, hier zu einer Risiko-Prognose zu kommen. Seine aktuelle Lebenssituation gibt Anlass zur Sorge: Faktische Obdachlosigkeit, Gewalterfahrung in der Kindheit und Schulabbruch stellen keine sichere Basis dar. Auf der anderen Seite scheint er über partizipative Prozesse durchaus erreichbar, die Straftaten bewegen sich im Peer-to-Peer-Kontakt. Ebenso ist sein Freizeitverhalten (Abhängen mit Freunden) noch nicht als „nicht-förderlich" einzustufen, sondern vielmehr Ausdruck jugendtypischen Verhalten. Wichtig an dieser Stelle ist, genau die oben angesprochene soziale Diagnostik im Sinne einer „Delikthypothese" anzuwenden (→ Kapitel 10.2). Falsch an dieser Stelle wäre, wenn hier lediglich Risikofaktoren gegenüber Schutzfaktoren aufgewogen werden würden. So ist zwar mit weiterem Ärger bei A. zu rechnen, als „gefährlich" gilt er dennoch nicht und sollte auch nicht so betitelt werden (Stigmatisierungsgefahr). Im Vergleich zu S. bedarf er dennoch eines etwas engeren Rahmens in Form einer erhöhten Kontaktdichte und einer Einbindung in Aushandlungsprozesse bei klarer Grenzsetzung.

Ebenso können wir nach dem Risikoprinzip vorsichtige Aussagen zu den Fallbeispielen F. und Herr X. treffen. Bei beiden Fällen handelt es sich um Klienten mit einer Abhängigkeitserkrankung. Ob und inwiefern diese als weiteres Risiko bewertet werden kann, gestaltet sich unterschiedlich. Bei F. scheinen die protektiven Faktoren (Schutzfaktoren) zu überwiegen. Er hat eine abgeschlossene Ausbildung, scheint auf ein stützendes familiäres wie auch freundschaftliches Netzwerk zurückgreifen zu können und eine Zurückstellung der Strafe nach dem § 35 StGB erscheint erfolgsversprechend. Seine Drogendelikte bewegten sich im Bereich der Beschaffungskriminalität. Eine Gefahr für „Leib und Leben Dritter" würde erst einmal nicht von F. ausgehen. Dennoch bleiben der Umgang mit Krisen und eine weitere Suchtbehandlung (Umgang mit Rückfällen) maßgeblich für eine zukünftige positive Legalprognose. Bei Herrn X. haben wir es mit einer Vielzahl an sogenannten „Problembündeln" zu tun und der Blick auf protektive Faktoren erscheint erschwert. Er gilt als „lifecourse-persistent-offender" (LPO), und unbehandelt ist eine weitere Gefahr auch schwerer Straftaten wahrscheinlich. Auf den ersten Blick erscheint die Perspektive auf protektive Faktoren oder gar „gesunde Anteile" erschwert, daher gilt auch hier: Nicht das alleinige Aufzählen von Risikofaktoren und ein bloßes kategoriales Einordnen in „LPO vs. APO“ wäre hier angebracht. Vielmehr geht es bei Herrn X. um einen realistisch zugewandten Blick auf sein Gewordensein. Als Fachkräfte rechnen wir mit einer herausfordernden Beziehungsgestaltung und einem verstärktem Kontrollauftrag hinsichtlich der Auflagen im Rahmen der Führungsaufsicht. Kürzere Phasen der Stabilisierung als erste kleine Schritte sind zunächst erfolgversprechendere Ziele als längerfristige Abstinenzphasen.

Das Bedürfnisprinzip

Das Bedürfnisprinzip verlangt eine Abstimmung auf den Einzelfall. Es kann nicht darum gehen, bei jedem straffälligen Menschen nach einem „Breitbandprinzip“ alle möglichen Bereiche abzuhandeln, die im Einzelfall gar nicht relevant sein müssen. Natürlich gibt es bei Straftäter:innen häufig anzutreffende problematische Eigenheiten wie: Mangel an sozialen Kompetenzen, Externalisieren von Verantwortung, mangelnde Affekttoleranz, vor allem bezüglich Wut und Ärger, oder die Unfähigkeit, Konsequenzen des eigenen Handelns zu antizipieren. Andererseits liegen der Straffälligkeit oft auch recht unterschiedliche Ursachen zugrunde, wobei die psychologischen Hintergründe einer Tatdynamik bzw. der straffälligen Person durch die juristische Etikettierung beispielsweise als Gewalttat eher verdeckt werden[39]. So liegen bei einem/einer Gewalttäter:in eher Schwierigkeiten in der Impulskontrolle vor, während beim anderen vorwiegend antisoziale Peerkontakte und entsprechende Werthaltungen internalisiert wurden und bei einer dritten Person eher eine Aggressionshemmung ursächlich ist, die zu einer eruptiven Entladung geführt hat. So ist es wichtig, die Bedingungsfaktoren von Straftaten zu analysieren und eben eine Delikthypothese zu formulieren, um dementsprechend einen individuellen Behandlungsplan erstellen zu können. Dabei kann im spezifischen Fall die Behandlungsplanung bzw. Fokusbildung durchaus herausfordernd sein, wenn bei Multiproblemlagen zunächst zu überlegen ist, welches Problem als erstes anzugehen ist. Eine weitere Frage wird anhand der Übersetzungsmöglichkeiten des englischen Begriffs „need“ deutlich. Wird er mit „Bedarf“ über-

---

39 Ganz ähnlich verhält es sich mit der Unterscheidung zwischen Gewalt- und Sexualdelikten. Aus juristischer Sicht stellen die Delikte unterschiedliche Straftatbestände dar und z. B. in der subkulturellen Hierarchie einer JVA, der Wahrnehmung in der Öffentlichkeit, aber auch in der Wahrnehmung von vielen Behandler:innen handelt es sich um völlig verschiedene Dinge. (Gewaltstraftäter:innen haben i. d. R. keine Repressalien zu fürchten, Sexualstraftäter:innen mitunter schon.) Diese Unterschiede sind aus Sicht der psychologischen Phänomenologie jedoch teilweise eher gering, weil ganz ähnliche Probleme, Dynamiken und Motive zum Tragen kommen können und sich somit die Behandlung gar nicht so sehr unterscheidet.

setzt, handelt es sich um eine von außen, also durch die Behandler:innen festgelegte Kategorie und meint eben nicht eine weitere Übersetzungsmöglichkeit, nämlich das „Bedürfnis" eines/einer Klient:in. Im besten Fall decken sich die festgestellten kriminogenen Faktoren mit den Bedürfnissen der Klient:innen, was aber in jedem Fall im Rahmen einer dialogischen Zielformulierung (Pauls 2011, S. 190) festgestellt und abgeglichen werden sollte. Dabei sind insbesondere folgende Faktoren behandlerisch in den Fokus zu nehmen:

- antisoziale Persönlichkeitsmuster (Impulsivität, Störung von Selbstkontrolle und -management, mangelnde Affekttoleranz abenteuerliche Vergnügungssucht, rastlose Aggressivität, leichte Irritierbarkeit)
- Mangel an sozialen Fertigkeiten, Copingstrategien, Problemlösekompetenz, Planungs- und Antizipationsfähigkeit, rationalem und flexiblem Denken
- antisoziale Kognitionen und Werthaltungen (Rechtfertigungen für Kriminalität, negative Einstellungen zur Justiz, Egozentrik, Externalisieren der Verantwortung, Identifikation mit kriminellen Rollenmodellen)
- antisoziale Peerkontakte und problematische Beziehungen
- Alkohol- und Drogenmissbrauch bzw. -abhängigkeit
- Probleme in der Schule bzw. bei der Arbeit
- defizitäre Freizeitaktivitäten (fehlende Einbindung in prosoziale Erholungs- und Freizeitaktivitäten)

Gerade hier zeigt sich, dass die in der Sozialen Arbeit häufig geforderten „Maßanzüge von Hilfen" (vgl. Früchtel & Budde 2006, S. 219 f.) das Ideal darstellen. Auch gilt die zuvor angesprochene Unterscheidung von Bedarf und Bedürfnis, also: „Welchen Bedarf sehe ich als Fachkraft?" vs. „Welches Bedürfnis – nicht zu verwechseln mit Wunsch – hat der/die Klient:in wirklich?". Hilfreich erscheinen Bezugnahmen der Psychologie. Aus bindungstheoretischer Perspektive stellt sich z. B. die Frage, welche Bindungserfahrungen eine Person gemacht hat und inwiefern das aktuelles Verhalten, möglicherweise hier sogar spezifisch „Beziehungsverhalten" der professionellen Fachkraft gegenüber, Hinweise liefert, welche Bedürfnisse (zum Beispiel: Anerkennung, Wertschätzung, Abgrenzung, Schutz vor weiteren Traumata etc.) bei der/dem Klient:in vorhanden sind? (vgl. Milch & Sahhar 2010, S. 50). Aus psychodynamischer Perspektive, könnten wir Sucht-Verhalten dahingehend analysieren, welches psychologische Grundbedürfnis der Konsum von Suchtmitteln erfüllt (zum Beispiel: innere Leere füllen, „Lust"/„Unlust", innere Wärme fühlen) (vgl. Nitzgen 2003, S. 67). Ein systemischer Ansatz würde danach fragen, auf welche Fehlfunktionen kriminelles Verhalten im System hinweist, wo hier die jeweiligen Bedürfnisse unerfüllt sind und wer letztendlich – auch stellvertretend – Symptome zeigt (vgl. Fiegl & Resnicek 2000, S. 235).

Es geht hierbei nicht unmittelbar darum, den einen „richtigen" Ansatz

(Therapieschule) zu finden, sondern methodische Ansätze formulieren und begründen zu können. Dabei gilt, dass Hypothesen immer auch als solche gesehen werden und einer regelmäßigen Überprüfung bedürfen. Die Behandlung von straffälligem Verhalten ist somit nicht statisch, im Idealfall auf den Einzelfall hin angepasst und transparent mit der/dem Klient:in abgestimmt (vgl. Ludwig 2014, S. 178).

Das Ansprechbarkeitsprinzip

Die Adressierung der Klient:innen, also ihre Ansprache, sollte auch die kulturellen und subkulturellen Hintergründe der Straftäter:innen berücksichtigen, damit die Straftäter:innen sich adäquat adressiert fühlen und ein Transfer der Behandlung in ihre Lebensrealität gelingen kann. Dabei müssen jedoch kriminogene Milieus mit entsprechenden Werthaltungen und Kognitionen angesprochen und hinterfragt werden. Das Ansprechbarkeitsprinzip wurde in stationären Settings häufig verletzt, indem in der Straftäter:innenbehandlung passende Teilnehmer:innen zu den Behandlungsprogrammen ausgewählt wurden, was zur Folge hatte, dass mitunter besonders problematische Untergruppen herausfielen. So bemerkte Rasch (1985, S. 326) kritisch: „Die derzeitige Praxis birgt die Gefahr, dass man sich auf Seiten der Therapeuten eine Klientel zusammenstellt, die den therapeutischen Fähigkeiten des Personals entspricht, jedoch nicht Therapieverfahren entwickelt, die sich nach den tatsächlichen Bedürfnissen der Klienten richten." Es geht also darum, Therapiemethoden und -module zu entwickeln, die auch für „schwierige" Gefangene geeignet sind, z. B. für Gefangene mit begrenzten kognitiven Ressourcen. Auch die Kerngruppe dissozialer Straftäter:innen, die sogenannten „Psychopath:innen", galten lange als unbehandelbar; jetzt versucht man zunehmend, auch für sie geeignete Interventionen zu entwickeln.

Ab Kapitel 10 werden wir uns nochmals vertiefter mit dem Prinzip der Ansprechbarkeit auseinandersetzen und auf die Frage „Was wirkt wie?" unter Fallbezügen, „Was wirkt wie bei wem?", zurückkommen.

Kurz zusammengefasst

Als Grundlage einer tragfähigen Arbeitsbeziehung kommt es auf die Kompetenz der Behandler:innen an, Zwangskontexte konstruktiv zu nutzen. Die Betreuungsintensität ist an das Rückfallrisiko anzupassen: Klient:innen mit einem erhöhten Rückfallrisiko sollen engmaschiger und auf ihre Bedarfe hin abgestimmte Behandlung erfahren. Dies stellt Fachkräfte vor Herausforderungen, da gerade Klient:innen in Multiproblemlagen mit einem erhöhen Rückfallrisiko als „schwer erreichbar" gelten. Die Behandlung ist bestmöglich auf das Risiko, die Bedarfe und die Ansprechbarkeit der Klient: innen abzustimmen und auf deren Lernerfahrungen, Motivation, Fähigkeiten und Stärken hin anzupassen.

7 Risiko- und Ressourcenorientierung

Beelmann und Raabe (2007) betiteln Risiko- und Schutzfaktorenmodelle als kriminologische Entwicklungslinien, die seit den 90er Jahren des letzten Jahrhunderts sukzessive, vor allem im deutschsprachigen Raum eingeführt wurden und durch (auch kritische) Diskurse eine weitere Ausgestaltung erfuhren. Durch die Betitelung – Risiko wie auch Schutz- oder protektive Faktoren – wird ebenfalls eine recht unterschiedlich geführte Debatte über Sinn und Zweck von Hilfe und Kontrolle, sozialer Diagnostik, deren Anwendbarkeit unter den jeweilig herrschenden wohlfahrtsstaatlichen Ausgestaltungen geführt. Gesamtgesellschaftliche Debatten, wie ein stärkerer Fokus auf „Punitivität (Bestrafung)" vs. „Integration und Inklusion", finden ähnlichen Einzug, wie Debatten um Zwang und Zwangskontext und das Spannungsfeld von Hilfe und Kontrolle. Vertreter:innen der Risiko- und Ressourcenorientierung (vgl. Klug 2014; Mayer & Trauthardt 2014, S. 132) betonen dabei vor allem den interaktiven Prozess, wenn es letztendlich um die konkrete Ausgestaltung von Hilfe und Behandlung gehen soll. So betonen auch Beelmann und Raabe (2007), dass die Orientierung an den Risiken wie auch den Ressourcen der Entwicklung des Individuums in seinen sozialen Bezügen und der Entstehung, dem Verlauf und der Beendigung von Delinquenz und Kriminalität Rechnung tragen soll. Dabei gilt wiederum: Kriminalität und Menschen, die straffälliges Verhalten zeigen, sind immer auch in eine sich verändernde Umwelt eingebunden und agieren in ihren lebensweltlichen Bezügen. So sind sie immer auch als Koproduzent:innen der Behandlung zu sehen. Wir werden uns nun sowohl den „Risiko- und Schutzfaktoren" wie auch den „Ressourcen" zuwenden.

7.1 Risiko und Risikofaktoren

Als Risiko wird eine bestehende Gefahr betitelt, dass in Zukunft ein schadenbringendes Ereignis eintreten könnte. Ob es allerdings dazu kommt, bleibt ungewiss (vgl. Hart, Kropp & Laws 2003). Bei der Betrachtung von Risiko ist also eine gewisse „Kann-Wirkung" präsent. Bisher haben sich unstrukturierte, tendenziell intuitive Risikoeinschätzungen gegenüber statistischen Vorhersagen als die schlechteren Verfahren erwiesen (vgl. von Franqué 2013, S. 357). Rein statistische Aussagen wiederum treffen aber nicht immer die Besonderheiten eines Einzelfalles. Mittlerweile haben sich eine Vielzahl an unterschiedlichen kriminalprognostischen Verfahren mit unterschiedlichen Spezialisierungen und Gewichtungen herausgebildet.[40] Sie alle versuchen auslösende Faktoren und biographisch relevante Gegebenheiten herauszufiltern, die es möglich machen, eine Grundlage für einen sinnhaften Behandlungsplan zu schaffen (vgl. Gretenkord 2013, S. 21).

Nach Andrews und Bonta (2010) werden als wichtigste Risikofaktoren („Central Eight“) für künftige Straffälligkeit bezeichnet:

1. Eine Vorgeschichte antisozialen Verhaltens (statischer Faktor).
2. Eine Antisoziale Persönlichkeit, also dissoziale Persönlichkeitsanteile (→ Kapitel 2). Die von Hare in der PCL-R erfassten Merkmale der Psychopathie sind eine Art Goldstandard bei der Vorhersage künftiger Straffälligkeit.
3. Antisoziale Einstellungen (Überzeugungen und Werthaltungen, die z. B. Gewalt legitimieren oder sexuelle Übergriffe verharmlosen).
4. Ein antisoziales Umfeld, das kriminelle Verhalten verstärken kann.
5. Schlechte Schulbildung und geringe Chancen auf den Arbeitsmarkt, weil Quellen für narzisstische Gratifikation und finanzielle Einkünfte fehlen.
6. Suchtmittelmissbrauch und -abhängigkeit.
7. Beziehung zu und Reaktion von Partner:innen (Erwachsene) und Eltern (Jugendliche) auf antisoziales Verhaltens.
8. Problematisches Freizeitverhaltens (geringes Engagement in nicht-kriminellen Aktivitäten).

Für professionelle Fachkräfte zeigen sich einige Ansatzpunkte eines strukturierten Vorgehens, das vereinfacht nach dem Basler Prognose-Instrument/ Dittmann-Liste (Schmitt & Nilsche 2013, S. 324) mit folgenden Schritten dargestellt wird:

1. Analyse der Anlasstat(en)
2. Bisherige Kriminalitätsentwicklung (zum Beispiel: früher Beginn der Straffälligkeit)
3. Persönlichkeit (zum Beispiel: Empathiefähigkeit, Impulskontrolle)
4. Einsicht in Erkrankung oder Störung
5. Soziale Kompetenz
6. Spezifisches Konfliktverhalten
7. Auseinandersetzung mit der Tat (zum Beispiel: Schuldeinsicht)

---

40 Einen guten Überblick zu Kriminalprognoseverfahren, auch hinsichtlich von Vor- und Nachteilen, sowie einer Einschätzung zur Anwendbarkeit für Soziale Berufe sind zu finden in: Rettenberger & von Franqué (2013): Handbuch kriminalprognostischer Verfahren. Göttingen: Hogrefe.

8. Allgemeine Therapiemöglichkeiten
9. Reale Therapiemöglichkeiten
10. Therapiebereitschaft
11. Sozialer Empfangsraum bei Lockerungen, Hafturlaub, Entlassung
12. Bisheriger Verlauf nach der/den Tat/en

Insgesamt finden sich innerhalb dieser zwölf Kernbereiche 84 Items, die auf günstige und ungünstige Faktoren hinsichtlich der weiteren Entwicklung der Klient:innen zur Einschätzung herangezogen werden (vgl. Schmitt & Nilsche 2013, S. 324). Die durchaus beträchtliche Anzahl an Items begründen Ermer & Dittmann (2001, S. 76) damit, dass hier sowohl dynamische Faktoren (höhere Veränderbarkeit), statische Faktoren (keine Veränderbarkeit) als auch Parameter aus den Bezugswissenschaften der Kriminologie, Soziologie, Psychologie und Psychopathologie abgedeckt werden. Wichtig hierbei ist, dass dieses Instrument dazu entwickelt wurde, frühzeitig die *Gemeingefährlichkeit* von Straftäter:innen einschätzen zu können. Der Hauptfokus liegt somit auf dem Deliktbereich der Gewalt- und Sexualstraftaten, es wurde ursprünglich als Check-Liste für Lockerungsentscheidungen in Haft- und Maßregelvollzug entwickelt. Mittlerweile findet das Baseler-Prognose-Instrument/Dittmann-Liste im deutschsprachigen Raum sowohl in Maßregelvollzugsanstalten wie auch in der Bewährungshilfe (in der Mehrzahl der Bundesländer) Anwendung. Im Vergleich zu den meisten aktuarischen (rein auf statischen Daten basierend – hoch klassifikatorisch) Prognosen-Schemata ist die Dittmann-Liste weniger standardisiert und orientiert sich ausschließlich am Einzelfall (ein gewisser Anteil an interpretativem Vorgehen der Fachkraft ist ebenfalls gegeben). Wir merken an dieser Stelle, dass zwar der Fokus auf Risiko und Risikofaktoren gelegt ist, dies jedoch allein nicht ausreicht, um den Besonderheiten der individuellen Entwicklungsverläufe der Klient:innen gerecht zu werden. Dabei ist dieses Prognoseschema nicht ohne Kritik: Die Dittmann-Liste nimmt keine explizite Alterseingrenzung vor, ist jedoch sehr auf biographische Faktoren hin ausgerichtet, daher erscheint eine Anwendung für jugendliche Straftäter:innen nicht so geeignet. Zum Beispiel zeigen die in Kapitel 1 aufgeführten Merkmale von Jugend und Jugendkriminalität einige Besonderheiten in Abgrenzung zur Erwachsenenwelt (vgl. Schmitt & Nilsche 2013, S. 325). Hier schon beispielsweise von einer Kriminalität als „eingeschliffenes Verhaltensmuster" zu sprechen würde der Situation der Jugendlichen nicht gerecht bzw. würde eine negative Zuschreibung von außen (labeling) durch professionelle Fachkräfte bedeuten. Ähnliche Vorsicht für nicht geschulte Anwender:innen dieser Checkliste gelten für geschlechts-, kultur- und ethnospezifische Kategorien (ebd., S. 325).

Eine Langzeitstudie zu Fragestellungen der Anwendbarkeit und ob die Dittmann-Liste ihrer Intention, diejenigen Straftäter:innen herauszufiltern, bei denen von einer erhöhten Gefährlichkeit ausgegangen werden kann, brachte jedoch als Ergebnis, dass es Sozialarbeiter:innen in der Bewährungshilfe sehr wohl gelingt, das Prognoseschema sinnhaft anzuwenden; eine Verkürzung auf wenige Items, wäre zu empfehlen (vgl. Mokros & Nitschke 2018). Die richtige Anwendung erfordert allerdings einiges an psychologischen, forensisch-psychiatrisch und kriminologischen Grundwissen (vgl. Schmitt & Nilsche 2013, S. 326). Einige Auszüge aus dem Verfahren, wie in Tabelle 4 dargestellt, bilden zum Beispiel stark biographische und entwicklungspsychologische Kriterien ab.

Tab. 4: Statische Faktoren

	günstig	unbek.	unzutr.	ungünstig	
☐	soziales Herkunftsmilieu	☐	☐	ungünstiges Herkunftsmilieu	☐
☐	Intakte Herkunftsfamilie	☐	☐	nicht intakte Herkunftsfamilie	☐
		☐	☐	Straffälligkeit der Familienmitglieder	☐
☐	abgeschlossene Schulausbildung	☐	☐	fehlender Schulabschluss	☐
☐	abgeschlossene Berufsausbildung	☐	☐	fehlende Berufsausbildung	☐
☐	stabile Arbeitsverhältnisse	☐	☐	häufig abgebrochene Arbeitsverhältnisse	☐
☐	weitgehend unauffällige Persönlichkeitsentwicklung	☐	☐	seit Kindheit oder Jugend bestehende Verhaltensauffälligkeiten	☐

Quelle: Anhang 3 der Qualitätsstandards der bayrischen Bewährungshilfe. 9. Auflage

Fallbezug zu A.

Diskutieren wir nun an dieser Stelle diesen Auszug an Items anhand von folgenden Leitfragen:

➢ Findet sich bei A. ein *ungünstiges Herkunftsmilieu?*

Von A. wissen wir, dass er häusliche Gewalt miterlebt hat und selbst Betroffener davon ist. Dies deutet auf familiäre Disharmonie/Erziehungsdefizite hin, ferner hat der ehemalige Realschüler (er schien durchaus zu einem Zeitpunkt seiner Schullaufbahn als leistungsorientiert) Probleme in der Schule und sein Lebensmittelpunkt scheint „die Straße“ zu sein. Etwas zu vorschnell würden wir vorgehen, wenn wir uns nun voreilig auf die Gewalterfahrung in Kindheit und Jugend stürzen würden. Nur weil A. Gewalt erlebt hat und sich in einer jugendlichen Subkultur bewegt, heißt das noch nicht, dass auch weitere Straftaten rein mit der Gewalterfahrung in der Kindheit begründet werden könnten und somit wahrscheinlicher auftreten. Vielmehr müssten wir den Zusammenhang (vom Anlassdelikt ausgehend) zu seinen Gewaltstraften und seinen biographischen Lebensbezügen betrachten. So kann es sein, dass die Aggressionen, die A. zeigt, eher auf eine sogenannte „Street-Credibility“[41] hinweisen als unmittelbar auf Erziehungsdefizite. Kommen wir jedoch zur Einschätzung, dass sich A. aufgrund seiner familiären Vorgeschichte einer gewaltaffinen Subkultur angeschlossen hat, um seine Kindheitserfahrungen zu „re-inszenieren“, dann würde die Bearbeitung der Kindheitserfahrungen in den Vordergrund unserer Überlegungen rücken. Von A. wissen wir, dass er zwar als „Straßenjugendlicher“ eine Nische gefunden hat, die Straftaten sich dennoch im Peer-to-Peer-Kontakt bewegten und hier keine weiteren Hinweise auf kriminelle Gangstrukturen auftauchten. Die Empfehlung nach § 10 JGG, dem Jugendlichen einen Betreuungshelfer zur Seite zu stellen und ihn in diesem Verfahren möglichst durch Mitbestimmung „abzuholen“, erscheint für eine weitere Förderung von Kompetenzen sinnvoll. Mit diesem Vorschlag werden verschiedene Schutzfaktoren in den Blick genommen: Soziale Unterstützung durch nicht delinquente Personen, das Gefühl von Sinn und Struktur im eigenen Leben kann erarbeitet werden und im besten Falle steht bei Krisen ein „significant caring other“ zur Verfügung. Der Sanktionsvorschlag ist somit diagnostisch abgeleitet und die systematische Erfassung und Analyse von Risiko- und Schutzfaktoren stellt gleichsam das Handlungsprogramm für die weitere Behandlung dar. Konkret handelt es sich bei A. nicht um ein ungünstiges Herkunftsmilieu.

- Findet sich bei A. eine *nicht-intakte Herkunftsfamilie?*

Im Fall A. können wir von einer konflikthaften Trennung der Eltern ausgehen, was sich sicherlich für A. als krisenhaftes Miterleben darstellt und als Gefährdungssituation bewertet werden könnte (vgl. Spröber-Kolb 2022, S. 55). Jedoch gibt es keine Hinweise, dass bis zu diesem Zeitpunkt A. in früher Kindheit einer sogenannte „Broken-home-Situation“ mit „worst-childhood-experiences“ ausgesetzt war. Daher wird hier dieses Item mit „günstig“ bewertet werden.

41 Straßenglaubwürdigkeit – Bedeutung: Jemand kennt die Regeln der „Straße“, ist in marginalisierten Verhältnissen großgeworden und kann sich innerhalb der „Straßenkultur“ Respekt verschaffen.

- Deuten *Schulausbildung, Berufsausbildung* und *Arbeitsverhältnisse* bei A. auf Risiken hin?

Die stark biographische Ausrichtung der Dittmann-Liste in Bezug auf Schulabschluss und Ausbildung kann bei einem jungen Menschen mit 15/16 Jahren noch nicht bewertet werden, hier müssten wir uns äquivalent der allgemeineren Leistungsbereitschaft und dem Freizeitverhalten widmen, um an dieser Stelle Hinweise zu erlangen. A. lebte zwar mehr oder minder ein „Straßenleben", von Freunden aushalten lassen wollte er sich aber dennoch nicht. Temporär nahm er daher gezielt Gelegenheitsjobs an und zeigte ansonsten durchaus Interesse an Kunst und Kultur.

- Liegt bei A. ein *nicht-förderliches* Freizeitverhalten zugrunde?

Zwar könnte man auf dem ersten Blick annehmen, er ginge einer nicht-förderlichen Freizeitbeschäftigung nach, dennoch müssten wir Fachkräfte hier im Sinne von Lothar Böhnisch das „Herumlungern" als „Verharren in Gelegenheitssituationen" etwas genauer in den Blick nehmen (zu finden bei U. Deinet, www.sozialraum.de; der offene Bereich als Aneignungs- und Bildungsraum). Der Entwicklungsphase der Jugend und die dieser Phase zugeordneten Entwicklungsaufgaben (z. B. Loslösung vom Elternhaus, Peer-to-Peer-Kontakte, Erprobung neuer Rollen) sind hier in der Entscheidung Rechnung zu tragen. Beispiele für ein nicht-förderliches Freizeitverhalten wären (Herrn X. hier vorgegriffen) Kontakte zu wesentlich älteren Freund:innen und die Zugehörigkeit zu kriminellen Gangs. Dies trifft bei A. nicht zu und somit wäre auch dieser Punkt mit *günstig* zu bewerten.

Fallbezug zu Herrn X.

Bei Herrn X. (Kapitel 1.3) erscheinen seine Erfahrungen in früher Kindheit und Jugend (halt- und strukturloses Aufwachsen) sich bis ins Erwachsenenleben auszuwirken. Unter Bezugnahmen auf die Lerntheorie und die Bindungstheorie stoßen wir auf mögliche psychologische Erklärungen. Die in der Kindheit erlebten Partnerprobleme der Eltern, eine gestörte Eltern-Kind-Beziehung mit Gewalterfahrungen und ein damit fehlendes Modell für angemessene Konfliktlösung können zur Ausbildung einer latenten Grundbeeinträchtigung führen. Im Erwachsenenalter setzten sich diese „gelernten" Muster und Strategien fort (vgl. Hahn 2007, S. 173), z. B. in Form von aktuellen partnerschaftlichen Konflikten, oder ähnliche Erziehungspraktiken bei den eigenen Kindern. Auch wissen wir, dass Herr X. bereits sehr früh mit straffälligem Verhalten auffällig wurde. Noch bevor er strafmündig wurde, war er bereits mehrfach polizeibekannt. Beide Wissensbestände – *früher Beginn straffälligen Verhaltens* („early starter") und die unsicheren Bindungserfahrungen im Kindes- und

Jugendalter – werden in der Prognose für zukünftiges kriminelles Verhalten sehr stark ins Gewicht fallen und mit „ungünstig" bewertet werden. Auch trifft bei Herrn X. ein *nicht förderliches Freizeitverhalten* zu. Sehr früh gerät er in eine gewalt- und drogenaffine Szene und sucht Kontakt zu wesentlich älteren Freund:innen. Zusammenfassend würden die Items *früher Beginn von Straffälligkeit, ungünstiges Herkunftsmilieu, nicht-förderliches Freizeitverhalten* mit ungünstig bewertet werden.

Anregungen zur Fallreflexion

Dennoch bleibt auch in dieser Biographie zu analysieren, wo es Momente gab, die auf mögliche Ressourcen hindeuten. Was hat geklappt, dass er – zwar in Haft – seinen Hauptschulabschluss nachholen hatte können?

Der Beziehungsgestaltung und dem „Aushalten von Herrn X." wird über eine lange Zeitdauer eine Bedeutung zukommen, wenn auch mit Unterbrechungen (zum Beispiel: Wiederinhaftierung) gerechnet werden muss, um weitere Gewaltspiralen zu unterbinden.

Praxistipp

Eine generelle Schwierigkeit einer jeden Prognostik sind die zeitliche Dimension und die Abnahme der Genauigkeit, je längerfristig wir eine Aussage für die weitere Zukunft generieren wollen. Mit zunehmendem Zeithorizont erhöht sich automatisch die Anzahl an unvorhersehbaren Möglichkeiten und Ereignissen, welche zum Zeitpunkt der Einschätzung noch gar nicht benannt werden können (vgl. Hahn 2007, S. 143). Empfohlen wird daher, die Aussagen zeitlich enger zu fassen (etwa bis zu drei Monate) und die Liste immer wieder im Hinblick auf neue Erkenntnisse zu überprüfen (empfohlen: Sechs-Monats-Rhythmus).

Auch können Risikofaktoren nicht gegen protektive Faktoren „ausgezählt" werden. Im Baseler Interventionsprogramm/Dittmann-Liste bedeutet das eben nicht, dass die Items in den jeweiligen Spalten gezählt werden, um zu einem Ergebnis zu kommen. Es geht vielmehr um eine auf den Einzelfall hin angepasste Einschätzung über die aktuelle Gefahr für weitere Straffälligkeit. Mit der Leit-Frage: „Was überwiegt, wie stark, in welchen Zusammenhängen?" werden hier Antworten gesucht.

7.2 Schutzfaktoren und Ressourcen

Die in der Klinischen Psychologie und Klinischen Sozialarbeit allgemein anerkannte Tatsache, dass Ressourcenaktivierung wesentlich den Behandlungserfolg beeinflusst, setzt sich im Rahmen der Straftäter:innenbehandlung erst langsam durch (Suhling 2007). Die Fixierung auf Defizite drängt sich bei Straffälligen geradezu auf. Aber auch sie haben Ressourcen, die es in der Behandlung zu entdecken und zu fördern gilt. Oft wurde angemerkt, dass Gefangene nicht resozialisiert, sondern überhaupt erst sozialisiert werden müssen. Ressourcen wurden ihnen also weitgehend abgesprochen. Hahn (2012, S. 512ff.) unterscheidet

- *Statische Schutzfaktoren:* Hinweise auf Ressourcen, die in Kindheit, Jugend und stabilen Phasen des Erwachsenenlebens erworben wurden und in der Therapie/Behandlung reaktiviert werden können.
- *Dynamische Schutzfaktoren:* Hinweise auf Ressourcen, die im Rahmen der aktuellen Lebenssituation zur Verfügung stehen als in der Person begründete personale Faktoren oder als soziale Ressourcen, die das Umfeld bereitstellt.

Wichtig ist an dieser Stelle zu erwähnen, dass Schutzfaktoren zwar eine puffernde Wirkung auf Risikofaktoren haben und auf Resilienz hindeuten können (Ludwig 2014, S. 186), jedoch noch nicht per se als Ressourcen betitelt werden können. Vereinfacht kann man sagen, dass Schutzfaktoren dann zu Ressourcen werden können, wenn der/die Klient:in eine Ressource als solche für sich erkennt und interpretiert (vgl. Hahn 2012, S. 332).

7.3 Desistance und das Good-Life-Modell

Fallbeispiel M. – vom Räuber zum Junkie zu „meine Familie, mein Haus, mein Baum“

M. war 19, als er für drei Jahre und sechs Monate inhaftiert wurde. Grund waren einige Vorverurteilungen und final ein Raubüberfall, den er gemeinsam mit einem Freund verübt hat. Die Hintergründe der Tat beschrieben die jungen Männer mit „Geldmangel“ und „die Gelegenheit bot sich, mit Baumaschinen als Raubgut gutes Geld machen zu können.“ Vor der Haft konnte M. eine Lehre zum Maler und Lackierer im Betrieb seines Onkels abschließen und versuchte über einen gemieteten Food-Truck ein Nebengewerbe aufzubauen. Dieses scheiterte, zurück blieben Schulden beim Finanzamt. Seine damalige feste Freundin verließ ihn schon während der polizeilichen Ermittlungen, sie war damals mit seinem Kind schwanger. Während der Haft begann M. Heroin intravenös zu konsumieren („aus Langeweile und weil's da war“). Nach der Haft ging er eine Beziehung zu einer ebenfalls heroinabhängigen jungen Frau ein. Das Pärchen wurde beim Verkauf von Heroin erwischt, M. entschied sich für die Zurückstellung der Strafe nach § 35 BtmG und beendete noch vor Therapiebeginn die damalige Beziehung. Nach erfolgreichem Beenden der Therapie versuchte er in seinem alten Beruf als Maler erneut Fuß zu fassen und kümmerte sich verstärkt um die Beziehungsaufnahme zu seinem Sohn (der während seiner Haftzeit geboren worden war). In Verbindung damit fand er auch mit der Mutter des Kindes wieder zusammen und beide versuchten – mit familiärer Unterstützung – einen Neustart. Der Weg aus der Abhängigkeit gestaltete sich mit Aufs und Abs. „Einmal Junkie, immer Junkie, oder kennen Sie jemanden, der es geschafft hat? Es ist immer ein Spiel gegen den Abstieg!", sagte M. und brachte eine negative Selbstzuschreibung zum Ausdruck. Die Abwärtsspirale konnte jedoch im familiären Kontext sehr gut aufgefangen und durch ambulante Nachsorge bearbeitet werden. Zum Ende der fünfjährigen Bewährungszeit erschien M. (mittlerweile Anfang 30) einmal sehr verstört: „Ich bin gerade am Bahnhof überfallen worden", bei der Polizei habe er Anzeige erstattet, ihm sei von einem Unbekannten ein Messer vorgehalten worden, daraufhin habe er schnell seinen Geldbeutel rausgerückt. Im Zuge der Ermittlungen stellte sich heraus, dass der Täter selbst an einer Suchterkrankung litt und die Tat als Beschaffungskriminalität, wohl aus einem akuten Suchtdruck heraus, begründet wurde. „Der war drauf, als er mich überfallen hat... und ich hab's nicht gemerkt, ein Junkie müsste doch einen anderen Junkie erkennen" – diese Erkenntnis nahm M. als Beispiel, dass er dort (gemeint: Drogenszene) wohl auch nicht mehr länger als „Ehemaliger" dazugehört und ergänzte humorvoll, dass „er jetzt wohl nicht mehr für den Klassenerhalt spiele, sondern aufgerückt sei in die 1. Liga! Das ist gut, ich will doch meiner Familie etwas bieten und so schaffe ich das auch."

Was wir bisher wissen: Risikofaktoren können, müssen aber nicht, auf ein weiteres strafrechtlich relevantes Verhalten hindeuten. Schutzfaktoren können dabei als Art Puffer gelten. Auf einen langfristigen Ausstieg aus kriminellen Karrieren deuten sie aber erst einmal noch nicht hin. Dazu bräuchte es die vom Klienten/der Klientin entdeckten persönlichen Ressourcen. Diese Überlegungen münden letztendlich darin, ob und woran man denn, ähnlich der Risikoeinschätzung, Faktoren ausfindig machen könnte, die auf einen Ausstieg aus Kriminalität hinweisen. Mit diesen Überlegungen befasst sich die Desistance-Forschung und wird als eine sinnhafte Erweiterung von Risiko-Schutz-Ressourcen-Modellen bewertet (vgl. von Franqué & Briken 2013, S. 26). Mit Desistance ist allgemein der komplette Ausstieg aus kriminellem Verhalten gemeint (vgl. Rieker 2016, S. 147). Dabei reicht es noch nicht aus, wenn kriminelles Verhalten lediglich an Bedeutung verliert (Beispiel: aging-out bei Jugendlichen) oder sozial erwünschtes Verhalten durch Maßnahmen im Zwangskontext gezeigt wird (Beispiel: Gefangene die in Haft sehr gut mitarbeiten). Ähnlich wie die Bewertung von Rückfallrisiken bedarf es beim Ausstieg aus Kriminalität der Berücksichtigung von System-Umwelt-Faktoren, intra- und innerpsychischen Abläufen, sozialen Beziehungen und Netzwerken wie auch sozialen Ressourcen sowie professioneller fachlicher Hilfe (ebd.)

„So, ich spendiere jetzt meinem Probanden eine Kontaktanzeige!", so eine ehemalige Kollegin in der Bewährungshilfe. Hintergrund für diese (scherzhaft gemeinte) Idee war die empirisch relativ gut belegbare Erkenntnis nach Stelly und Thomas (2004, S. 33), dass tragfähige soziale Bindungen wesentlich dazu beitragen, dass ehemalige Intensivtäter:innen die Abkehr von kriminellen Verhaltensweisen schaffen. Maruna (2001) weist auf die Bedeutung der individueller Perspektiven und Identität (Selbstbild) von ehemaligen Straftäter:innen für die Beendigung von Delinquenzkarrieren hin und stellt die Selbst-Narrative von „Desistern" und „Persistern" gegenüber. Er kommt zu der Erkenntnis, dass „Persister" eine Selbstzuschreibung vornehmen, die er mit „condemnation script" (Skript der Verdammung) betitelt. Diese Klient:innen würden ihr kriminelles Verhalten mit Misshandlungen in früher Kindheit, einer Drogenkarriere, Schicksalsschlägen, Opfererfahrungen etc. begründen und geben diesen Punkten in ihrer Biographie etwas Unausweichliches („ich bin so gemacht worden"/„kann also selbst nichts verändern"). Bei „Desistern" hingegen fand Maruna heraus, dass diese ein Skript der Erlösung („redemption script") ausbilden und ihre Straftaten insofern in ihr Selbstbild integrieren, um daraus etwas Besseres machen zu können („so bin ich nicht mehr"/„nun bin ich …"). Dies deutet auf einen größeren Anteil an Eigenverantwortung gerade auch für zukünftiges Verhalten hin (vgl. Maruna 2001, S. 184 ff.). Im Fallbeispiel M. finden wir hier den Hinweis auf Verantwortungsübernahme, wie zum Beispiel „ein guter Vater und Ehemann zu sein" und dies durch ein beständiges An-sich-Arbeiten (Beendigung der stationären Therapie mit ambulanter Nachsorge auf freiwilliger Basis; aktives Mitarbeiten Therapie und Beratung; Transfer von in der Therapie erworbenen Fähigkeiten auf Alltagssituationen, Offenheit im Umgang seiner Vorgeschichte, etc.) zu beweisen. Sowohl Stellys und Thomas' wie auch Marunas Erkenntnisse sind nicht frei von Widersprüchen und Kritik. Stabile Paarbeziehungen beispielsweise passieren nicht einfach so, dazu braucht es ein gewisses Maß an sozialen Kompetenzen und Fähigkeiten, um stabile Bindungen herzustellen und aufrechtzuerhalten. Neuere und ergänzende Überlegungen weisen auf die Komplexität von Desistance hin. Die eigene Handlungsfähigkeit, strukturelle Möglichkeiten und Möglichkeiten des helfenden Netzwerkes bedingen sich wechselseitig und ohne einen förderlichen Empfangsraum wird ein kompletter Ausstieg schwierig (vgl. Rieker 2016, S. 149).

Praxistipp

Aus diesen Überlegungen heraus werden konkrete Handlungsvorschläge für die behandelnden Institutionen abgeleitet, wenn es darum gehen soll, Desistance-Prozesse zu fördern. Die Empfehlungen lauten wie folgt:

- Entlassungen aus Haft sollten längerfristig und frühzeitig eingeleitet werden und ebenso entsprechende Anforderungen an die Aufnahmegesellschaft wären zu stellen (Themenbereiche: Wohnen, Arbeit/Ausbildung, ambulante Therapie/Beratung und Entstigmatisierung von Straffälligkeit, Suchterkrankungen und psychischen Erkrankungen).

- Konkrete Hilfe bei Wohnungs- und Arbeitssuche wie auch eine Wiederanbindung an soziale Netzwerke werden nicht nur unter dem Aspekt von altruistischer Zusatzleistung bewertet, sondern als desistance-fördernde Maßnahmen gefordert (vgl. Rieker, Humm & Zahradnik 2016, S. 147).
- Auch hinsichtlich der Länge von Unterstützung und Begleitung durch Fachkräfte wird ausdrücklich eine lange Zeitdauer empfohlen (vgl. Maruna 2001).

Abbildung 5 soll noch einmal verdeutlichen, dass die alleinige Existenz eines Schutzfaktors wie auch eines Risikofaktors nicht ausreicht, um sowohl Desistance wie auch das Verharren in kriminellen Verhalten erklären zu können. Es bedarf vielmehr der Bewertung durch die „betroffene Person“ (hier: Täter:in) selbst. So gibt es einige Risikofaktoren, die die Ausbildung eines negativen Selbstkonzeptes stärker befeuern, so zum Beispiel „worst childhood experience“ und „traumatische Bindungsverfahrungen“, die sich häufiger in den Lebensläufen von Intensiv-Täter:innen abbilden (→ Kapitel 2). Ein Ausstieg aus Kriminalität ist zudem prozesshaft, turbulent und nicht als stringent anzusehen (vgl. Hofinger 2016, S. 250).

Abb. 5: Negativspiralen und Ausstieg aus kriminellen Verhalten

„Resist in Crime“

„Desistance“

Risikofaktoren

Destruktives Selbstkonzept

Ausagieren von Wut und Gewalt → Bestätigung des destruktiven Selbstkonzeptes

Resilienz

Erleben von Selbstwirksamkeit

Wahrnehmen und Nutzen von Ressourcen und protektiven Faktoren vor allem in Krisensituationen

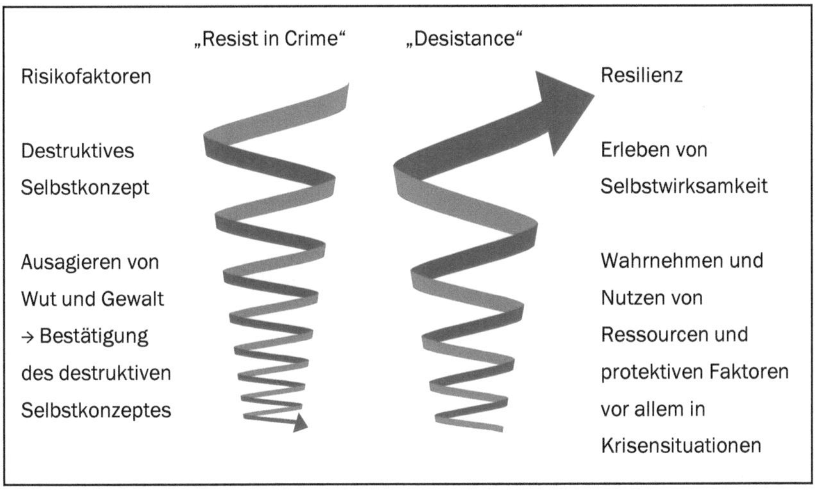

Das Good-Life-Modell

Die zentrale Idee des „Good-Life-Model“ (GLM) ist, dass sich erneute Straftaten bei bereits straffällig gewordenen Menschen vor allem durch eine postdeliktisch zufriedenstellende Lebensführung verhindern lassen. Ein empfohlener Ansatz zur Wiedereingliederung bestünde folglich darin, Klient:innen in einer solchen Lebensführung zu unterstützen (vgl. von Franqué & Briken 2013, S. 23). Eine zentrale Botschaft des GLM-Ansatzes ist, aufbauend auf und ergänzend zu den RNR-Prinzipien, ein konzeptionelles Hinwirken auf re-integrative individuelle Prozesse der zu behandelnden Straftäter:innen. Unter dem Begriff der Re-Integration, oft auch als Rehabilitation oder Resozialisierung betitelt, lehnt sich das Modell an Wade und de Jong (2000, S. 1385 f.) an. Der Prozess der Re-Integration wird als ein aktives Mitgestalten und Erleben der Betroffenen (Täter:innen) gesehen und setzt auf lösungsorientierte Verfahren. Folgende Überlegungen werden dabei betrachtet:

1. *Einschätzung:* Bestimmung von Art und Ausmaß der Probleme eines/einer Klient:ien sowie lösungsrelevanter Faktoren;
2. *Zielsetzung;*
3. *Intervention:* Behandlungsmaßnahmen zur Anregung von Veränderungen und Angebote zur Erhaltung von Lebensqualität und Sicherheit;
4. *Evaluation:* Beurteilung der Interventionseffekte.

Das GLM bietet also einen ähnlich strukturierten Rahmen wie die bereits beschriebenen Vorgehensweisen nach den RNR-Prinzipien und geht davon aus, dass sich Aspekte eines gelingenden Lebens abbilden lassen. Dabei gründet sich das Modell auf Erkenntnisse aus der positiven Psychologie[42]. Die Grundannahme ist, dass Menschen ihr Verhalten und ihr Erleben darauf ausrichten, bestimmte Grundbedürfnisse abzudecken, und nach einem hohen Maß an persönlicher Zufriedenheit streben (vgl. Ward et al. 2012, S. 94). Hierfür spielen primäre Güter (engl.: primary goods) und sekundäre Güter (engl: secondary goods) eine Rolle. Gerade die primären Güter deuten auf intrinsische Motivation hin, stellen so das ultimative Ziel von menschlichen Verhaltensweisen dar und verursachen bei deren Erfüllung seelisches Wohlbefinden. Laws und Ward (2011) unterteilen dabei folgende Aspekte von primären Gütern:

1. *Leben:* körperliche Bedürfnisse und Faktoren, die für ein gesundes Leben und eine physische Funktionsfähigkeit bedeutsam sind;
2. *Wissen:* das Bedürfnis, bestimmte Dinge über sich selbst, andere Personen oder die natürliche Umgebung zu verstehen;
3. *Vortrefflichkeit in Spiel und Arbeit:* das Bedürfnis, Aktivitäten aufzunehmen und sich in diesen fortlaufend zu verbessern;

42 Die positive Psychologie betont, entgegen einem defizitorientierten Blick, die positiven Aspekte des Menschseins (Vertrauen, Glück, Optimismus, Geborgenheit etc.).

4. *Autonomie:* das Bedürfnis, eigene Ziele zu formulieren und diese in selbstbestimmter Art und Weise zu verfolgen, ohne durch andere hierin beeinträchtigt zu werden;
5. *innerer Frieden:* das Bedürfnis, mit Gefühlen umzugehen und einen Zustand emotionalen Ausgleichs erreichen zu können;
6. *Verbundenheit:* das Bedürfnis, warme und liebevolle Beziehungen zu anderen Menschen aufzubauen und aufrechtzuerhalten;
7. *Gemeinschaft:* das Bedürfnis, sozialen Gruppen anzugehören, die die eigenen Werte, Sorgen und Interessen teilen;
8. *Spiritualität:* das Bedürfnis, im eigenen Leben Bedeutung und Sinn zu finden;
9. *Glück:* das Bedürfnis nach Vergnügen, einschließlich sexueller Zufriedenheit sowie der Erfahrung, mit dem eigenen Leben einverstanden und zufrieden zu sein;
10. *Kreativität:* das Bedürfnis nach Neuem und Erfinderischem, anderen Herangehensweisen oder dem Hervorbringen von neuen, künstlerischen oder kreativen Werken.

Aus diesen primären Gütern ergeben sich in individueller Ableitung sekundäre Güter (engl: „secondary goods“). Diese zeigen sich meist in der konkreten Ausgestaltung von unterschiedlichen Lebensweisen und Lebenseinstellungen. So kann es zum Beispiel beim primären Gut „innere Verbundenheit“ zu unterschiedlichen Mustern der Erfüllung dieses Gutes kommen. Eine Person fühlt sich zum Beispiel in einer partnerschaftlichen Liebesbeziehung verbunden (Fallbeispiel M.), andere Menschen setzen eher auf die enge Verbundenheit in tiefen Freundschaftsbeziehung. Auch muss man an dieser Stelle davon ausgehen, dass nicht jedes primäre Gut für jeden Menschen gleichermaßen von Bedeutung ist und die individuellen Bewertungen von den jeweiligen Sozialisationsbedingungen beeinflusst sind. (vgl. von Franqué & Birken 2012, S. 24)

Fallbezug von M.

Bei M. finden wir einige Ableitungen aus der Desistance-Forschung und dem GLM. Beispielhaft können neben dem primären Gut der inneren Verbundenheit (Identifikation als Ehemann und Vater) noch weitere kurz benannt werden. M. fand eine für ihn sinnvolle berufliche Tätigkeit im Malerhandwerk. „Hier kann ich mich ausleben, ich mag es, wenn ich am Abend auf mein Tagwerk zurückschauen kann“ (Vortrefflichkeit in Spiel und Arbeit als Gut). Am schwierigsten empfand er die Aussprache mit seinen Eltern und seiner Ehefrau über seine Beweggründe der Taten. „Hier wollte ich nichts beschönigen, wollte aber für mich reinen Tisch machen, dass ich wieder in den Spiegel schauen kann.“ Diese Aussagen deuten auf ein Skript der Erlösung und inneren Frieden hin. Kriminalität wird nach dem Good-Life-Model als fehlerhafter Versuch verstanden, die jeweiligen Grundbedürfnisse zu befriedigen. Zum Beispiel kann eine Unfähigkeit, Beziehungen zu Gleichaltrigen einzugehen, eine Kompensation der Einsamkeitsgefühle mit übermäßigem Suchtmittelkonsum erklärbar machen. In der praktischen Anwendung des GLM ergeben sich unterschiedliche Vorgehensweisen. Nach einer umfassenden Analyse, welche der Grundbedürfnisse für eine zufriedene Lebensgestaltung eine wichtige Rolle aus Sicht der Betroffenen (Täter:innen) spielen, erfolgt individuell das Erschließen des eigenen Gewordenseins. Ressourcenorientierte biographische Verfahren wie auch kognitiv-behaviorale Methoden erscheinen hierbei durchaus geeignet. Auch das GLM ist nicht frei von Kritik, so braucht es auch hierzu zeitliche Ressourcen und einen hohen Reflexionsgrad auf Seiten der professionellen Fachkräfte (z. B. „Wer hat die Deutungshoheit über ein gelingendes Leben?").

Kurz zusammengefasst

Risikofaktoren und die Einschätzung von weiteren strafrechtlich relevanten Handlungen beschreiben eine Wahrscheinlichkeit, und zielen darauf ab, Behandlungsprogramme zielgerichteter und planbarer zu gestalten. Dabei gibt es ein paar wenige Items, die für einen ungünstigen weiteren Verlauf relevant sein könnten. Dazu zählen ein sehr früher Beginn („early starter") von kriminellem Verhalten, „broken home"-Erfahrungen, die meist von massiven Verlust- und Mangelerfahrungen geprägt waren, und Symptome, die mit einer dissozialen Persönlichkeitsstörung in Verbindung gebracht werden. Schutzfaktoren, ihre Anzahl und Wechselwirkung sind in eine Diagnose inhaltlich einzubinden und die Gesamtwürdigung von Risiko- und Schutzfaktoren erlaubt uns Rückschlüsse auf die Ursachen der Delinquenz/Kriminalität wie auch die Rückfallgefährdung. Diese dürfte dann besonders hoch sein, wenn Risikofaktoren unvermindert weiterwirken, keine oder kaum Schutzfaktoren gegeben sind und auch die strafrechtliche Intervention im Sinne von Resozialisierung Risiken nicht vermindern und Schutzfaktoren nicht aufbauen konnte (vgl. Ludwig 2014, S. 187).

Die Abbildung von Risikofaktoren ist in Checklisten leichter abzubilden als Faktoren, die auf Resilienz und Desistance hindeuten. Es braucht für eine gute soziale Diagnose immer ein tieferes Fallverstehen.

Anregungen zur (Selbst-)Reflexion

- Welche Diagnoseschemata sind Ihnen bekannt?
- Wie würde Sie diese auf ihre Anwendbarkeit hin beurteilen?
- Wie geht es Ihnen, mit dem Ausspruch „... eine Diagnose muss auch ohne auf alle Informationen zurückgreifen zu können, zu einem (vorläufigen) Ergebnis kommen ..."?

8 Beziehungsaufbau und Beziehungsgestaltung

Wie für die allgemeine Psychotherapie (Asay & Lambert 2001; Grawe 2000) muss auch für die Behandlung von Straftätern von einer großen Bedeutung der therapeutischen Beziehung für den Erfolg ausgegangen werden, wobei der häufig vorhandene Zwangskontext und die Probleme vieler Straftäter:innen in der Beziehungsgestaltung besondere Herausforderungen darstellen. Durch die Übergewichtung von manualisierten Trainingsprogrammen droht die Beziehungsgestaltung zu kurz zu kommen. In der Psychotherapieforschung gilt jedoch die Therapiebeziehung als wichtigste Einflussgröße auf die Effektivität von Behandlung, obwohl die üblichen Beziehungskonzepte im forensischen Kontext stark adaptiert werden müssen (Meyer et al. 2019). Für den Bereich der Straftäter:innenbehandlung hat Rehn (2002, S. 33) zur Notwendigkeit der Herstellung einer wertschätzenden Therapiebeziehung prägnant formuliert:

> „Nicht die Konzepte an sich entfalten Wirkung, sondern die Menschen, die sie mit menschenfreundlicher Einstellung und professioneller Haltung kommunizieren. Sie entfalten Wirkung ferner nur, wenn die Umgebung, in der Verhaltensänderungen und Zielmodifikationen erwartet werden, glaubwürdig ist. Das Humane ist die Basis. Wird das vergessen oder nur in Teilen eingelöst, dann ist z. B. das beste Gruppenmanual für die Sexualstraftäterbehandlung nichts weiter als eine blinde Technologie, infiziert von den schrecklichen Vereinfachungen des Zeitgeistes. Sie mag sodann einer überdrehten Kontrollgesinnung entsprechen und zur Bekämpfung und Aussonderung des Bösen taugen, nicht aber als Befähigungsfeld für individuelles Reifen und Wachsen."

Die Helfer:innen selbst und ihre Arbeitsbeziehung zu ihren Klient:innen gelten in der Klinischen Sozialarbeit als „wesentliches Agens" (Pauls 2011, S. 184) und als Basisvariable für den Erfolg jeder psychosozialen Behandlung. Insofern wird die Relevanz der Reflexion des Beziehungsgeschehens für eine Fallbearbeitung unmittelbar deutlich. Tatsächlich stellt die Reflexion der Gegenübertragung eines der wichtigsten diagnostischen Instrumente (Schreyögg 2010) psychosozialer Arbeit bzw. Klinischer Sozialarbeit dar. Die geübte Innenschau in unseren intrapsychischen „Resonanzraum" (Bettighofer 2022, S. 88), ermöglicht die Bildung vielfältiger und oftmals treffender Hypothesen über das Innenleben, die Beziehungsgestaltung und die Bindungserfahrungen unserer Klient:innen.

Um scheinbar nur dysfunktionale Beziehungsinszenierungen unsere Klientel besser deuten und verstehen zu können, kann es in der Praxis dabei hilfreich sein, sich das Ergebnis als *gewollte Konsequenz einer Interaktion* vorzustellen. Kommt es also beispielsweise beim Erstgespräch dazu, dass der Klient von Anfang an sehr unfreundlich und patzig auftritt, sagt, er habe „keinen Bock auf den ganzen Psychoscheiß" und ihm sei „sowieso nicht mehr zu helfen, er habe im Leben nur Schlechtes erlebt", ist das auf den ersten Blick hochgradig dysfunktional, weil er ja die Etablierung einer helfenden und hilfreichen Beziehung verhindert, den/die Behandler:in möglicherweise auch gegen ihn aufbringt, und es keine Ansatzpunkte oder Hoffnung für eine Behandlung gibt. Nimmt man nun aber an, dass eben dieses Ergebnis quasi gewollt wäre, dann könnte die Unfreundlichkeit sinnvoll sein, indem die Behandler:innen auf Abstand bleiben, was vor dem Hintergrund des bereits erwähnten Urmisstrauens in Beziehungen wichtig sein könnte. Die gezeigte tiefe Hoffnungslosigkeit wiederum macht durch ihre Dramatik zwei mögliche Ergebnisse in der Gegenübertragung wahrscheinlich und kann eine Art Beziehungstest darstellen: Entweder die Behandler:innen geben den Klienten auf, der sich dadurch bestätigt sieht in seiner Sicht auf das Selbst als Opfer und auf die anderen als unfähige oder auch unwillige Täter:innen. Oder aber der Klient mobilisiert die Retter:innen-Phantasien der Behandler:innen, die sich besonders viel Mühe geben, weil sie ihm beweisen wollen, dass die Welt nicht nur schlecht ist und er im Leben etwas Besseres verdient hat, was der/die Behandler:in nun für ihn sein will. Um mit dem Beziehungsgeschehen allerdings adäquat behandlerisch umgehen zu können, ist es wichtig zu akzeptieren, dass gerade bei Bindungstraumata das Beziehungsgeschehen unbewusst und determiniert abläuft. Zuschreibungen, der Klient wolle „doch nur Aufmerksamkeit" oder „wolle manipulieren" sind gegebenenfalls nicht wirklich falsch, die schuldhafte Absicht und entsprechende Unterstellung einer Boshaftigkeit und letztlich einfachen Änderbarkeit sollte jedoch unterbleiben.

Nur wenn allerdings im Rahmen der Reflexion auch eine intellektuelle Distanzierung von diesen Emotionen, Impulsen, Handlungsbereitschaften, Phantasien etc. erfolgt, ist ein wichtiger Beitrag dazu geleistet, dass es nicht zum blinden Mitagieren der Gegenübertragung kommt, das sich vielfach quasi zwangsläufig im Rahmen von problematischen Beziehungsschemata aufzudrängen scheint (Gahleitner 2005; Oberhoff 2009). Wenn wir die Beratungs- und Behandlungsverläufe oder, allgemeiner, die Beziehungsverläufe unserer Hard-to-reach-Klient:innen retrospektiv rekonstruieren und typische Muster analysieren, so scheinen immer wieder ähnliche Mechanismen der Psychodynamik der Klient:innen wirksam zu werden und die o. g. Beziehungen vielfach ein (vorherbestimmtes?) Ende nehmen zu lassen. Somit ist die Reflexion der Gegenübertragung also nicht nur für die Diagnostik, sondern auch für die Beratungs- und Behandlungstechnik von herausragender Bedeutung.

Wie bereits erwähnt, neigen Menschen mit dissozialen Persönlichkeitseigenschaften generell zu großem Misstrauen in engen zwischenmenschlichen Beziehungen (→ Kapitel 2), welches sich umso mehr in einer per se asymmetrischen Hilfebeziehung mit Momenten tatsächlicher Abhängigkeit und einen Machtgefälle zeigt. Das bereits erwähnte Urmisstrauen beeinflusst die Behandlungsbeziehung deutlich. Andere Menschen können im Grund nicht als unterstützend wahrgenommen werden, auch wenn sie als Helfer:innen auftreten und tatsächlich nichts Böses tun – das Misstrauen aus den frühen Bindungserfahrungen wird auf die aktuellen Beziehungspartner:innen übertragen und bestimmt die Beziehung. Spätere Abhängigkeit in Beziehungen spricht unmittelbar die zentrale Angst vor Ohnmachtserfahrungen an, wobei diese Angst die Qualität von Vernichtungsangst hat, also einer existentiellen Angst, bei der es ums Überleben geht.

Der Unterschied zum Erleben von Menschen mit sichereren Bindungserfahrungen besteht also darin, dass zum einen Bindungs- bzw. Beziehungsangebote automatisch Ängste auslösen und nicht als eher angenehm und hilfreich empfunden werden und zum anderen diese Ängste nicht in Form leichter Zweifel kommen, sondern die Klient:innen fühlen, dass es um ihre Existenz geht. Viele der dissozialen Handlungen können dann als Versuch verstanden werden, Kontrolle über die angstauslösenden Beziehungssituationen mit anderen zu erhalten, indem die Situation erwartbar und dominant gestaltet wird. Wenn also zum Beispiel Klient:innen der Bewährungshilfe schon beim Erstgespräch sehr patzig auftreten, dann vielleicht, weil sie die Situation als bedrohlich empfinden und glauben, sich wehren zu müssen, und weil sie die Erfahrung gemacht haben, dass sie die Folgen (anfängliche Bemühungen der Helfer:innen, später Streit und Beendigung der Behandlung) gut kennen und einen anderen als schuldig erkennen und bekämpfen können. Ganz ähnliche Ergebnisse brachte eine kleine studentische Studie mit Gefangenen, die auf eine Aufnahme in einer sozialtherapeutischen Abteilung für Gewaltstraftäter warteten (Lohner 2013). Sie hatten sich also bereits beworben, die Therapeut:innen kennengelernt und sich für eine Behandlung entschieden. Im Rahmen der qualitativen Interviews zeigten sich z. B. auf die Fragen nach dem, was sie wohl im Laufe der Therapie erwarte, welche Rolle sie und die Therapeut:innen hätten und wie eine Therapie eigentlich funktioniere, extrem verzerrte Mythen, Einstellungen und Ängste, die Rückschlüsse auf die Übertragung von traumatischen Bindungserfahrungen auf die Behandlungsbeziehung ermöglichen. Ein Gefangener, der keine Einzelmeinung hatte, schilderte es folgendermaßen:

> „Es gibt gewisse Dinge, die ich sagen muss, um rauszukommen. Das sind die richtigen Sätze. Ich kenne die Sätze aber nicht. Der Therapeut kennt sie, aber er verrät sie mir nicht. Ich muss sie erraten". (Gefangener R.)

In der Aussage wird offenbar, dass der Gefangene über keine Selbstwirksamkeit verfügt („Ich kenne die Sätze aber nicht. Ich muss sie erraten."), der Therapeut geradezu als sadistisch, in jedem Fall aber nicht als hilfreich und unterstützend antizipiert wird („Der Therapeut kennt sie, aber er verrät sie mir nicht.") und der Therapieprozess und das der Therapieerfolg nichts mit „Heilung", „Unterstützung" oder sonst etwas Angenehmen zu tun hat, sondern eine bedrohliche und unheimliche Angelegenheit ist, die der Gefangene durch Glück übersteht. Bei der Beziehungsgestaltung mit straffälligen Menschen müssen diese Bindungserfahrungen und ihre Auswirkungen stets mitbedacht werden, vom ersten Moment an, sonst ist ein Scheitern der Beziehung relativ wahrscheinlich, das auch häufig beobachtet werden muss.

Erkenntnisse aus der Desistance-Forschung (Kapitel 7.3) stützen ebenfalls die Wirksamkeit einer tragfähigen und kontinuierlichen Beziehungsgestaltung zwischen Klient:innen und professionellen Fachkräften (vgl. McNeill et al. 2012, S. 224). Klaus Mayer (2010, S. 161) – einer der Hauptvertreter der Risikoorientierung für den deutschsprachigen Raum – betont, dass die Arbeitsbeziehung als notwendig, wenn auch nicht alleinig ausreichend für eine gelingende Betreuung gewertet werden kann, und fügt hinzu, dass ein „liebevoll beharrliches Dranbleiben" förderlich für die Bearbeitung von Risiken sei. Gerade wenn es um die Umsetzung der gewonnenen Erkenntnisse aus den RNR-Ableitungen gehen soll, wobei Deliktbearbeitung wie auch ressourcenorientierte Methoden Anwendung finden, wird klar, dass eine Vertrauensbasis zwischen Klient:in und professioneller Fachkraft unabdingbar erscheint (vgl. Hofinger 2016, S. 253).

> „Wer würde sich auf so ein Wagnis einlassen, ohne sich der Unterstützung durch eine verlässliche, kompetente und vertrauenswürdige Person sicher sein zu können?" (McNeill & Maruna 2008, S. 229)

Praxistipp

Dadurch, dass wir unsere Gegenübertragung beobachten und interpretieren, können wir bewirken, dass sie die Behandlung nicht stört, sondern sogar für den diagnostischen Prozess verwertbar wird. Das Reflektieren der eigenen Gegenübertragung kann geübt werden. Die Fragen, die dabei eine Rolle spielen könnten, können beispielsweise lauten: Welche Eindrücke, Gedanken und Phantasien löst der/die Klient:in bei mir aus? Welche Gefühle löst er/sie bei mir aus? Welches Bild (Image) von sich versucht er/sie von sich zu vermitteln? Welche Verhaltensweisen und -tendenzen löst er/sie bei mir aus? Die Bedeutung dieser Eindrücke kann im Rahmen von Intervision und Supervision ergründet werden. Um die eigenen Themen von denen der Klient*innen trennen zu können, ist eine Selbsterfahrung von Vorteil.

Kurz zusammengefasst

Eine gelingende Beziehungsgestaltung ist auch in der Arbeit mit Straftäter:innen zentral und dient als wichtige Basis für eine erfolgreiche Behandlung. Die Ausgestaltung ist jedoch in diesem Zusammenhang durch den Zwangskontext mitbestimmt und ob der biographischen Vorerfahrungen einiger Klient:innen ist mit besonderen Herausforderungen zu rechnen. Beziehungsaufbau und Beziehungsarbeit sind nicht etwas zu einem Zeitpunkt Abgeschlossenes, sondern werden immer wieder neu auszuhandeln sein, um den Bedarfen der Klient:innen gerecht werden zu können.

9 Motivationsarbeit

Zum Einstieg:

- Kollege in der Bewährungshilfe: „So, ich quatsch den X. jetzt auf Therapie, da ist er besser aufgehoben als im Knast!“ – die Kollegin zieht lächelnd die Augenbrauen hoch und erwidert: „Na, machste wieder Motivationsarbeit?“
- „Der Herr im schwarzen Anzug“: Ein Klient erscheint unmittelbar nach Haftentlassung bei der Bewährungshilfe. Vor Ort ist von diesem Fall noch gar nichts bekannt. Darüber reagiert der zukünftige Klient sehr erbost. Er betont, dass er früher in leitender Funktion bei einer namhaften Firma angestellt war und während der Haft versucht hat, seine Dissertation im Fachbereich der Betriebswirtschaftslehre voranzutreiben: „Haben Sie überhaupt studiert?“. Und er habe vor, seine Bewährungsbetreuung direkt durch den vorsitzenden Richter abzuwickeln, „nicht über eine zwischengeschaltete Handlangerin“, das fände er per se ineffektiv.

Diese kurzen Ausschnitte verdeutlichen, dass Motivation und Motivationsarbeit in Zwangskontexten unter anderen Gesichtspunkten gesehen werden müssen als in niedrigschwelligen und auf Freiwilligkeit basierende psychosozialen Hilfesettings.

Maßgeblich für die Zuweisung zu einer Behandlungsmaßnahme eines/einer Straftäter:in ist die Frage, ob er oder sie behandlungsbedürftig (Faktoren, die eine künftige Gefährlichkeit begründen, vgl. Grundsätze der Straftäterbehandlung in Kapitel 6) und behandlungsfähig ist (z. B. sprachliche und intellektuelle Voraussetzungen, keine schwere psychische Störung, keine akute Intoxikation). Die Motivation zur Behandlung wird dabei üblicherweise nicht als Aspekt der Behandlungsfähigkeit gesehen und stellt rechtlich auch keine Voraussetzung für die Zuweisung dar. Dabei ist fehlende oder unzureichende Motivation laut Endres (2014) aber tatsächlich eine der wichtigsten Ursachen dafür, dass eine Behandlung nicht zustande kommt oder abgebrochen wird. Viele Gefangene gelten als wenig motiviert für eine Behandlung und können schon deshalb als Hard-to-reach-Klient:innen bezeichnet werden. Die Veränderungserwartung geht von der Institution aus, und es erfolgt eine Behandlung im Zwangskontext par excellence. Darüber hinaus ist davon auszugehen, dass bei ich-syntonen Störungen (die eigenen Gedanken, Emotionen und Verhaltensweisen werden als sinnvoll, angemessen und zur eigenen Person gehörend empfunden und folglich oft nicht als gestört und krankhaft erlebt) und kriminellen Dispositionen (z. B. dissozialen Einstellungen) grundsätzlich ein

Mangel an Problembewusstsein und deshalb selten intrinsische Änderungsmotivation besteht – die Straftäter:innen selbst haben also vielfach keine Absicht, sich selbst zu ändern, sondern leiden eher an den Umständen (z. B. Inhaftierung). Motivation kann bei Straftäter:innen also nicht mit Leidensdruck gleichgesetzt werden. Intrinsische Motivation lässt sich darüber hinaus nicht durch Bestrafung herstellen, wobei sich ein komplexes Zusammenwirken zwischen Motivation und Leidensdruck bzw. Therapieerfahrung über die Haftdauer zeigt (Carl et al. 2016). Rauchfleisch (1999) stellt entsprechend fest, dass die Motivation der Klient:innen nicht – wie etwa bei einer Psychotherapie in Freiheit – eine Voraussetzung ist, sondern erstes und andauerndes Ziel therapeutischer Bemühungen sein muss. Es gilt, behandlerische Zugänge zu finden, die Motivation nicht voraussetzen, sondern in der Behandlung zu entwickeln helfen, was mitunter spezifische Interventionsstrategien erfordert (siehe Feil & Furjanić 2019). Rauchfleisch (1990) sieht ebenfalls einen Zusammenhang zwischen der geringen Behandlungsmotivation von Delinquent:innen und ihren Beziehungserfahrungen und nennt als Gründe für die Motivationsprobleme:

- Ambivalenz[43] gegenüber intensiven Beziehungen – Sehnsucht-Angst-Dilemma: Abhängigkeit ruft Angst hervor, gleichzeitig wird symbiotische Beziehung ersehnt.
- Angst, frühe Wunden wieder zu erleben: Traumatische Beziehungserfahrungen können in der Therapie wiederbelebt werden.
- Narzisstische Verletzbarkeit: Sich in Therapie zu begeben, bedeutet eine massive Kränkung des Selbstwerterlebens.
- „Testung" der/des Therapeut:in: Beziehung mit dem/der Therapeut:in soll auf Verlässlichkeit und Tragfähigkeit getestet werden.
- Gruppendynamische Prozesse: Befürchtung, Therapieaufnahme könnte von anderen als Zeichen der Schwäche interpretiert werden.

Verschärft wird dieses Problem durch den vielfach anzutreffenden Zwangskontext, der auch bei vorhandener Beziehungsfähigkeit die Gestaltung einer Arbeitsbeziehung sehr stark stört (s. o.). Hinzu kommen subkulturelle Haltekräfte, da Mitgefangene sich nicht als „Therapiegemeinschaft" erweisen, sondern Veränderungen nach dem Willen der Institution mindestens mit Misstrauen beäugt, manchmal sogar mit Verrat assoziiert werden (→ Kapitel 12.1 – Prisonisierung).

Vor allem auch wegen der geringen Selbstwirksamkeitserwartung vieler Straftäter:innen ist Motivationsarbeit in allen Phasen der Behandlung zu leis-

43 Das Thema Ambivalenz werden wir in Teil III (Kapitel 10.1), „*Wie* wirkt was?", unter motivierender Gesprächsführung etwas näher betrachten.

ten. Die Bedeutung dieser Basisvariable in der Behandlung von Straftäter:innen ist sehr hoch (Zuverlässigkeit, aktive Mitarbeit, Selbstöffnungsbereitschaft, Bereitschaft zur Erprobung neuer Verhaltensweisen). Fehlende Motivation ist nicht einfach ein zu beseitigendes Defizit, sondern ein multifaktorielles Konstrukt (vgl. Dahle 1997). Es ergibt sich aus einem Zusammenspiel von:

- Bedürfnissen (z. B. Autarkie, Selbstachtung)
- Erwartungen/Befürchtungen (z. B. hinsichtlich Vertrauensmissbrauchs)
- Selbstkonzept bzgl. eigener Fähigkeiten und individuellen Verarbeitungsmustern (ihrerseits evtl. Gegenstand der Therapie)

Das Leugnen des Deliktes oder von Teilen davon steht vielfach ebenfalls am Anfang der Therapie und stellt keine grundsätzliche Kontraindikation dar, erfordert aber spezielle Motivationsarbeit (siehe folgendes Kapitel), die den Fokus auf individuelle Ressourcen und die Gruppendynamik legt (vgl. auch Suhling, Pucks & Bielenberg 2012). Darüber hinaus muss beim Leugnen im Rahmen der Behandlung auch über die Schutzfunktion für den/die Straftäter:in und auch gegenüber weiteren Straftaten nachgedacht werden (Kliesch 2016), und es scheint sich bei gewissen Tätergruppen um ein komplexes Zusammenwirken von Leugnen, kognitiven Verzerrungen und Rückfallgefahr zu handeln (Eberhaut & Eher 2019), wobei die naheliegende Annahme, dass von leugnenden Sexualstraftäter:innen eine erhöhte Rückfallgefahr ausgeht, sich so einfach nicht bestätigen lässt, obwohl sie deutlich seltener an Behandlungsmaßnahmen teilnehmen (Endres & Breuer 2014, S. 276).

9.1 Was bedeutet Motivation? – Unterschiedliche Erklärungsansätze

Die Frage nach Motiv und Motivation in der Arbeit mit straffälligen Menschen ist von zwei Perspektiven aus zu betrachten. Einerseits werden die Motive und die Motivation für strafrechtlich relevantes Verhalten abgeleitet (Blick in die Vergangenheit). Andererseits geht es um Motive und Motivation für zukünftig prosoziales Verhalten (Zukunftsblick).

> „Die Frage nach der Motivation eines Menschen ist die Frage nach den ‚Beweggründen' des Handelns: Was veranlasst eine Person dazu, etwas zu tun, Ziele zu verfolgen, Anstrengungen dafür aufzuwenden, ‚bei der Sache zu bleiben', Hindernisse zu überwinden?" (Sachse et al. 2012, S. 12).

Die Frage, wozu Menschen motiviert sind und welche Motive als Basis dienen, lässt sich nicht einheitlich beantworten. Innerhalb der Motivationspsychologie bilden sich verschiedene Entwicklungs- und Erklärungslinien ab, die sich unter anderem darin unterscheiden, welchen Stellenwert sie Bewusstsein, Emotion und Gedanken einer Person zuschreiben (vgl. Rudolph 2013, S. 13).

Bedürfnistheoretische Bezugnahmen

Stark vereinfacht gehen bedürfnistheoretische Bezugnahmen davon aus, dass Menschen sich zielgerichtet verhalten, um gefühlte Diskrepanzen zwischen Ist- und Soll-Zuständen auszugleichen (Selbstregulation). Die Soll-Zustände sind dabei mit Bedürfnissen der Person gleichzusetzen und Motivation als Verhalten um vom Ist-Zustand zum Soll-Zustand zu gelangen (vgl. Zobrist 2017, S. 65). Grawe (2004, S. 184) benennt universelle Bedürfnisse, die in einem steten Abgleich von internaler und externaler Bewertung dauerhaft befriedigt werden wollen. Sofern wir also auch hier Diskrepanzen wahrnehmen (Ist- und Soll-Zustand nicht als übereinstimmend wahrgenommen werden), kommt es zu gezeigter Motivation – Grewe bezeichnet dies als motivationale Pläne, die unser Handeln bestimmen (vgl. Zobrist 2017, S. 65). Diese Pläne sind erlernt und können in annähernde (Annäherungsziele) und vermeidende Formen (Vermeidungsziele) unterschieden werden (vgl. Grawe 2004, S. 185).

- *Beispiel – Annäherungsziel:* „Ich kümmere mich jetzt gleich um eine Einsatzstelle für meine gemeinnützigen Arbeitsstunden, damit ich ja keinen Ärger erhalte." Oder: „Ich rufe nach meinem Drogen-Rückfall gleich meine Suchttherapeutin an, damit ich Hilfe und Rat bekomme."
- *Beispiel – Vermeidungsziel:* „Ich hoffe, dass der Bewährungshelfer vergisst, mich auf die Auflage ‚gemeinnützige Arbeit' hinzuweisen, also sag ich besser auch nichts, dann bekomme ich keinen Ärger." Oder: „Am besten, ich gestehe den Rückfall erst gar nicht, sonst werde ich zurückgestuft."

Bei beiden Zielen geht es darum, „keinen Ärger zu bekommen" (Motiv), die Strategie (Plan/Schema) dorthin wird je nach individuellem Erfahrungsschatz unterschiedlich ausfallen. Grawe (2004) betont an dieser Stelle, dass Vermeidungsziele viel Energie kosten und diese Schemata nicht von eigenem Erfolg gekrönt werden. Sollte hier also ein/eine Klient:in insofern das Ziel erreichen, dann können hierüber keine Selbstwirksamkeitserfahrungen gesammelt werden – man hatte schlichtweg vielleicht Glück „vergessen" zu werden (was wiederum im justiziellen Kontext eher selten der Fall sein dürfte). In Vorgaben für das Erstellen von Hilfeplänen (zum Beispiel in der Sozialen Arbeit beim Jugendamt etc.) sollen unter anderem aus diesem Grund in der schriftlichen Ausgestaltung die Angaben positiv formuliert sein. So erhalten professionelle Fachkräfte den Auftrag, dass Vermeidungsziele in Annäherungsziele umgewandelt werden (vgl. Zobrist 2017, S. 67).

- *Beispiel:* „F. soll keine Drogen mehr konsumieren (Vermeidungsziel)“ vs. „F. soll konstruktive Skills zur Bewältigung von Rückfällen und Rückfallgefahren entwickeln“ (Annäherungsziel).

Praxistipp

Gerade hier werden innerhalb von Zwangskontexten die „Übersetzungsleistungen“ und „Aushandlungsprozesse“ der professionellen Helfenden sichtbar. Das Gericht bzw. der/die Richter:in („überweisende Instanz“) erwarten qua ihres Auftrages von den Klient:innen Vermeidungsziele („nicht mehr straffällig werden“, „keine Drogen mehr konsumieren“, „besondere Plätze zu meiden“). Die wirkliche Veränderung kann allerdings nur durch Annäherungsziele („konstruktiver Umgang mit Konflikten“, „Hilfe zur Selbsthilfe“, „Desistance“) angestoßen werden. Als „Grundantreiber“ in Grawes (2004, S. 185) Bedürfnistheorie werden vier psychische Grundbedürfnisse postuliert:

- das Bedürfnis nach Orientierung und Kontrolle
- das Bedürfnis nach Selbstwertschutz und Selbstwerterhöhungen
- das Bedürfnis nach Bindung
- das Bedürfnis nach Luststreben respektive Unlustvermeidung.

Fallbezug zu „der Herr im schwarzen Anzug“

Die Forderung des „Herrn im schwarzen Anzug“, gleich mit einem als ebenbürtig angesehenen Volljuristen (der, der wirklich was zu sagen hat) in die Verhandlungen einzutreten, mag Ausdruck mehrerer motivationaler Pläne des Klienten sein: „Haben Sie überhaupt studiert?“ lässt sich mit dem Bedürfnis nach Selbstwertschutz und Selbstwerterhöhung in Verbindung bringen; die Forderung, „nur“ mit dem/der Richter:in korrespondieren zu wollen, mit dem Bedürfnis nach Orientierung und Kontrolle. Dass dieser Klient gerne über ökonomische Modelle (joint venture etc.) dozierte und die Bewährungshelferin sich in seinen Augen gut als interessierte Gesprächspartnerin präsentiert, war der Beziehungsebene und dem Bedürfnis nach Bindung zuträglich. Bei einem internen Wechsel der Betreuung hatte der „neue“ Bewährungshelfer einen ähnlichen Start, die motivationalen Pläne des Klienten wiederholten sich.

Sozialkognitive Lerntheorie und Motivation

Die sozialkognitive Lerntheorie nach Albert Bandura setzt etwas andere Schwerpunkte, in der Erklärung von Motivation und der Förderung von motivationalen Verhaltensweisen. Die individuellen Bedeutungen von Ziele, die angestrebt werden, sind durch frühere Lernerfahrungen bedingt. Dieses Lernen erfolgt über eine Kosten-Nutzen-Rechnung für eine Handlung selbst („was brachte es mir?“), die persönliche Bewertung einer Handlung („finde ich es gut oder schlecht“), sowie die Erwartung, wie das soziale Umfeld die

Handlung bewerten könnte („was denken andere darüber, wenn ich mich so oder so verhalte?"). Dabei geht Bandura davon aus, dass es sowohl negative wie auch positive Anreize (Push- und Pull-Faktoren) gibt, die unterschiedlich auf motivationale Prozesse wirken (vgl. Bandura 1986). Ebenfalls entscheidend ist nach Bandura (1997) die Selbstwirksamkeitserwartung, d.h. die subjektive Einschätzung, ob ein Ziel auch als realisierbar bewertet wird. Also: Ist es mir mit meinen Fähigkeiten überhaupt möglich, aus eigenen Stücken, oder durch Zuhilfenahme punktueller Unterstützung, mein Ziel zu erreichen?

Push- und Pull-Faktoren in Anwendung auf kurze Fallskizzen

Frau B. befindet sich in einer stationären Therapieeinrichtung für Menschen mit Doppeldiagnosen (psychische Erkrankung in Kombination mit einer Suchterkrankung). Frau B. macht während der Therapie sehr gute Fortschritte und ihr wird im Stufenmodell angeboten, sukzessive Freistellungen mit Wochenendaufhalten bei ihrer Familie zu bekommen. Man könnte vorschnell davon ausgehen, dass Frau B. dies als Belohnung für ihr bisherig gutes Mitarbeiten auffassen könnte. Vielleicht macht jedoch genau diese Aussicht auf ein Mehr an Freiheit Frau B. Angst? Frau B. ist in der Tat unsicher, ob sie schon genügend stabil ist, und verweigert daraufhin die Mitarbeit.

Herr X. verhält sich während seiner Haftzeit renitent. Zellendurchsuchungen bringen zu Tage, dass er wohl anstaltsintern andere Gefangene mit illegalen Suchtstoffen versorgt. Er wird mit einer Arreststrafe bestraft, dies stört ihn zwar, dennoch kennt er das Prozedere schon und nutzt die Zeit, um sich nicht länger mit den Diskussionen der anderen Gefangenen abgeben zu müssen. Außerdem wiegt seine Stellung unter den anderen Gefangenen als Drogenbeschaffer für ihn weit mehr als eine „zwangsweise Ruhestellung".

Praxistipp

Die oberflächliche Betrachtung von Push- und Pull-Faktoren verleiten vorschnell zu einer Einteilung beispielsweise dergestalt, dass Push-Faktoren als Druck und Zwang von außen bewertet werden. So stellen zum Beispiel nach dieser Auffassung Bewährungsauflagen (Ableisten von gemeinnütziger Arbeit, Terminverpflichtungen bei der Bewährungshilfe oder an anderen Beratungsstellen, das Zahlen eines Geldbetrages etc.) eine Art Druckmittel dar. Mit Pull-Faktoren wären dann wiederum jene Empfehlungen und Maßnahmen gemeint, die auf aktive Hilfe- und Unterstützungsleistungen hindeuten. Wichtig jedoch ist, dass es hierbei immer auf die subjektive Bewertung der zu Behandelnden ankommt. Über die Wirksamkeit der objektiv gegebenen Push- und Pull-Faktoren entscheiden folglich erst die Wahrnehmungen und Interpretationen der Personen, auf die sie wirken sollen. Insofern ist damit zu rechnen, dass sich manche gut gemeinte Anreize teilweise sogar als kontraproduktiv erweisen können (Zobrist 2017, S. 69).

9.2 Motivationsdiagnostik

Beziehungsgestaltung und Motivationsarbeit sind als beständige begleitende Prozesse des gesamten Hilfeverlaufs zu sehen. Für eine tiefere Einschätzung in puncto Motivation wird in der Fachliteratur (vgl. Klug & Schaitl 2012; Zobrist & Kähler 2016) häufiger auf Verfahren nach dem transtheoretischen Modell (TTM) nach Prochaska und DiClemente (1992) verwiesen. Diese kamen ursprünglich aus der Suchtbehandlung und wurden schrittweise auch auf andere Verhaltensveränderungen (überwiegend im Gesundheitsbereich: Gewichtskontrolle, Tabakentwöhnung, Inanspruchnahme von Präventionsmaßnahmen etc.) adaptiert (vgl. Maurischat 2001, S. 20). In der Arbeit mit straffälligen Menschen kann das transtheoretische Modell (TTM) ebenfalls hilfreich sein.

Startpunkt der Motivationsdiagnostik ist nach Prochaska und Velicer (1997, S. 38 f.), dass motivationales Verhalten sowohl als statisch als auch als dynamisch beschrieben werden kann. Menschen bleiben oft recht lange in ungünstigen Lebensumständen und negativen Verhaltensweisen verhaftet, was erst einmal auf eine mangelnde Veränderungsmotivation (statisch) hindeuten könnte. Mitunter sind dennoch Veränderungen nicht unmöglich und durch Veränderungen gewisser Umweltfaktoren und interpersonelle Vorgänge durch Verhalten aktiv gestaltbar (dynamisch). Gerade in der Begleitung von jugendlichen und heranwachsenden Straftäter:innen erleben wir eine oft hohe Dynamik an Veränderungen (→ Kapitel 1).

Für eine tiefere Analyse formulierten Prochaska und DiClemente verschiedene Stufen[44] hinsichtlich eines spezifischen Verhaltens, das verändert werden soll (vgl. Prochaska & DiClemente 1992). Leitend ist dabei die Annahme, dass Menschen sich graduell darin unterscheiden, wie viel Bereitschaft hinsichtlich einer Veränderung vorhanden ist, und sich dann in die unterschiedlichen Stufen der Veränderung (engl. „Stages of Change") einordnen lassen (vgl. Maurischat 2001, S. 12). Aus dieser Einordnung ist die jeweilige methodische Herangehensweise abzuleiten, um möglichst nah an den motivationalen Prozessen einer Person zu arbeiten. Als Beispiel sei hier eine kurze Fallskizze genannt.

---

44 Kawamura-Reindl und Schneider (2015, S. 99 f.) verweisen darauf, dass die Übersetzung des englischen Wortes „Stage" mit dem deutschen Wort „Stufe" nicht ganz günstig ausfällt und zu vorschnellen Annahmen führt, dass Stufen zu erklimmen seien und der Motivationsprozess stringent verläuft. Andere Übersetzungsmöglichkeiten für „Stages" könnten ebenso „Phase", „Stadium" oder „Abschnitt" lauten.

Fallgeschichte S. (→ Kapitel 1.1)

Lehrerin: „Na, wie sieht es denn mit der Lehrstellensuche bei Dir aus? Hast Du schon was gefunden?"

S.: „Nein."

Lehrerin: „Hast Du denn schon Deine Bewerbungsmappe beisammen."

S.: „Nö, die ist noch nicht ganz fertig. Mach ich dann mal."

Lehrerin: „Zeigt sie mir doch bitte, ich erkläre Dir dann nochmal, wie das geht, und dann klappt das mit der Lehre."

Vielleicht können wir uns vorstellen, wie die Geschichte weitergeht. S. „vergisst" die Mappe, oder zeigt sie nur widerwillig. Die Lehrerin ist wahrscheinlich recht zugewandt und erklärt zum x-ten Mal die Formulierungen und Inhalte. S. bedankt sich und freut sich durchaus über eine schöne Mappe, ob diese jedoch den Weg zur Post findet, steht auf einem anderen Blatt.

Motivationsdiagnostisch wären die konkreten Hilfestellungen beim Tun (Erstellen der Mappe) etwas verfrüht. Auch sollte die Lehrerin an dieser Stelle vermeiden, zu viel selbst für S. zu erledigen – ihr quasi Arbeiten abzunehmen. S. würde so um ihre Selbstwirksamkeitserfahrung (ich kann eine Mappe erstellen und frage um Hilfe, wenn ich diese benötige) gebracht. Zudem würden wir hier wahrscheinlich fälschlicherweise davon ausgehen, dass das Mitwirken von S. an ihrer Mappe gleichbedeutend ist mit ihrer Motivation, eine Lehre aufzunehmen. Wenn professionelle Fachkräfte vorschnell auf konkrete Handlungsschritte verweisen und diese, wenn auch helfend zugewandt, einleiten, entsteht Frustration, falls der/die Klient:in motivational noch gar nicht auf der Stufe des konkreten Handelns ist. Die eigentliche Aufgabe und Herausforderung wird vielleicht noch als zu abstrakt erlebt und nicht mit der eigenen Person in Verbindung gebracht, und die Motivation erscheint für die dauerhafte Zielverfolgung als (noch) nicht ausreichend.

Betrachten wir also an dieser Stelle die einzelnen Stufen oder Stadien der Veränderung (engl. „Stages of Change") nun der Reihe nach.

Die erste der insgesamt sechs „Stufen der Veränderung" beschreibt den Zustand der *Absichtslosigkeit* (Precontemplation). Eine Veränderung wird an dieser Stelle als nicht notwendig erachtet und eine mögliche Problemstellung oder eigentlich zu lösende Aufgabe nicht bewusst wahrgenommen („Ich habe kein Problem"). Über langfristige Konsequenzen denkt die Person noch nicht wirklich nach („Ich vertrage einfach viel Bier, abhängig wird man ja von Heroin und nicht von Bier") und kann diese auch nicht klar oder richtig einschätzen („Wegen sowas kassiere ich doch keinen Bewährungswiderruf"). Mitunter ist auf dieser Stufe zwar bereits eine gewisse Problembenennung möglich, jedoch wird die eigene Veränderungsfähigkeit komplett in Abrede gestellt („Mir kann man sowieso nicht helfen"). In der zweiten Phase der *Absichtsbildung* (Contemplation) beginnt die Person über Veränderungen nachzudenken. Diese

Überlegungen sind allerdings noch wenig konkret und gehen auch nicht mit einer Selbstverpflichtung einher (nicht: „*Ich* muss etwas *anders* tun“; eher: „Es könnte schon sein, dass es besser wäre, irgendwann mal“). Von einem ersten Erkennen der Aufgabenstellung, des Problemzustandes können wir als professionelle Fachkräfte auf dieser Stufe durchaus ausgehen. Was aber noch nicht damit gleichbedeutend ist, dass gezeigte Verhaltensweisen in dieser Phase zielführend verändert werden. Die dritte Phase der *Vorbereitung* (Preparation) verbindet Intention mit konkreteren Versuchen hinsichtlich einer Veränderung. Dies geht mit einer ersten Absichtsbildung in näherer Zukunft (meist innerhalb des nächsten Monats) einher, oder die Person erinnert sich an erste erfolglose Versuche in der Vergangenheit. Die Phase der *Handlung* als vierte Phase (Action) ist dadurch gekennzeichnet, dass Verhaltensveränderungen aktiv auf die Lösung der Problemstellung hin ausgerichtet werden. Dazu sind meist eine Neubewertung vergangener Erfahrungen und eine Neustrukturierung der Umwelt von Nöten. Daher ist diese Phase mit hohem Energie- und Zeitaufwand verbunden, bis es schließlich gelingt, das neu gezeigte Verhalten in Alltagsroutinen umzuwandeln. In dieser Phase fallen die gezeigten Veränderungen meist auch verstärkt der Umgebung auf. In der vorletzten Phase der *Aufrechterhaltung* (Maintenance) ist die betreffende Person dann in der Lage, veränderte Verhaltensweisen längerfristig (länger als sechs Monate) aufrechtzuerhalten, Pläne zur Vermeidung von Rückfällen können erarbeitet werden. Die veränderten Verhaltensweisen und Fähigkeiten werden Stück für Stück zur Alltagsroutine. Die letzte Phase des *Ausstiegs* (Termination) gilt als der Idealzustand in puncto Verhaltensveränderung. Die Wahrscheinlichkeit für einen Rückfall in alte vorherige Verhaltensweisen sinkt gegen Null, die Problemstellung von früher hat keinerlei Bedeutung mehr und das Vertrauen der Person in sich selbst, auch bei Schwierigkeiten und Krisen, nicht wieder auf destruktive Problemlösestrategien zurückzugreifen, ist sehr hoch.

Wichtig bei den Überlegungen rund um die verschiedenen Stufen der Veränderung ist, dass es sich dabei nicht um ein lineares Modell des kontinuierlichen Fortschritts handelt. Die Phasen werden zwar in der genannten Reihenfolge durchschritten (ein Überspringen ist nicht möglich), jedoch können in jeder Phase auch Verharrensmuster oder sogar Rückschritte auftreten. Rückschritte von Phase vier oder drei werden meist als „Rückfall“ betitelt und gelten in der Behandlung von strafrechtlich relevanten Verhalten als bedeutend. Keller et al. (2001) greifen hier die Chance eines neuen „Anlaufs“ auf, dieser kann, wenn er behandlerisch gut begleitet werden kann, durchaus zu einem gesteigerten Durchhaltvermögen bei den Klient:innen führen. Auch kann es vorkommen, dass Phasen mehrmals durchlaufen werden (müssen), bis Verhaltensveränderungen längerfristig als der gangbarere Weg bewertet und gezeigt werden können (vgl. Maurischat 2001, S. 16). Rosen (2000) merkt an, dass eine Zuordnung von Gedanken und Haltungsaspekten, die eher in den Stufen eins bis drei verortet werden, und Verhalten, das eher ab Phase drei in den Vordergrund rückt, nicht immer eindeutig dargestellt werden können. Auch in den höheren Phasen spielen sehr wohl kognitive Prozesse eine Rolle.

Unter kognitiv-affektive Methoden würde zum Beispiel Steigerung des Problembewusstseins, emotionales Erleben, eine Neubewertung der persönlichen Umgebung, eine Selbstneubewertung und das Erkennen von förderlichen Umweltbedingungen verstärkt in Phasen eins bis drei zu Einsatz kommen. Verhaltensorientierte Methoden würden dann ab Phase drei zu Selbstverpflichtung, Nutzen hilfreicher Beziehungen, Selbstverstärkung, Gegenkonditionierung und aktive Kontrolle der Umwelt als sinnhaft erscheinen (vgl. Maurischat 2001, S. 16f.). Die Techniken der Motivierenden Gesprächsführung setzten genau hier an (→ Kapitel 10.1).

Fragen zur Selbst-Reflexion:

- Denken Sie an einen Veränderungsprozess, den Sie selbst durchlebt haben. Können Sie rückblickend einige Stufen ausfindig machen?
- Was begeistert Sie und welche „Kosten" nehmen Sie dafür (Beispiel: Hobbys, berufliche Weiterbildung etc.) in Kauf?
- Was lässt Sie bei Ihren persönlichen Zielen durchhalten?
- Wo sehen Sie sich in fünf Jahren?

Kurz zusammengefasst

Beziehungsarbeit und Motivationsarbeit sind fortdauernde Prozesse und werden in der kontinuierlichen Zusammenarbeit mit straffälligen Menschen immer wieder (neu) ausgehandelt. Dabei kommt der professionellen Haltung, die durch Wertschätzung und Respekt für das Gewordensein der Klient:innen getragen ist und zudem den Blick auf Ressourcen und Chancen nicht verliert, eine bedeutende Rolle zu. Daneben bedarf es Wissen um Rehabilitationsmodelle (zum Beispiel RNR), soziale Diagnostik und Bezüge zu psychologischen und zum Teil psychiatrischen Wissensbeständen, um eine möglichst gute Einschätzung der Bedingungen von kriminellen Verhaltensweisen und Aussagen über die zukünftige Entwicklung treffen zu können.

10 Was wirkt wie? – Settingübergreifende methodische Ableitungen

Ausgehend von den davor beschriebenen Inhalten können wir nun konkrete Überlegungen zur Ausgestaltung einiger Methoden aufstellen und deren systembedingte Wirkungen in Zwangskontexten (beispielsweise Inhaftierung) beleuchten. Aus den RNR-Prinzipien entnehmen wir unter dem Prinzip der Ansprechbarkeit, dass die jeweiligen Methoden an den individuellen Lernstil der Klient:innen anzupassen sind und auf Überlegungen fußen sollen, welchen „Need" – Bedarf – es abzudecken gilt. Vor diesem Hintergrund – „Was passt zu wem bzw. „Was wirkt wie bei welcher Person?" – wollen wir uns nun einigen Methoden und Vorgehensweisen in der Sozialen Praxis zuwenden. Unter den Stichworten Empowerment, Ressourcenorientierung, aber auch unter Zuhilfenahme konkreter Methoden der Gesprächsführung (zum Beispiel: Motivational Interviewing, Deliktbearbeitung) können wir konkrete Ableitungen vornehmen. Eine tragfähige Arbeitsbeziehung, wie in Kapitel 8 angeführt, dient uns dabei als Basis der konkreteren Hilfe- bzw. Behandlungsausgestaltung und einige methodische Ansätze versuchen genau diese als einen sich entwickelnden Prozess anzusprechen (Beispiel: Motivational Interviewing, Ressourcenarbeit). Auch scheinen wissenschaftliche Erkenntnisse hinsichtlich des „Leugnens" der Taten vs. Verantwortungsübernahme oder mangelnde Opferempathie vs. Steigerung von Opferempathie für die Risikoeinschätzung relevant zu sein und werden hier noch einmal aufgegriffen.

Im weiteren Teil dieses Abschnittes werden neben den Methoden, das Setting des Strafvollzugs und dessen Wirkung genauer betrachtet.

Was wirkt nicht? – ein paar Gedanken vorab

Eine große Herausforderung auf Seiten der Beratenden/Behandelnden in der Ausgestaltung von Hilfe und Kontrolle – oder Hilfe unter Kontrollbedingungen – ist es meist, Klarheit über den eigentlichen Auftrag und die eigentliche Zuständigkeit zu erlangen. Auch vermischen sich oft (fälschlicherweise) Strafaspekte, die als Hilfe getarnt an die Klient:innen herangetragen werden und so aber ihr Ziel – eine längerfristige Verhaltensveränderung im Sinne einer Legalbewährung – nicht abbilden (können).

➢ Was bewirken gemeinnützige Arbeitsstunden bei Jugendlichen?

Als Beispiel seien an dieser Stelle die häufig verhängten gemeinnützigen Arbeitsstunden bei jugendlichen Straffälligen genannt. Falls man sich für diese Bewährungsauflage aussprechen möchte, ist eine Begründung, welchem Ziel und welchem Zweck diese Arbeitsauflage dienen soll, unabdingbar. Falls man sich aus Gründen der Wiedergutmachung und Bestrafung für diese Auflage entscheidet, so ist dies transparent zu machen. Mit einer positiven Verhaltensänderung, alleinig ist durch das Ableisten von gemeinnützigen Arbeitsstunden allerdings nicht zu rechnen. Sollten Überlegungen getätigt werden, dass durch gemeinnützige Arbeit Verantwortung, das Etablieren einer Tagesstruktur oder sogar eine positive Erfahrung einhergehen könne, so ist wahrscheinlich Frustration auf beiden Seiten vorprogrammiert. Die zur dieser Bewährungsauflage Verurteilten werden aller Wahrscheinlichkeit nach die Ableistung der Arbeitsstunden als Strafe und nicht als Hilfsangebot wahrnehmen und daher erscheint eine Ressourcenaktivierung mithilfe dieser Maßnahme schwer realisierbar.

➢ Was bewirken stark konfrontative Methoden?

Was ebenfalls als bedenkenswert gilt, ob sehr stark konfrontierende Methoden wirklich sinnhaft angezeigt wären. Hier besteht die Gefahr der Re-Traumatisierung und der Förderung eines negativen Selbstbildes. Über die Effektivität von konfrontativen Methoden (z. B. sogenannte Prangerstrafen, „der heiße Stuhl“, öffentliche Entschuldigungen, Einfordern eines Geständnisses) gibt es nach wie vor eine recht angeregte Debatte. Einige Autor:innen verweisen auf mögliche Effekte der Stigmatisierung (vgl. Suhling & Enders 2016), gerade bei sehr belasteten Täter:innenbiographien (→ Kapitel 2). Die Befürworter:innen dieses Ansatzes führen oft eine Art kathartische Wirkung von konfrontativen Methoden an (vgl. Weidner & Kilb 2011; Schanzenbächer 2004). Wenn in der Behandlung von straffälligen Menschen zu sehr auf konfrontative Verfahren gesetzt wird, so ist mit hoher Wahrscheinlichkeit damit zu rechnen, dass dies zu Lasten einer tragfähigen Arbeitsbeziehung gehen kann. Als zentraler Wirkfaktor ist jedoch genau eine solche gute professionelle Arbeitsbeziehung auszumachen (vgl. Marshall & Serran 2004).

10.1 Motivierende Gesprächsführung – Motivational Interviewing (MI)

Zum Einstieg:

- Bewährungshelferin Frau H. versucht gemeinsam mit einem Klienten mit Therapieauflage die jeweiligen Vor- und Nachteile von Haft oder stationärer Therapie herauszuarbeiten. Der Klient darauf: „Das ist doch keine Wahl, die ich hier habe, die Sie mir hier verkaufen wollen. Ich habe keine Wahl. Eine richtige Wahl für mich wäre, auch entscheiden zu können, so zu bleiben, wie ich grad bin."
- Ein Klient bei der Bewährungshilfe hat ein Vorstellungsgespräch ca. vier Kilometer von seinem Wohnort entfernt, er geht zu Fuß zum vereinbarten Termin mit der Begründung, dem zukünftigen Chef beweisen zu wollen, was er alles für diese Stelle auf sich nimmt. Der Klient kommt zu spät, völlig verschwitzt und außer Atem an. Über die Absage ist er sehr erbost, da seinen Bemühungen nicht Rechnung getragen worden sei.

Motivierende Gesprächsführung (Motivational Interviewing MI) gilt mittlerweile auch in der Arbeit mit straffälligen Menschen als zielführende Methode. Eine der Grundannahmen dabei ist, dass Klient:innen nicht veränderungsunwillig sind, sondern einer möglichen Veränderung zwiespältig (ambivalent) gegenüberstehen (vgl. Miller & Rollnick 2009, S. 31). Die erzwungene Veränderung (von außen durch Zwangskontext) bedeutet für die davon Betroffenen (Klient:innen) eine Konfrontation mit Verhaltensweisen, Einstellungen und Werten, die in den jeweiligen Phasen des MI in aufeinander folgender Weise sichtbar gemacht werden. Dabei handelt es sich um ein direktives, auf den Einzelfall bezogenes Behandlung- und Beratungsangebot der professionellen Fachkraft. Mit Konfrontation ist die Berater:innenhaltung der „liebevollen Hartnäckigkeit" (vgl. Mayer 2009, S. 209 f.) gemeint. Ambivalenz auf Seiten der Klient:innen wird dabei als normales Reagieren auf Verhaltensveränderungen gesehen (vgl. Keller et al. 1999, S. 17 f.). Die jeweiligen Gesprächstechniken bauen innerhalb des MI auf den Stufen der Veränderung nach Prochaska und DiClemente auf (→ Kapitel 9.2 – Motivationsdiagnostik – TTM).

Von Stufe 1 der Absichtslosigkeit auf Stufe 2 der Absichtsbildung
Generell ist Stufe 1 (→ Kapitel 9.2) von einem geringen Auseinanderdriften von *Ist* und *Soll* gekennzeichnet (man hat schlichtweg kein Problem, Justizirrtum, eigenes Fehlverhalten wird negiert/relativiert/bagatellisiert/neutralisiert).

Praxistipp

Das Infragestellen von bisherigen Glaubensätzen durch die Fachkraft wird wahrscheinlich bei den Klient:innen zu verstärktem Widerstand führen. Daher ist es wichtig, hier nicht auf konfrontative Äußerungen zu setzen, die eher den Charakter einer „Beweisführung" haben und in Moralisieren, Predigen und einer Art Streitgespräch münden können. Rosengren (2009, S. 9) empfiehlt, diesem „Reflex der Richtigstellung" („rightening reflex") zu wiederstehen, um den Widerstand der Klient:innen nicht zu befeuern. Ein Streitgespräch an dieser Stelle, Rosengren betitelt es als „wrestling" (S. 27), würde mit hoher Wahrscheinlichkeit bei den Klient:innen zu einem noch stärkeren Beharren auf der eigenen Sichtweise oder zu einer Scheinanpassung führen. Auch entsteht so häufig die festgefahrene Sichtweise auf Seiten der professionell Helfenden, man habe es mit einer per se „unmotivierten" und „therapieresistenten" Klientel zu tun (vgl. Zobrist & Klug 2021, S. 43). Negative Attributionen führen häufig auch zu einer sich-selbst-erfüllenden Prophezeiung („self-fulfilling prophecy") und Klient:innen werden weiter in ihrem negativen Selbstbild bestärkt (vgl. Watzlawick 1983, S. 60).

Vorgehensweise bei Stufe 1

An dieser Stelle wird klar, dass MI als direktiver Ansatz einzuordnen ist. Als professionelle Fachkräfte versuchen wir festgefahrene Denkmuster und Glaubenssätze ganz bewusst sichtbar zu machen, häufig kommen an dieser Stelle Fragetechniken aus der systemischen Therapie zum Einsatz. Prochaska und Levesque (2002) geben folgende drei Schritte vor:

1. Steigerung des Problembewusstseins: Die Fachkraft fördert Zweifel und verstärkt die Diskrepanz zwischen *Ist*- und *Soll*-Zustand. Dies erfolgt nicht durch direkte Konfrontation (Negativbeispiel: „Eine Person ist durch Sie verletzt worden und Sie denken, Sie haben kein Problem?"), sondern durch ein geduldiges, freundliches aber dennoch hartnäckiges Nachfragen (Beispiel: „Das Gericht hat Sie zu einer Bewährungsstrafe verurteilt und Sie haben nun mit mir zu tun. Was muss Ihrer Meinung nach passieren, damit das hier sich für Sie lohnen könnte?"; „Was könnten Sie denn tun, damit Sie nicht nochmal in das gleiche Dilemma kommen?"). MI richtet an dieser Stelle auch den Blick auf eine positive Zukunft und greift somit die Idee der lösungsorientierten Gesprächsführung auf, indem vor konkretem Handeln die Vision der Zukunft angesprochen wird (vgl. Bamberger 2022, S. 80).

Praxistipp

Eine *Ist-Soll*-Diskrepanz sollte nicht durch Dramatisieren des *Ist*-Zustandes alleine oder durch ein ausschließliches Phantasieren einer positiven Zukunft erfolgen. Es geht vielmehr um das Herausarbeiten eines Kontrastes („Wo stecke ich fest?“ vs. „Wo kann es hingehen?“). Erst das Wahrnehmen der Lücke lässt eine Verhaltensveränderung auf ein erwünschtes Ziel wahrscheinlicher werden (vgl. Zobrist & Klug 2021, S. 45).

2. Erkennen von Ressourcen: Ressourcen zu erkunden und sich diese bewusst zu machen, fördert die Veränderungsmotivation. Die Ressourcenerkundung beginnt entsprechend im MI schon relativ früh. Durch ein erstes und bewusstes Ins-Spiel-Bringen von förderlichen Faktoren und einer Einladung, Umweltbedingungen durch Perspektivwechsel neu zu bewerten („Wozu war es gut?“), werden Grundsteine für eine positive Bestärkung gelegt (vgl. Klug & Zobrist 2016, S. 36). Ressourcenorientierung, Motivationsarbeit und Beziehungsgestaltung (→ Kapitel 7.2, 8) sind daher ein ineinander verzahnter durchgängiger Prozess in der Behandlung.

Praxistipp

An dieser Stelle eignen sich viele ressourcenorientierte Methoden. Falls der/die Klient:in gerne selbst zu kreativen Methoden greift, dürfen nach dem Prinzip der Ansprechbarkeit gerne Visualisierungstechniken zum Einsatz kommen. Als Beispiele können Ressourcenkarten oder Time-Lines mit bewusst ressourcenorientiertem Blick: „Wann in meinem Leben merkte ich welche Stärken“ genannt werden. Ressourcenorientierte Ansätze werden auch in den anderen Stufen wieder aufgegriffen, Dokumente ergänzt, Abänderungen besprochen und veränderte Glaubensätze sichtbar gemacht.

3. Emotionales Erleben: Storch (2011, S. 191) weist darauf hin, dass eine positive Veränderung und das Hinarbeiten auf ein zukünftiges Ziel immer auch eine emotionale Bewertung aufweisen und von bisherigen biographischen Erfahrungen, Bedarfen, Motiven, Wert- und Normvorstellungen geprägt sind. Ziele haben nicht nur eine inhaltliche, sondern auch eine „gefühlte“, also emotionale Seite. Um Veränderungsmotivation zu erzeugen, bedarf es daher nicht nur der Kognitionen („Was denkt der/die Klient:in?“), sondern auch die Gefühlsebene muss mit angesprochen werden („Was für Gefühle entstehen, wenn man Veränderungen durchdenkt?“). Je positiver die affektive Einstellung zu einem bestimmten Zielzustand ausfällt, desto leichter können dabei in der Regel entsprechende bindende Ziele generiert werden (ebd., S. 197).

Praxistipp

Ein gezieltes Aufgreifen von Sorgen, der Problemsicht der Klient:innen, der Problemsicht des Umfeldes (Eltern, Partner:innen, Arbeitgeber:innen etc.) und ein weiterhin emphatisches Spiegeln von problemabwertenden Haltungen sind in dieser Stufe sinnvoll.

Für unsere zweite kleine Fallskizze könnte dies bedeuten, dass wir a) das Verhalten des Klienten noch nicht als Motivation hinsichtlich einer Arbeitsaufnahme bewerten, sondern vielmehr das Scheitern aufgreifen und so der eigentlichen Motivlage („Ich boykottiere mich selbst") näherkommen. Die Frage: „Wie schafft es der Klient eine Arbeitsstelle zu finden?" müsste nun abgeändert werden. Themen: „Wo stehe ich mir im Weg?", bei gleichzeitigem Erkunden „Wo gelingt mir etwas?" wären zielführender und könnten die Motivlagen hinsichtlich des Themas „Ausbildungssuche" realistischer abbilden.

Von Stufe 2 auf Stufe 3 – von der Absichtsbildung zur Vorbereitung

Diese Stufe ist verstärkt durch geäußerte Ambivalenzen gekennzeichnet. Einerseits ist die Diskrepanz zwischen *Ist* und *Soll* nicht angenehm. Andererseits steckt die Person zwischen verschiedenen Handlungsoptionen fest und hat noch keine Entscheidung getroffen. Miller und Rollnick stellen folgende Überlegungen an: Die Argumente für eine Veränderung müssen zunehmen, während die Argumente gegen eine Veränderung abnehmen sollten (vgl. Miller & Rollnick 2009, S. 34). Auch hierbei gilt es die emotionalen Bewertungen mit einzubeziehen. Ein bloßes Abzählen und reines Gegenüberstellen von pro (Was spricht dafür?) und contra (Was spricht dagegen?) einer Veränderung ist zu vermeiden.

Praxistipp

Die Technik der Entscheidungswaage des MI veranlasst Klient:innen wie auch professionell Helfende zu einer tieferen Problemsicht und beugt einer subjektiven Sichtweise von uns Fachkräften („Was Leute wollen sollen!"/„Den quatsch ich jetzt auf Therapie") vor. Es geht auch um eine Art Kosten-Nutzen-Abwägung hinsichtlich der jeweiligen Handlungsoptionen: So zu bleiben wie man ist, hat Nachteile („kostet etwas") aber immer auch Vorteile („bringt mir was"). Eine Veränderung ist, trotz eines positiven Zukunftsblicks („Was bringt es mir?") mit Mühen, Anstrengungen und Kosten verbunden („kostet also auch etwas"). Ein Veränderungsbedarf kann zwar erkannt und als notwendig erachtet werden, wenn man sich jedoch selbst die Veränderung nicht zutraut, wird keine weitere Veränderungsmotivation gezeigt werden (können). Verfahren, die alleinig auf Problem- und Leidensdruck setzen, werden nicht die gewünschten Effekte erzielen. Alltagstheoretischen Äußerungen entnimmt man oft die (verzweifelte) Haltung, dass Menschen erst tief genug sinken müssten, damit sie erkennen, dass sie sich verändern müssen. Sachse et al. (2012, S. 20f.) verweisen darauf, dass Leidensdruck erst einmal lediglich bedeutet, dass jemand „Kosten" wahrnimmt und darunter „leidet". Dies ist nicht gleichbedeutend mit intrinsischer Veränderungsmotivation. Für eine Neuausrichtung bräuchte es ein neues positives Selbstbild. Stigmata fördernde Maßnahmen (Beispiel: sogenannte Prangerstrafen, unverhältnismäßig lange und harte Strafmaßnahmen, fehlerhafte Durchführung von konfrontativen Methoden) würden so den gegenteiligen Effekt bewirken und eher eine Verfestigung eines negativen Selbstbildes und einer Abnahme von Veränderungsmotivation bewirken.

DiClemente und Velasquez (2002, S. 203) weisen auf eine mögliche Fehlerquelle auf Seiten der professionell Helfenden hin: Praktische Veränderungsschritte und das Formulieren von Hilfeplänen ergibt auf den Stufen 1 bis 3 noch keinen Sinn und wirkt sogar hinsichtlich der weiteren Veränderungsmotivation kontraproduktiv. Erst muss festgestellt werden, ob überhaupt schon ein Problembewusstsein und damit auch eine emotionale Bewertung hinsichtlich einer Verhaltensveränderung erwirkt wurde (vgl. Zobrist & Klug 2016, S. 42).

Von Stufe 3 auf Stufe 4 – von der Vorbereitung zur Handlung

Wie bereits angeführt, sind konkrete Hilfepläne erst ab Stufe 3 sinnvoll. Denn solche konkreten Selbstverpflichtungen („commitment") erfordern nicht nur eine positive emotionale Besetzung eines spezifischen Ziels, sondern auch die Überzeugung, dass dieses Ziel erreichbar erscheint (vgl. Zobrist & Klug 2021, S. 48). Diese Stufe ist von einer gewissen Willensbildung gekennzeichnet. Äußerungen von Klient:innen könnten folgende sein: „Ich versuche das jetzt noch einmal" oder „Mir graut erstmal vor der Langeweile, aber irgendwie bin ich gespannt, wie mein Leben so nach der Therapie sein wird"[45]. Professionelle Fachkräfte bemerken an dieser Stelle oft, dass Hilfs- und Kontrollaufgaben deutlich weniger hinterfragt, und zwar nicht unbedingt als angenehm empfunden, doch als für die Zielerreichung notwendig bewertet werden. „Die medikamentöse Behandlung ist zwar doof, da ich ständig zum Substi-Arzt gehen muss, schützt mich aber vor einem neuen Delikt und diese Krücke brauche ich noch" – so ein Satz eines substituierten drogenabhängigen Klienten.

Praxistipp

Die zaghaft veränderte Haltung, die hier bei Klient:innen bemerkbar wird, verleitet vielleicht dazu, vorschnell zu denken, dass die Klient:innen als „geheilt" gelten könnten. Wichtig ist jedoch ein weiteres Üben von Verhaltensweisen und mit Scheitern ist durchaus zu rechnen. Ebenfalls ist in dieser Stufe zu beachten, dass konkrete Hilfe- oder Behandlungspläne im Rahmen der Auftragsklärung partizipativ gestaltet werden sollten. Grundbedingungen, die als nicht verhandelbar gelten, werden transparent dargestellt. Ansonsten gelten die Erkenntnisse aus der Motivationsforschung, die besagen, dass wir Menschen dann am stärksten motiviert sind, wenn Handlungsalternativen bestehen (vgl. Zobrist & Klug 2021, S. 48). Der erste Bindestrich aus der kurzen Fallskizze deutet darauf hin, dass ei-

45 Sie erinnern sich vielleicht an Fall F., dieser hatte für die Zeit nach der Therapie konkrete Pläne, an einem sozial-ökologischen Projekt teilzunehmen, als extremen Gegenentwurf zu seinem bisherigen „Jet-Set-Leben".

nige Klient:innen durchaus vorschnell „verkaufte" Optionen erkennen und mit uns bestenfalls in Diskussion treten. „Sie geben mir eine Wahl vor, die für mich keine wirkliche Wahl ist", oder „Woher kann ich für mich wissen, was besser ist?". Andernfalls wird wohl erneut Reaktanz auftreten. Ebenfalls ergeben sich recht vielfältige und individuelle Ansatzpunkte, was Personen als hilfreich für ein straffreies Leben bewerten.

Anwendung auf die Fallgeschichten aus Kapitel 1

F. aus Kapitel 1.3 hatte sich, zum Beweis seiner Therapiemotivation, täglich bei der Therapieeinrichtung zu melden, auch um zu erfahren, ob er nicht frühzeitiger aufgenommen werden könne. Diese Telefonate nutzte er gleich doppelt und rief nach der Therapieeinrichtung bei der Bewährungshilfe an. Ausgehandelt wurde, dass es hierbei um ein lockeres Erzählen gehen und er sich nochmals einer externen Versicherung für sein Dranbleiben abholen könne (Lob als positive Verstärkung). Dieser Vorschlag kam direkt von Seiten des Klienten und konnte zielführend umgesetzt werden. Bei Fallgeschichte A. aus Kapitel 1.2 bezog dieser seine Freunde aktiv mit in den Bewährungshilfeprozess ein und machte die Ansage: „Hey Leute, ich darf nicht in den Knast, was könnt ihr tun, um mich von Ärger abzuhalten?". Zuvor wurden mit ihm förderliche und nicht-förderliche freundschaftliche Kontakte anhand einer Ressourcenkarte („Wer nutzt mir beim Sauber-Bleiben?") erarbeitet. Da A. als Rolle des Alphas in seiner Peer-Group fungierte („Wo A. ist, ist die Mitte"), konnte dies auch sehr gut umgesetzt werden.

Praxistipp

Erfolgreiche Veränderungsprozesse setzen mehr auf Verstärkung als auf Bestrafung. Dies kann sowohl im Einzelgespräch als auch in der Gruppe umgesetzt werden. Wichtig ist zu erkunden, was für den/die Klient:in ein Verstärker ist und wie man ihn einsetzen kann. Dies geschieht nach dem Prinzip der kleinen Schritte (zum Beispiel: sich für einen abstinenten Tag zu belohnen).

Von Stufe 4 auf Stufe 5 – von der Handlung zur Aufrechterhaltung

An dieser Stelle werden die professionellen Fähigkeiten einer Fachkraft hinsichtlich Auftrags- und Zielklärung aus den vorherigen Phasen, wie näher in Teil III ausgeführt, sichtbar. „In Zwangskontexten ist es von besonderer Wichtigkeit, dass die Ziele einerseits tatsächlich bedeutsame Ziele des Klienten sind und nicht sozial erwünschte Äußerungen oder oberflächliche Anpassungsleistungen darstellen", so Zobrist und Klug (2021, S. 142). Dabei verweisen die Autoren auf eine Verwobenheit von Kontextbedingungen, der subjektiven Bedeutsamkeit und der Realisierbarkeit der Zielformulierungen (vgl. ebd., S. 143). Konkretes Tun in Form von Übungen (Beispiel: in-vivo-Übungen) und Fragestellungen wie: „Was könnte klappen?", „Wie bleibe ich dran?", können hier zielführend eingesetzt werden. Ebenfalls können wir auf lerntheoretische Annahmen der positiven Verstärkung zurückgreifen. Positive Verstärker sind ebenso auf den Einzelfall hin abzustimmen und auf das Prinzip der Ansprechbarkeit („Worauf spricht der Klient/die Klientin an?") hin zu überprüfen. So kann ein/e Klient:in eher auf Lob ansprechen (Beispiel: Fallgeschichte S. und F.) oder Verstärker hinsichtlich der eigenen Autonomiebestrebungen triggern die Motivation (Beispiel: Fallgeschichte A.). So wurde bei A. in einem Aushandlungsprozess sein Straßenleben nicht als etwas Schlechtes oder als nicht normales Verhalten bewertet, sondern als seine Art Selbstständigkeit (Bedürfnis nach Autonomie) zu leben. Als Kernfrage wurde dann erarbeitet: „Wie kann ich trotz Straßenleben die Termine bei der Bewährungshilfe wahrnehmen?", und dann noch eine Steigerung, die A. für sich als „challenge" auffasste: „Wie schaffe ich es trotz faktischer Obdachlosigkeit, straffrei zu bleiben?". Gerade bei dieser Fragestellung war A. sehr stark motiviert und ein Ressourcencheck hinsichtlich nicht-krimineller Freunde und weiterer Unterstützung konnte gut umgesetzt werden. Lob und Anerkennung erfuhr A. zudem von Seiten der Auftraggebenden (der zuständige Jugendrichter war dem Klienten sehr zugewandt), seitens seines näheren Umfeldes („Boa, der A. hat sich echt verändert, der ist voll relaxed geworden"), und seine neues Interesse galt fortan einem weiteren schulischen und beruflichen Fortkommen (mit Erfolg: Jahrgangsbester im Quali als externer Schüler).

10.2 Deliktorientierung und Deliktbearbeitung

Ausgehend von den RNR-Prinzipien wird die Bearbeitung der begangenen Straftaten (Delikte) mitunter als Kernauftrag betitelt. Durch die Analyse der Anlasstaten verspricht man sich im Rahmen einer sozialen Diagnostik Anhaltspunkte für mögliche Risiken, Aussagen bezüglich einer weiteren Prognose sollten hier ableitbar werden (vgl. Ludwig 2014, S. 183). Die Überlegungen und Bemühungen rund um die methodische Umsetzung erhalten eine etwas andere Ausrichtung, wenn es um die Reduzierung von Rückfällen gehen soll, im Vergleich zu generellen Hilfs- und Unterstützungsangeboten (beispielweise: die Minimierung von depressiven Verstimmungen, Schuldenregulation, Hilfestellung im Alltag), die für eine Rückfallminimierung keine Dringlichkeit oder sogar keine Zusammenhänge damit aufweisen. Höhere Rückfallneigung und eine höhere Einschätzung der zukünftigen Gefährlichkeit der Klient:innen werden stärker mit dissozialen Einstellungen, sexueller Devianz und hohem Aggressionspotential in Verbindung gebracht (vgl. Suhling & Enders 2016, S. 346). So besagt das RNR-Modell (→ Kapitel 6.2) eben auch, dass Maßnahmen der Behandlung umso wirksamer sind, je besser sie auf die Bedarfe und das individuelle Rückfallrisiko hin abgestimmt werden. Methoden, die es schaffen, bei den individuellen Lernstilen der Klient:innen anzusetzen und veränderbare Merkmale der Täter:innen in den Blick zu nehmen, werden erfolgreicher bei einer zukünftigen Lebensgestaltung ohne Straftaten sein können als beliebige Hilfe- und Unterstützungsangebote (vgl. Andrews & Bonta 2010; Lösel, Koehler & Hamilton 2012). Jedoch lässt das RNR-Modell konkrete methodische Empfehlungen offen.

Was bedeutet Deliktbearbeitung?

Letztendlich könnte man behaupten, dass jede Behandlungsform, die auf die Verhinderung von weiteren Straftaten abzielt, als deliktorientiert betitelt werden könnte. Heute geht es dabei jedoch zumeist um eine spezifische Betrachtung der Anlasstat(en) – also ein zunächst rückwärtsgewandter Blick auf begangenes Unrecht (vgl. Suhling & Enders 2016, S. 348). Meist werden dazu auf das Anlassdelikt bezogen funktionale Verhaltensanalysen durchgeführt. Das Anlassdelikt dient dazu, auslösende und aufrechterhaltende Bedingungen für ein strafrechtliches Verhalten herauszufinden. Dieses Vorgehen ist auch in der Behandlung von Suchterkrankungen bekannt, nur dass es dort thematisch um auslösende Faktoren für einen unmittelbaren Suchtmittelkonsum geht. Zum Beispiel deutet „feiern" mit Freund:innen auf einen anderen Auslöser hin als eine intrapersonelle Bewältigung von negativen Gefühlen (zum Beispiel: „feiern", um „gut draufzukommen").

Fallbezug zu F.

Angewandt auf auslösende Faktoren bei aggressiven Verhaltensweisen könnte man folgende Delikthypothese aufstellen. F. denkt, dass er dann erst etwas gilt, wenn er „besonders" (anders als der Mainstream) ist (erlernter Plan), und kann zudem Langeweile und gefühlten Stillstand sehr schwer aushalten. Durch den Konsum von Kokain geht es ihm gleich besser, er fühlt sich gut und niemand kann ihm etwas anhaben. Wenn er „drauf ist", provoziert er gerne, und die Gefahr ist groß, dass es zu einer körperlichen Auseinandersetzung kommen kann („es ist dann halt eskaliert" – so seine Worte). Aus dieser Analyse heraus (z. B. angelehnt an eine SORCK-Analyse[46]), könnten hilfreiche Strategien entwickelt werden, wie F. verhindern kann, sich selbst in Risikosituationen zu begeben (Vermeidung von Situationen und Gelegenheiten) oder wie er für sich hilfreiche Strategien entwickeln kann, um ein Gefühl von Langeweile kompensieren (Erarbeitung von Verhaltensalternativen). Missverständlich bei Methoden der

46 Nach von Kanfer & Saslow (1974) vorgestelltem Modell, das in der kognitiven Verhaltenstherapie der Diagnostik, Erklärung und Veränderung von (Problem-)Verhalten dient. Es wird auch als horizontale Verhaltensanalyse bezeichnet (vgl. https://dorsch.hogrefe.com/stichwort/sorkc-modell).

Deliktorientierung ist häufig, dass es ausschließlich um die Anlasstat(en) und deren situative Analyse gehen soll. So spielen jedoch auch immer sogenannte deliktunspezifische Anteile, wie soziale Kompetenzen, Selbst- und Fremdbilder, Fähigkeiten zur Wahrnehmung von Gefühlen etc., eine Rolle und dürfen selbstverständlich in die jeweiligen methodischen Herangehensweisen (zum Beispiel: MI und Ressourcenarbeit) einbezogen werden. Die direkte Analyse einer Anlasstat (Deliktszenario) beinhaltet die Vorgeschichte und den Ablauf des Deliktes. Daraus ergeben sich dann, sehr stark an kognitiv-behavioralen Ansätzen orientiert, individuelle Lernaufgaben, wie zum Beispiel das Einüben alternativer Verhaltensweisen, von Entspannungstechniken, um Stress zu reduzieren, das Einüben von konstruktiven Konfliktlösungsstrategien usw. Bei diesen Überlegungen geht es also darum, möglichst früh fremdgefährdende Verhaltensweisen zu unterbinden.

Was bringt Deliktorientierung – kurz zusammengefasst

Auf den ersten Blick erscheint die Analyse der Anlasstat als Vertiefung des diagnostischen Vorgehens und ist im Rahmen des RNR-Modells dahingehend bedeutsam, dass individuelle und situative Risikofaktoren genauer erarbeitet werden können (vgl. Suhling & Enders 2016, S. 351). Die Erkenntnisse daraus können spezifisch in rückfallpräventive Überlegungen einfließen und Vermeidungs- und Bewältigungstechniken passgenau erarbeitet werden. Dabei ist wichtig, sich auf die einer Straftat vorausgegangenen Schritte zu beziehen. Ob es dabei auch einer tieferen Analyse des Tat*hergangs* selbst bedarf, stellen Suhling und Enders (2016, S. 351 f.) in Frage und lenken den Blick auf die Betrachtung von Ereignisketten im Vorfeld und weniger auf die Beachtung von detaillierten Beschreibungen einer Tat an sich. Die Desistance-Forschung weist in diesem Zusammenhang darauf hin, nach individuellen Wegen des Ausstiegs zu suchen.

Deliktbearbeitung in Zusammenhang mit Leugnen

Interessant an dieser Stelle erscheint, dass ein weiteres Ziel der Deliktorientierung auf Verantwortungsübernahme bei den Straftäter:innen abzielen möchte. Die Idee dahinter wird häufig damit begründet, dass durch die Erkenntnis der Fremdschädigung von weiteren Straftaten Abstand genommen wird (vgl. Suhling & Enders 2016, S. 350). Gerade Anti-Aggressivitäts-Trainings (AATs) setzen durch eine gezielte Arbeit an gewaltverherrlichenden Einstellungen der Täter:innen an, um diese Einstellungen möglichst nachhaltig zu erschüttern. Auf diese Weise werden Schuldgefühle geweckt, die eine Steigerung von Opferempathie bewirken und, weitere Aggressionen hemmen sollen (vgl. Weidner, Kilb & Kreft 2009, S. 12). Sehr prominent ist häufig die Methode des „heißen Stuhls". Dabei sitzt eine Person (der/die Täter:in) im Zentrum und stellt sich provozierenden und attackierenden Äußerungen von Seiten der Trainer:innen und der anderen Teilnehmenden. Ein Zwang zum Nachdenken wird „bis an die Schmerzgrenze“ (Weidner 2006, S. 20) gesteigert und ein Einfühlen in das Opfer verlangt, um das AAT letztendlich mit Erfolg abzuschließen. Etwas „sanftere“ Methoden (zum Beispiel: Verfassen von Entschuldigungsbriefen) setzen manchmal an einer möglichst aktengetreuen Wiedergabe ohne Beschönigungen oder Bagatellisierungen an und greifen den justiziellen Gedanken „ohne Geständnis keine Einsicht, ohne Einsicht keine Reue“ (vgl. Körber 1995, S. 69) auf. Dies verleitet auch in psychosozialen Settings häufig zu Fehlannahmen hinsichtlich der Einschätzung einer bestehenden Gefährlichkeit („Nur wer zugeben kann, was er/sie gemacht hat, birgt weniger Risiko in sich als Klient:innen, die ihre Taten leugnen.“). Dies wiederspricht einigen empirischen Belegen, die Leugnen als keinen Risikofaktor für zukünftige Straftaten herausstellten (vgl. Hanson & Bussière 1998; Hanson & Morton-Bourgon 2005; Rettenberger et al. 2011). Das erscheint dahingehend erklärbar, dass Leugnen vor allem für wegen Sexualstraftaten verurteilte Inhaftierte unterschiedliche Funktionen haben könnte. So hofft man durch leugnendes Verhalten vielleicht auf weiteren familiären Rückhalt, Schutz vor Übergriffen in Haftanstalten durch andere Gefangene, Aufrechterhaltung des eigenen Selbstbildes und will Schamgefühlen keinen übermäßigen Raum geben. Alleinig ist somit „Leugnen“ (noch) nicht als Risikofaktor zu bewerten. Hierzu müssten wir unterscheiden, ob es sich um eine Person mit dissozialen Tendenzen (→ Kapitel 2) handelt, bei der wir von einer starken Selbstbezogenheit und rein auf die eigenen Bedürfnisse ausgerichteten Verhaltensweisen (quasi ohne Rücksicht auf andere) ausgehen, dann wäre Leugnen sehr wohl ein Zeichen für eine weitere Gefährlichkeit bzw. ein für diese Täter:innen symptomatisches Verhalten. Bei weniger dissozialen Anteilen würden wir davon ausgehen, dass Leugnen weniger Ausdruck von abweichendem Verhalten ist und sich gute Ansatzpunkte für die weitere Behandlung ergeben (vgl. Suhling & Enders 2016, S. 353). Maruna und Mann (2006) bringen zum Ausdruck, dass es eher normal ist, persönliche Fehler abzustreiten und vordergründige Entschuldigungen dafür zu suchen, als dies nicht zu tun. Vorsicht sei nach dieser Sicht also eher bei einem Geständnis („ja, das habe ich getan“) geboten, wenn weniger die Sicht auf die eigene Verantwortung gelegt wird. So sollte stärker an einer Verantwortungsübernahme für zukünftiges Verhalten gearbeitet werden als an einem Eingeständnis von Schuld für die Tat(en) in der Vergangenheit (vgl. Suhing & Enders 2016, S. 356).

11 Bezug der eigenen Traumaerfahrungen zum Behandlungsverlauf

Weil viele der traumatischen frühkindlichen Erfahrungen in einer Zeit passierten, in der die Kinder noch keine Sprache erworben hatten (präverbal), können sie auch später nicht durch Sprache ausgedrückt werden, und es kommt zu sogenanntem „Acting Out“ bzw. zu „Handelnden Inszenierungen“. Im Hier und Jetzt ist ein angemessenes Erzählen der Traumaerfahrung nicht möglich, die Mitmenschen (auch Behandler:innen) werden in ein traumatisches Beziehungsgeschehen verstrickt und wiederholen dann mit, am oder durch das Opfer die Traumaerfahrungen. Es ist, als ob die Mitmenschen eine Art Drehbuch von dem/der Klient:in bekämen, worin starre Rollen beschrieben werden und die Geschichte immer wieder gleich endet: mit der Traumatisierung der Klient:innen (Herr W. als Opfer → Kapitel 2) bzw. ihrer Mitmenschen (Herr W. als Täter → Kapitel 2). In Abbildung 6 ist die projektive Inszenierung gespaltener Beziehungsdyaden graphisch dargestellt. Dabei werden typische Beziehungsthemen mit entsprechenden Rollen reinszeniert (Reinszenierung; → Kapitel 2).

Abb. 6: Projektive Inszenierung gespaltener Beziehungsdyaden nach Lackinger (2012)

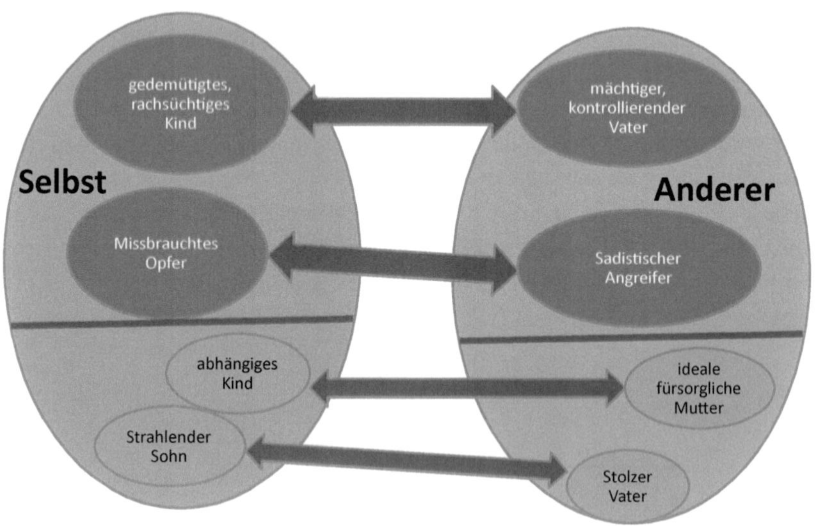

Nun wäre es aus behandlerischer Sicht sehr gut, wenn die Klient:innen uns ihre traumatischen Erlebnisse strukturiert erzählen, dabei die entsprechenden Gedanken benennen und Gefühle adäquat erleben könnten und sie somit das Trauma verstehen und irgendwann hinter sich lassen könnten. Aber es ist gerade der Mechanismus eines Traumas, das Erlebte in vielerlei Hinsicht abzuspalten, um es für den Moment aushaltbar zu machen (Schilderungen ohne das Gefühl, partieller Erinnerungsverlust etc.). Die Folge ist, dass Menschen mit Traumata das Erlebte immer auf vielfältige Weise „reinszenieren" (Freud 1914, S. 129), bspw. auch in Straftaten, wobei es dann zu einer „Täter-Opfer-Umkehr" kommt (Rauchfleisch 2013, S. 39 ff.). Aber nicht nur im Delikt, sondern auch in der Arbeitsbeziehung zu den Bewährungshelfer:innen kann es zu Reinszenierungen des Traumas kommen, bei dem uns die Klient:innen das entscheidende „Momentum" des Traumas erleben lassen. Dazu nun folgend eine kurze Fallgeschichte.

11.1 Fallbeispiel Frau H. – ein Schock aus dem Nichts

Eine Bewährungshelferin schildert im Rahmen der Fallreflexion eher beiläufig („… ich bin mir unsicher, ob das ein echter Fall ist …") eine Begebenheit mit einer Probandin (35 Jahre, 1,5 Jahre Haft auf 3 Jahre Bewährung, wegen kleinerer Delikte). Man arbeite seit einigen Monaten zusammen und sei sich grundsätzlich sympathisch. Da es nicht viele „Baustellen" zu bearbeiten gäbe und alles recht gut liefe, unterhalte man sich auch gelegentlich „über dies und das", wobei die Probandin auch manchmal Fotos auf ihrem Handy zeige. Dabei habe sie auch einmal eine sehr aufwendige Torte (offensichtlich für einen Kindergeburtstag) gezeigt, die sie selbst gebacken habe. Auf Nachfrage gibt die Probandin an, solche Torten jedes Jahr für ihren Sohn zu backen. Die Bewährungshelferin ist entzückt, man freut sich und schaut gemeinsam das nächste Foto an, bei dem es sich um eine Collage mehrerer Einzelfotos handelt. Darunter befindet sich unter anderem wieder die Aufnahme der Torte und das Sterbebild eines Kindes. Mit einem Schlag (!) sind die positiven Gefühle weg, es bleibt nur ein Gefühl der Verwirrung und Leere – irritiert fragt die Bewährungshelferin nach, warum das Sterbebild da zu sehen sei, worauf die Probandin ganz selbstverständlich antwortet, es handle sich dabei um das Bild des bereits erwähnten Sohnes. Der Bewährungshelferin fällt das Handy fast aus der Hand, sie drückt es der Probandin fast panisch mit den Worten „tun sie es weg, tun sie es weg" in die Hand. Die Probandin fühlt sich unverstanden und brüskiert, man wechselt noch schnell das Thema und beendet dann rasch die Sitzung. Seitdem ist das Verhältnis deutlich abgekühlt. Erst später erfährt die Bewährungshelferin, dass die Probandin ein ersehntes Kind ausgetragen habe, das völlig überraschend wenige Stunden nach der Geburt gestorben sei, was für sie wie ein Schlag (! s. o.) gewesen sei.

Der Bewährungshelferin wurde das Trauma der Probandin nicht einfach erzählt – sie hat es miterleben bzw. „nacherleben“ müssen, war darauf nachvollziehbarerweise unvorbereitet und damit vollkommen überfordert. Was deutlich wird: die Probandin hat dieses Überforderungserleben mit der Bewährungshelferin reinszeniert – sie hat ihr die Geschichte nicht einfach erzählt, sondern sie dazu unbewusst gezwungen, dasselbe wie sie zu erleben. Auch wenn nicht alle traumabedingten Behandlungssituationen so eindeutig verlaufen, ist doch häufig zu beobachten, dass Behandelnde in die Reinszenierungen verstrickt werden. Derlei Erlebnisse sollten unbedingt im Rahmen von Inter- und Supervision bearbeitet werden, um einerseits die Arbeitsbeziehung aufrechterhalten zu können und andererseits die Belastung für die Bewährungshelferin im Sinne von Psychohygiene zu reduzieren. Insofern war dieser Fall ein „echter Fall“ für die Fallreflexion – die Bewährungshelferin konnte nach der Supervision mit der Probandin neu ansetzen und hatte diesen „Schockmoment“ für sich „verdaut“. Es ist die Aufgabe der Behandler:innen, diese Mechanismen zu erkennen, wobei ein „szenisches Verstehen“ (Lorenzer 1970) helfen kann. Ohne ein traumasensibles Verständnis seines Werdegangs, seines aktuellen Funktionierens und der entstehenden Beziehungsdynamiken wird man dem Fall nicht gerecht. Dies setzt entsprechende Fort- und Weiterbildungen und supervisorische Begleitung aller Mitarbeiter:innen voraus. Ansonsten drohen ständige Trauma-Reinszenierungen, die eine Behandlung nicht nur verhindern, sondern durch die Retraumatisierungen sogar antitherapeutisch wirken. Deshalb ist es wichtig, „vom Handeln zur Therapie“ zu kommen, wie es Streeck-Fischer (2014) formuliert.

In der Sanktionierung ihrer Taten erleben sich die Klient:innen nicht selten als hilflose und verfolgte Opfer, denen übel mitgespielt wird. Die eigene Täterschaft kann nicht gesehen werden, was auch daran liegen mag, dass die bisherigen Lebenserfahrungen vielfach von Opfersein mit einhergehendem Kontrollverlust, Ohnmacht und Hilflosigkeit geprägt waren. Insofern erleben sich die Täter:innen nicht als solche, obwohl sie es offensichtlich sind. Dem Gegenüber drängt sich nicht selten der Impuls auf, jemanden zur Schuldübernahme zwingen und ihn für seine Taten bestrafen zu wollen – eine sehr ungünstige Ausgangsposition für eine unterstützende Hilfsbeziehung.

Zugrunde liegt diesem Phänomen die bereits erwähnte Borderline-Struktur (→ Kapitel 2), die sich zum einen mit den Behandelnden als Gegenpart inszeniert (im Sinne einer komplementären Identifikation Behandelnde-Klient:innen) oder zum anderen Spaltungen zwischen verschiedenen Akteuren befördern kann (bspw. Justiz gegen den Klient:innen, Therapeut:innen für ihn). Schneider-Lehmann und Lohmer (2008, S. 219) bezeichnen dies als „Doppelspiel und Täter-Opfer-Dynamik“, wobei sie davon ausgehen, dass sich bei den Klient:innen im therapeutischen Setting häufiger die Opferseite manifestiert, in den (Gewalt-)Delikten jedoch eine rachsüchtige und unkontrollierte

Täterseite die Oberhand gewinnt, deren Schilderung bei den Behandler:innen Angst auslösen kann. Diese sähen sich vor der Herausforderung, nun besonders achtsam zu sein und die Kontrolle über die Situation und die Klient:innen zu bewahren. Ziel der Behandlung dieser Spaltungsdynamik (auch durch die Bewährungshilfe) sei es, die abgespaltenen Anteile zu integrieren und den Rachedurst der Täterseite in angemessene Trauer und die Ohnmacht des Opfers in konstruktive Aggression umzuwandeln.

11.2 Fallbeispiel Herr W. (aus Kapitel 2) – entweder Täter oder Opfer und immer beides

Im Folgenden wird ein Brief von Herrn W. an einen der beiden Autor:innen dieses Buchs wiedergegeben (JL). Obwohl Herr W. keinen guten Haftverlauf hatte, versuchten die Mitarbeiter:innen der Anstalt eine Vollverbüßung bis zur Endstrafe zu vermeiden, um zu erreichen, dass zumindest ein geringer Strafrest zur Bewährung ausgesetzt würde, damit Herr W. auch nach seiner Haftentlassung an das Hilfesystem angebunden werden konnte. Die Entlassvorbereitung gestaltete sich erwartungsgemäß schwierig. Das Jugendamt sah sich bei einem 18-Jährigen mit vielen scheinbar nutzlosen Maßnahmen nicht mehr zuständig, und es gab nur wenige Einrichtungen, die Klient:innen wie ihn aufnehmen. Es konnte ein therapeutischer Bauernhof ausgemacht werden, mit dem eine Aufnahme des Herrn W. nach Haftentlassung vereinbart wurde. Herr W. besuchte im Rahmen einer Ausführung den Bauernhof und lernte die Betreuer:innen kennen, man konnte sich eine Zusammenarbeit vorstellen, alle Beteiligten waren froh und zuversichtlich. Zwei Tage später stahl Herr W. im Arbeitsbetrieb der Anstalt einen Papierlocher, wurde erwischt und angezeigt. Die Hausdienstleitung stellte in einer internen Konferenz die geplante Entlassung in Frage, da nun ein offenes Verfahren anhängig sei. Das therapeutische Team betonte dagegen die allgemein schwierige Entlassperspektive, die ausnahmsweise jetzt besser sei, und wies darauf hin, dass dieses Verfahren sicherlich ohnehin eingestellt werden würde. Bis zur Entscheidung der Anstaltsleitung bzw. des Gerichts war die Zukunftsperspektive also ungewiss, und Herr W. schrieb in der für ihn belastenden Situation folgenden Brief.

Originalbrief (mit Fehlern übernommen)	**Interpretation/Deutung**	**Status der Täter-Opfer-Dichotomie**
Hallo Herr Lohner, *bei diesem Brief wo ich jetzt schreibe muss ich sogar weinen. Da ich mich in ihnen getäuscht habe, und ich habe ihnen beim Leben an vertraut.*	Das Leben anvertraut – das mag überdramatisiert wirken, aus Sicht des „abhängigen Kleinkindes“, als das er sich oft fühlt, ist das aber nachvollziehbar	Opfer (abhängiges Kleinkind)

Aber sie Labern auch nur wie die anderen.	Er sieht sich wieder einmal bestätigt in seinem Misstrauen – er vertraut 100%ig und wird durch uns total enttäuscht	Therapeut ist Täter
Ich habe jetzt einige schwere Entscheidungen getroffen,	Wichtig: Er handelt, er entscheidet, er tut etwas, wird also zum Täter, kein Opfer mehr	W. ist Täter
es hat alles keinen Sinn mehr.	Typische Wahrnehmung als Traumafolge bei Rückschlägen und Schwierigkeiten: Alles ist aus, Fallen ins Bodenlose. In der Folge kommt es dann zu einer Art „Amoklauf", in dem alles, was vorher erarbeitet wurde, kaputt gemacht wird (bspw. Abstinenz, Beziehungen etc.). Es muss dann nicht mehr ausgehalten werden, was nicht mehr ausgehalten werden kann, sondern es kann vermeintlich autonom gehandelt werden	W. ist verzweifeltes, hoffnungsloses Opfer und muss nun etwas tun (= Täter)
Sie und Frau [SOZIALPÄDAGOGIN] *und das Arschloch Herr* [HAUSDIENSTLEITER] könnt mich mal. Ihr redet alle nur und es Steckt doch nichts dahinter. (Ihr seid nicht besser wie meine Mutter).	Herr W. schreibt explizit, woher die Übertragung frühkindlicher Bindungserfahrungen auf die aktuellen Behandler:innen kommt: von seiner Mutter	Behandler und seine Mutter sind die Täter
Meine 2. Entscheidung ist ich werde am Wochenende einen Brief schreiben an die Familie und werde schreiben das ich nicht komme, weil die enttäuschen mich bestimmt genauso wie ihr.	Das sicher erwartete Scheitern einer Beziehung, in der er sich wieder nur als abhängig und ausgeliefert erlebt hätte, wird vorweggenommen und selbst durchgeführt. Motto: Ich warte nicht, bis ihr mich fertigmacht, ich handle aktiv und selbstbestimmt (Täter)	Die Familie des Bauernhofs würde sicher zum Täter und er deren Opfer – dann wird er lieber gleich zum Täter
Meine 3 Entscheidung wird sein ich mach Endstrafe. Meine 4 Entscheidung wird sein wenn ich dann wieder raus bin und dann gebe ich mir den Goldenschuss.	Der existentielle Charakter seiner Krisenlage wird noch einmal klar: Wir sind dabei ihn zu vernichten	Er trifft Entscheidungen (Täter) und wird dann sterben (Opfer)
und dann könnt ihr euch fragen ob es wert war mich zu verarschen.	Wir haben Schuld an seiner Krise. Er macht einen eigentlich intrapsychischen Konflikt (eigene Schuldgefühle, weil er gestohlen hat, vs. Überforderung/Wunsch nach Regression) zu einem interpersonellen (ihr seid schuld an meiner Situation). Das entlastet ihn und er hat einen Feind „im Außen", den er sehen und angreifen kann	Wir, die Behandler sind Täter und haben dann Schuldgefühle unter denen wir leiden (Opfer)

Sie fragen sich bestimmt warum ich das schreibe oder? Ich kann es ihnen sagen weil ich am [DATUM] *nicht gehen darf weil der* [HAUSDIENSTLEITER] *das Arschloch gesagt hat ich würde zu der Verhandlung nicht kommen. Sie haben das gewusst das ich nicht gehen darf, macht es ihnen Spaß mich zu verarschen.*	Er unterstellt dem Therapeuten Lustgewinn an seiner Notlage → sadistische Übertragung	Therapeut ist Täter
Sie haben bestimmt mit meiner Mutter geredet, und sie haben mich die ganze Zeit verarscht.	Die Übertragung wird zur Gewissheit	Therapeut ist Täter
Ich halte diesen Psychoterror nicht mehr aus.	Er schildert die Not, in der er sich aktuell befindet, und wie ihn diese Situation überfordert	W. ist Opfer
Sie können zu diesen Brief Stellung nehmen aber sie sind eh zu feige W [...] *Sie labersack macht ihr das mit allen so wo euch vertrauen?*	Einerseits möchte er, dass ich mit ihm spreche, andererseits beleidigt er mich und sieht mich als böse. Die starke Ambivalenz in der Beziehung wird deutlich	Therapeut ist Täter

Beobachtet man den Verlauf der Behandlung von bindungstraumatisierten Klient:innen, fallen häufig sich wiederholende Beziehungsinszenierungen auf, die über charakteristische Phasen zu einem schlechten Ende führen. Streeck-Fischer (2014) beschreibt diese Verstrickungen als „deadly dance", wobei es u. a. nach anfänglichen omnipotenten Rettungsphantasien auf Seiten der Behandler:innen (Honeymoon, Motto: „ich werde die gute Mutter sein, die Du nie hattest") durch grenzüberschreitendes Agieren der Klienten (u. a. Regelverletzungen, Gewaltanwendung) zur Reaktivierung von Täter-Opfer-Erfahrungen (s. o.) und in der Folge zur Ausgrenzung („dem ist nicht mehr zu helfen") und zur endgültigen Ausstoßung kommt (Therapieabbruch). Es gilt diese malignen Verläufe als solche zu erkennen und zu durchbrechen, um den Klient:innen eine korrigierende Beziehungserfahrung (Alexander & French 1946) zu ermöglichen und die Behandler:innen vor sich wiederholenden Erfahrungen des hilflosen und ohnmächtigen Scheiterns zu schützen. Es sind im Übrigen diese charakteristischen Ohnmachtserfahrungen der Helfer:innen, die mitunter einen deutlichen Beitrag zu sogenannten Burnout-Prozessen leisten können. Versteht man diese Prozesse letztlich auch wieder sowohl als eine konkordante („ich bin hilflos wie mein Klient") wie auch komplementäre Gegenübertragung („Du bist mir egal, weil nicht mehr zu retten, ich verstoße Dich"), so können beide Seiten zu einem Ausbrennen beitragen. Die konkordante Gegenübertragung erinnert dabei sehr an Phänomene sogenannter „sekundärer Traumatisierung" (McCann & Pearlman 1990), die beispielsweise aus der Arbeit mit traumatisierten Geflüchteten bekannt sind und wie eine Art „Ansteckung" mit den Ohnmachtserfahrungen auch die Behandler:innen dauerhaft lähmen und hilflos machen können, in deren Folge die eigene Arbeit als sinnlos und überfordernd erlebt wird. Die komplementäre Gegenübertragung erschüttert vielfach das Selbstverständnis von Helfer:innen und Behandler:innen und steht diametral ihrem Ich-Ideal entgegen – somit kommt es zur zynischen Abwertung von Klient:innen und eigener Arbeit oder das eigene Tun erscheint als eine Art falsches und wertloses Schauspiel („ich bin eigentlich ein Blender"), weil die eigenen Ansprüche (auch wenn diese eigentlich angemessen wären!) nicht mit dem tatsächlichen Erleben übereinstimmen.

Entsprechend der Probleme bei der Aufnahme einer echten objektalen Beziehung (siehe Abb. 6) werden Helfer:innen lange ausschließlich unter einem Aspekt der Nützlichkeit gesehen – Beziehung an sich hat keinen Wert. Vor diesem Hintergrund werden auch Manipulationstendenzen gegenüber anderen verständlich, weil der/die andere benutzt werden kann („er/sie ist eben nur Funktionsträger") und muss („freiwillig und einfach so gibt mir niemand etwas – ich muss es mir holen"). Insofern kann in der Arbeit mit Menschen mit dissozialen Persönlichkeitsanteilen realistischerweise keine Arbeits*beziehung* erwartet werden (siehe auch die Diagnosekriterien), v. a. nicht als Voraussetzung für Behandlung, wie etwa in der klassischen Psychotherapie. Es ist angemessener, im besten Fall von einer Arbeits*allianz* (also der Verfolgung gleicher Ziele) auszugehen, wobei auch dies unter der Standardbedingung eines Zwangskontextes schwierig genug ist. Außerdem müssen die Behandler:innen sich fragen, ob sie die Kränkung aushalten können, wenn sie keine wechselseitige Arbeitsbeziehung und initiale Motivation bei den Klient:innen vorfinden. Durch die letztlich dysfunktionalen Beziehungsangebote und schwierige Beziehungsgestaltung (unter anderem durch manipulatives Verhalten, hohe Kränkbarkeit) werden Menschen mit dissozialen Persönlichkeitsanteilen als sehr herausfordernd erlebt und ihre Behandlung erfordert ein starkes Augenmerk auf Ebene der Gestaltung einer gelingenden therapeutischen Beziehung (unter anderem durch Teamansatz, gute Ausbildung, Supervision).

Es stellt sich auch die Frage, welche (teilweise unbewussten) Motive und Ängste die Behandler:innen haben und wie diese die Beziehungsgestaltung beeinflussen. Wird die Therapie implizit z. B. als Strafe oder eine Art „Beichte" verstanden, so kann dies im Sinne eines Agierens von (Gegen-)Übertragung deutlich negative Auswirkungen auf die Therapie und ihre Ergebnisse haben und ist auch aus ethischer Sicht hoch problematisch. Kröber (2019, S. 1 f.) stellt im Hinblick auf Selbstbestimmung und Zwang in Abgrenzung zur Therapie in Freiheit bezüglich der Therapie von Straftäter:innen fest:

> „Bei abgeurteilten Straffälligen in stationären Settings bekommt Behandlung schlagartig einen deutlich anderen Charakter: Es ist stets die Behandlung eines Unterwor-

> fenen durch die Macht, hier durch die Entscheidungspersonen des Gefängnisses, der Sicherungsverwahrung, oder der Klinik des Maßregelvollzugs. Aus einem idealerweise horizontalen, sozial ebenbürtigen Verhältnis zwischen Behandler und Behandeltem, das der Behandelte bei Nichtgefallen jederzeit beenden kann, wird ein vertikales Verhältnis. Der Verurteilte befindet sich in einer totalen Institution[47], in der seine Verhaltensspielräume von vorneherein von Anderen festgelegt sind, und die er nicht aufgrund eigener Entscheidung verlassen kann. Solange das Gefängnis den Behandlungsvollzug darauf beschränkt, prosoziales Verhalten zu belohnen und antisoziale Regelverstöße nach festgelegten Regeln zu ahnden, ist dies ein verstehbares und lebbares Setting der – zumeist zeitlich begrenzten – Freiheitsentziehung zum Zwecke der Strafe. Die Tür ist zu, aber die Gedanken sind frei. Fatal wird es, wenn die Institution nicht nur meinen Bewegungs- und Handlungsspielraum stark eingrenzt, sondern auch die Herrschaft über mein Seelenleben erreichen will. [...] Es sollen Therapieverfahren appliziert und von den Abgeurteilten angenommen werden, und zum Zwecke einer ‚vertrauensvollen therapeutischen Beziehung' erwarten viele Institutionen, dass der Insasse alle seelischen Regungen, von der Masturbationsfrequenz und den Gedanken dabei bis hin zur ersten Verliebtheit, stets sofort den Therapeuten, bei Nichterreichbarkeit notfalls dem Aushilfspflegehelfer meldet, und wenn er dies nicht tut, gilt es als schlimmer Vertrauensbruch [...]; gewünscht ist maximale Transparenz – ausschließlich aufseiten des Patienten."

Um eine „reine kriminaltherapeutische Dressur" zu vermeiden, seien ständige, bewusste Anstrengungen seitens der Institution zu unternehmen, um mit dem „enormen vertikalen Machtgefüge dieser Einrichtungen so etwas wie horizontale Plattformen zu schaffen, auf denen eine respektvolle, wertschätzende Begegnung stattfinden kann" (Kröber 2019, S. 2). Der Gefangene müsse nicht alles preisgeben, dürfe nicht gedemütigt werden, ihm müsse mit vertrauensbildenden Maßnahmen begegnet werden.

Helfende Beziehungen „in Zwangskontexten sind in aller Regel triadischer Natur. Die eigentlichen Auftraggeber, die den Zwang verhängen, sind mit im Gespräch, ohne anwesend zu sein" (Pleyer 1996, S. 192). Da Triaden oft eine ‚kurze Halbwertszeit' haben und in ein Paar (Dyade) und einen ausgeschlossenen Dritten zerfallen, besteht für professionell Helfende von Straffälligen die Gefahr von zwei Konstellationen, die die Arbeitsbeziehung bedrohen: die Überidentifikation mit den Klient:innen, verbunden mit feindseliger Ablehnung der Institutionen (Gericht, JVA etc.), oder die Überidentifikation mit den Institutionen, verbunden mit einer strafenden, abwertenden Grundhaltung

47 Unter totalen Institutionen versteht Goffman Einrichtungen, die ihre Insass:innen von der Außenwelt absondern und ihr Leben umfassend bestimmen. Dazu zählen neben Gefängnissen beispielsweise auch Kasernen, Klöster und (psychiatrische) Krankenhäuser.

gegenüber den Klient:innen. Gelingt es den professionell Helfenden nicht, die Balance zu halten, identifizieren sie sich entweder zu stark mit der Institution oder mit den Gefangenen gegen diese. Beide Konstellationen bergen das große Risiko „antitherapeutische" Wirkung zu entfalten, weil entweder keine positive Arbeitsbeziehung inklusive der notwendigen Anwaltschaft für die Klient:innen etabliert werden kann oder die therapeutische Neutralität und erforderliche Distanz zum Fall und den Klient:innen verloren geht. Die professionelle Beziehung kann also auch unter dem Gegensatzpaar von Nähe und Distanz betrachtet werden: Nur In-Beziehung-Treten, ohne sich wieder zu distanzieren, würde den Klient:innen manche Bedürfnisbefriedigung geben, aber keine Veränderung bewirken. Nur aus der Distanz Veränderungen initiieren wollen, läuft häufig ins Leere, weil Voraussetzung von Veränderung die Einbettung in eine von den Klient:innen positiv empfundene Arbeitsbeziehung ist. Neben dem Sich-Einlassen in die Beziehung ist es für die professionell Helfenden also auch fundamental, wieder einen Schritt zurück-treten zu können und von einer Meta-Position aus auf das Geschehene zu überblicken. Nähe und Distanz sind also nicht statisch zu sehen: Es gibt keine feste optimale „Entfernung", sondern das Wechselspiel, die Verschränkung von Nähe und Distanz im Prozess sind wichtig. Jedoch existieren eindeutige „Leitplanken", deren Überschreitung mitunter sogar zu strafrechtlichen Konsequenzen führen kann, etwa das Eingehen einer sexuellen Beziehung.

12 Neben-Wirkungen einer Inhaftierung

Durch eine Inhaftierung allein sind bei den allermeisten Inhaftierten keine rückfallvermindernden Effekte zu erwarten, ganz abgesehen von negativen Auswirkungen, wie sogenannten Prisonisierungseffekten (s. u.). Bei Jugendlichen wurde keine Verbesserung bei Aggressivität, Normorientierung, moralischer Urteilsfähigkeit oder Verantwortungsübernahme durch Haft allein (Greve & Hosser 2002) festgestellt. Es sind also explizite Behandlungsanstrengungen zu unternehmen, um dem Aufenthalt im Justizvollzug, neben dem Strafzweck aus Sühnegründen, noch einen Sinn hinsichtlich der Resozialisierung zu geben.

In Metaanalysen (unter anderem Lösel 2016; Egg et al. 2010) wurde eine mittlere Effektstärke bei sozialtherapeutischer Behandlung von etwa .11 ermittelt. Das bedeutet, dass es im Durchschnitt bei Gefangenen, die in der Sozialtherapie behandelt werden, zu 11 % weniger rückfällig werden als unbehandelte Entlassene. Zum Teil waren die einbezogenen Studien jedoch schon sehr alt und Weiterentwicklungen in den sozialtherapeutischen Konzepten wurden zu wenig abgebildet. Schmucker (2004) legte eine Meta-Evaluationsstudie für die Therapie von Sexualstraftätern vor, die als Ergebnis eine Reduzierung der Rückfallquote um 30 % bei einem mittleren Katamnesezeitraum von rund fünf Jahren ergab. Eine Steigerung des Behandlungseffekts ist unter anderem auch durch die derzeit starke Erweiterung der Nachsorge der aus der Sozialtherapie Entlassenen zu erhoffen. Die Weiter-Begleitung der ehemaligen Gefangenen und gelingende Gestaltung ihrer Lebenswelt im Sinne eines Übergangsmanagements stellen dabei eine der größten Herausforderungen dar, denen sich die Behandler:innen zu stellen haben. Endres und Breuer (2018) fanden in Metastudien zur Straftäterbehandlung insgesamt eher geringe Effekte. Lösel (2014, S. 546) fasste den Forschungsstand so zusammen: „Bei adäquaten Programmen und zuverlässiger Durchführung zeichnet sich ab, dass sich die Rückfallraten um 10 bis 20 % senken lassen." Lösel (2016, S. 21) spricht von „insgesamt ermutigenden Befunde(n)", fügt jedoch an, dass diese im Vergleich zu den deutlich besseren Effekten für die Psychotherapie psychischer Störungen „pessimistisch stimmen mögen". Die Forschungslage zur Wirksamkeit von Behandlungsmaßnahmen ist insgesamt unbefriedigend (Endres & Breuer 2018). Im Einzelnen finden sich Hinweise, dass geringere Rückfallquoten nachweisbar sind, bei:

- strukturierten Angeboten, mit aufeinander aufbauenden Inhalten,
- Programmen mit einem kognitiv-behavioralen oder multi-systemischen Entwicklungshintergrund,

- Inhalten, die auf dynamische Faktoren, wie kriminogene Kognitionen abzielen,
- therapeutisch unterstütztem Üben von konkreten Fertigkeiten und aktiver Beteiligung der Klient:innen (Rollenspiel, aktivierenden Lernmethode) und nicht ausschließlich auf intellektueller Einsicht basierenden Prozessen,
- Verbesserung der Impulskontrolle,
- unmittelbarer Rückmeldung und kontingenter Verstärkung (= Verstärkung abhängig vom Verhalten, nicht z. B. nach festem Zeitintervall).

Da 50 % der Jugendgefangenen über keinen Schulabschluss und 70 % über keinen Berufsabschluss verfügen, sind insbesondere auch diese Defizite zu adressieren. Allerdings liegt die Effektstärke von entsprechenden Bildungsmaßnahmen nur bei .08 (Redondo Illescas et al. 2001), d. h. von den Jugendlichen, die eine Schul- oder Berufsmaßnahme abgeschlossen haben, werden nur 8 % weniger rückfällig als von Jugendliche die während der Haft keine Bildungsmaßnahme abschließen konnten. Jugendliche, die nach der Entlassung arbeitslos sind, werden zu 80–90 %, rückfällig, diejenigen, die nach der Haft Arbeit haben nur zu 33–40 % (Wirth 2002). Dies unterstreicht erneut die Bedeutung eines individuellen Übergangsmanagements, bei dem der/die konkrete Jugendliche seinen/ihren Weg beispielsweise in eine Berufstätigkeit finden kann und nicht nur die Vergabe von Abschlüssen der Hoffnung, dass die Jugendlichen dann schon ihren Weg in Freiheit finden und machen werden.

Therapeutische Intervention führt – wie auch somatische Behandlung – nicht immer (nur) zum intendierten Ergebnis. Von Misserfolgen wird gesprochen, wenn die ausgesprochenen oder unausgesprochenen Behandlungsziele nur schlecht oder gar nicht erreicht werden. Bei Nebenwirkungen treten Effekte auf, die nicht erwünscht waren und für die Klient:innen nachteilig sind. Sie sind aber keinesfalls mit Misserfolgen gleichzusetzen. Die Annahme, dass eine fehlerfreie Therapie grundsätzlich nebenwirkungsfrei ist, ist unrealistisch (Linden & Strauß 2013, S. 3). Negativfolgen von Therapie können sich auf die Klient:innen, die Behandler:innen oder auch auf die Institution beziehen, in der Behandlung stattfindet.

12.1 Prisonisierung und Subkultur

Neben den intendierten Wirkungen einer Strafhaft (u. a. Resozialisierung, Sicherung) muss mit einer Reihe von unbeabsichtigten Nebenwirkungen gerechnet werden, die auch schädlich sein können. Dem Gesetzgeber ist dies wohl auch bewusst und so formuliert z. B. das BayStVollzG hinsichtlich der Gestaltung des Vollzugs (Art. 5 Abs. 2 BayStVollzG): „Schädlichen Folgen des Freiheitsentzugs ist entgegenzuwirken.“ Dieser Gegenwirkungsauftrag ragt in die Felder der Gesundheitsaspekte (Vermeidung von Hospitalisierungseffekten) und der Präventionsaspekte (Vermeidung von Prisonisierung) (Behnke & Endres 2008, S. 107). Clemmer (1958) beschrieb erstmals den Prozess der Prisonisierung, wobei Neuinhaftierte sich den Normen, Werten und Gebräuchen ihrer Mitinsass:innen anpassen, mit der Folge, dass kriminelle Einstellungen und Verhaltensweisen übernommen werden. Diese laufen den intendierten Resozialisierungsbemühungen entgegen, führen zu oppositionellem und feindseligem Verhalten in und erschweren eine Wiedereingliederung nach Haft. In der neueren Literatur werden oftmals alle negativen Auswirkungen einer Inhaftierung unter dem Begriff zusammengefasst (Adams 1992). Weitgehende Beschränkungen der Haft machen Insassen zeitweilig unfähig, mit den Gegebenheiten in der Außenwelt zurechtzukommen, wenn sie aus der Haft kommen, weil sie sich stark von der extramuralen Realität entfernt haben. Man kann diesen „Verlernprozess“ auch als Diskulturationsprozess bezeichnen, der umso weitreichender und tiefergehender ist, je länger er dauert (v.a. bei sog. Langstrafern), je weniger Kontakt mit der Außenwelt die Insass:innen haben und je geringer ihre Lernmöglichkeiten in der Anstalt sind. Bei der Entstehung entsprechender negativer Mechanismen werden häufig das Deprivationsmodell bzw. das Importationsmodell herangezogen.

Das *Deprivationsmodell* geht auf Sykes (1958) zurück, der die mit einer Inhaftierung einhergehenden Einschränkungen als „Pains of Imprisonment“ beschrieb: Verlust der Freiheit, Entzug materieller und immaterieller Güter, Entzug heterosexueller Beziehungen, Beschränkung der Autonomie und Mangel an Sicherheit vor kriminellen Mitgefangenen. Diese Einschränkungen führten durch Entsubjektivierung und einem Verlust des sozialen Umfeldes in der „totalen Institution“ (Goffman 1961) des Gefängnisses bei den Gefangenen zu Belastungen in Form eines Selbst(wert)verlusts und von Frustration. Dadurch wiederum würden sich die Gefangenen miteinander solidarisieren, um die o.g. Belastung durch die Schaffung subkultureller Strukturen[48] und Ablehnung der Institution auszugleichen. Entsprechend wäre den Prisonisierungseffekten hauptsächlich auf Ebene der deprivierenden Haftbedingungen entgegenzuwirken. Hierbei könnten neben den psychosozialen Aspekten des Anstaltsklimas (Guéridon & Suhling 2018) auch beispielsweise bauliche Merkmale zu mehr

48 Laut Neubacher und Boxberg (2018) zählen hierzu „das Verbot des ‚Verzinkens‘ (d.h. Bediensteten das unerlaubte Verhalten eines Gefangenen zu melden), der Appell an eine Solidarität unter Gefangenen, die Akzeptanz von ‚Hackordnungen‘, die Hinnahme eines schattenwirtschaftlichen Systems, in dem Waren und Dienstleistungen ausgetauscht werden, die Übernahme von Sprachmustern sowie bestimmte Einstellungen zu Männlichkeit und Gewalt. Dass sich Gefangene an solchen inoffiziellen Regeln ausrichten, beruht zum Teil auf Überzeugung, zum Teil auch auf Furcht vor gewaltsamer Sanktionierung durch Mitgefangene im Falle der Regelverletzung.“

oder weniger guten Behandlungsbedingungen bzw. Stress beitragen (Lohner et al. 2005; Seelich 2009).

Das *Importationsmodell* (Irwin & Cressey 1962) sieht Persönlichkeit und Lebensweise der Gefangenen bereits vor der Haft als Ursache für die in Haft zu beobachtenden die subkulturellen Werte, Normen und Verhaltensweisen – die Gefangenen würden diese ins Gefängnis importieren und dieser Import wird als Theorie kultureller Übertragung bezeichnet. Außerhalb des Vollzugs bestehende subkulturelle Strukturen würden durch „Subkulturexponenten" in Haft eingebracht, die Struktur der Gefangenen sei geprägt durch eine „Negativauslese" von gesellschaftlichen Abweichler:innen. Somit wären Behandlungsmaßnahmen vor allem auf Ebene der Persönlichkeit der Gefangenen anzusetzen, um gegen Prisonisierungseffekte anzuarbeiten. Das Phänomen der Importation dürfte sich i. Ü. durch die leider kaum untersuchte sogenannte „kriminelle Infektion" verschärfen, wobei entsprechende Normen und Verhaltensweisen (gerade bei Jugendlichen) modellhaft übernommen werden.

In der neueren Literatur wurden die beiden Ansätze integriert, und es wurde ein Stress-Coping-Paradigma (Zamble & Porporino 1988) postuliert, welches das Augenmerk auf intrapsychische Verarbeitungs- und Anpassungsmöglichkeiten der Gefangenen an die Haftsituation legt. Das Interaktionistische Modell (Goodstein & Wright 1989) sieht dagegen eine unzureichende Übereinstimmung zwischen Bedürfnissen der Person und Merkmalen der Umwelt als Ursache für negative Folgen einer Inhaftierung, wodurch dem Anstaltsklima und der Beziehung zwischen Bediensteten und Gefangenen eine entscheidende Rolle zukommt. Nach Hosser (2008, S. 174) entwickelten sich auf Grundlage des Stress-Coping-Paradigmas Behandlungsansätze, die v. a. die Bewältigungsstrategien der Gefangenen fokussierten, während das Interaktionistische Modell Effekte auf die Stellung der Therapieindikation und eine differenziertere Straftäterbehandlung hatte. Zusammenfassend kommt sie zum Schluss, dass Studien zu Freiheitsstrafen in den meisten Fällen weder positive noch negative Folgen nachweisen konnten, sich dabei aber zu sehr auf die Legalbewährung und zu wenig auf langfristige Folgen für die Entwicklung der Inhaftierten konzentrierten (Hosser 2008, S. 178).

Ein gerade bei jugendlichen Straftäter:innen wichtiger Aspekt ist der einer (Selbst-)Stigmatisierung. Die Zuschreibung erfolgt dabei natürlich durch die Tatsache einer Inhaftierung und reiht sich nicht selten an andere ungünstige Etikettierungen, welche die Jugendlichen im Laufe ihrer Biographie bereits erfahren haben (Schulversager:innen, Problemkind, psychisch auffällig, Verbrecher:innen, Systemsprenger:innen etc.). Ganz allgemein suchen Jugendliche nach Identität – sie sind dabei besonders unsicher und vulnerabel. Wenn es offensichtlich wohl wenig gibt, was sie gut machen, versuchen Jugendliche mitunter aus ihrer Identität des/der Außenseiter:in etwas zu machen („der Gutachter sagt: ich bin ein böser Junge – dann bin ich wenigstens ein richtig böser Junge"). Ein jugendlicher Gefangener, der sich in einer Haft ein illegales Tattoo mit seinen bisherigen Haftzeiten an die Seite seines Halses stechen ließ, ist ein besonders plakatives und negatives Beispiel für Selbststigmatisierung, die vielfach nicht so offensichtlich, jedoch nicht unbedingt weniger tiefsitzend erfolgen kann und durch die prosoziale Lebenswege und Identitäten unwahrscheinlich werden. Dabei kann neben einer Identität als „böser Junge" (s. o.) durchaus der Wunsch nach etwas Besserem, einer „heilen Welt" bestehen, wie eine Umfrage unter jugendlichen Arrestanten im Rahmen eines kleinen studentischen Forschungsprojektes zeigte (Lohner 2012). Im Rahmen der Befragungen äußersten die Jugendlichen geradezu „süßliche" Vorstellungen über eine angestrebte Zukunft mit Familie, Kindern und geordneten sozialen Verhältnissen, wohingegen die tatsächliche aktuelle Lebensführung (keine Arbeit/Ausbildung, Straffälligkeit, Suchtmittelkonsum etc.) in die diametral entgegengesetzte Richtung verlief. Aus behandlerischer Sicht muss gerade bei jugendlichen Gefangenen solchen Selbststigmatisierungstendenzen große Aufmerksamkeit geschenkt werden, wobei positive, prosoziale Modelle auf individueller Basis entwickelt und die Mechanismen der Identifikation mit der Rolle als Straftäter:in als solches und in seiner Funktion offen bearbeitet werden müssen.

12.2 Gewalt in Justizvollzugsanstalten

Gewaltandrohung und -ausübung stellen unter den Insass:innen von Vollzugseinrichtungen anerkannte Mittel dar, die Position der einzelnen Inhaftierten in der Gefangenenhierarchie zu bestimmen (Laubenthal 2006). Der Haftalltag ist von fortwährenden Anerkennungsritualen und Positionskämpfen in einer dynamischen Rangordnung geprägt, wobei Aggressivität präsentiert wird. Es ist eine Illusion zu glauben, dass es selbst unter den Bedingungen stärkster staatlicher Aufsicht und Reglementierung wie im Justizvollzug nicht doch zu Vergehen, wie Drogenhandel und -konsum oder Gewaltdelikten, kommt. Nichtsdestotrotz reagiert die Öffentlichkeit gleichermaßen erstaunt wie empört, wenn entsprechende Vorfälle publik werden. Gewalt im Justizvollzug ist ein recht weitverbreitetes Phänomen (Suhling & Rabold 2013), wobei zwischen Gewalt unter Gefangenen, Gewalt von Gefangenen an Bediensteten und Gewalt von Bediensteten an Gefangenen (in aufsteigender Reihenfolge zunehmend schlecht erforschte Themen, siehe auch Endres et al. 2018, S. 107) zu unterscheiden ist. Um Gewalthandlungen an Bediensteten zu vermeiden, sind laut Haas et al. (2018, S. 217 f.) neben technischen (instrumentelle Sicherheit: Videoüberwachung, Personalnotrufgeräte, Ausrüstung etc.) und administrativen Maßnahmen (Anzahl und Ausbildung des Personals, Informationsfluss etc.) auch Aspekte der sozialen Sicherheit wichtig (Beschäftigungs- und Freizeitmöglichkeiten für die Gefangenen, angemessener Umgang mit und Behandlung von Gefangenen etc.)

Die Viktimisierungserfahrungen von Gefangenen durch Mitgefangene reichen dabei von verbalen Angriffen und Bedrohungen, übler Nachrede (mit teilweise drastischen Folgen) und Diebstählen bis hin zu schwerwiegenden Gewalt- und Sexualstraftaten, wobei Letztgenannte sicherlich seltener vorkommen, als dies durch TV-Serien und Filme suggeriert wird (vgl. Baier & Bergmann 2013). Allerdings reichen bereits die Androhung oder das Miterleben als Zeug:in eines gravierenden Übergriffs, um einen Menschen einzuschüchtern und ihn massiven Ängsten und Stress auszusetzen – insofern kann auch ein nicht direkt erlebter Übergriff im Sinne der Einschüchterung wirksam werden (vgl. Neubacher & Boxberg 2018, S. 201). Ein großer Teil der Inhaftierten gibt an, dass man vor Mithäftlingen „ständig auf der Hut" sein müsse, 65 % der Gefangenen in Berlin Tegel (52 % in NRW) schätzten „viele der Insassen" als „gewalttätig" ein (vgl. Ortmann 2000). Die Übergriffe laufen in den allermeisten Fällen vom Personal unbemerkt ab – so sind bei gewalttätigen Übergriffen vielfach die Hafträume während des Aufschlusses der Tatort. Bieneck und Pfeiffer (2012) fanden unter den von ihnen anonym befragten Gefangenen in den vier Wochen vor Befragung in über der Hälfte der Fälle verbale Angriffe und indirekte Aggression (z. B. wurden Lügen über sie verbreitet). Übereinstimmend mit anderen Studien (Kury & Brandenstein 2002; Wirth 2006) werden offen gewalttätige Auseinandersetzungen viel häufiger aus dem Jugendvollzug berichtet (Baier & Bergmann 2013), v. a. aber nicht ausschließlich unter männlichen Gefangenen (Neubacher & Boxberg 2018, S. 201). Sexuelle Übergriffe in Haft werden primär von jungen Täter:innen und in Gruppen ausgeführt. Die Tathandlungen weisen eher auf sexualisierte Aggressionshandlungen als auf sexuelle Devianz hin (Hansmann & Lohner 2020). Die Folgen für die Opfer können in allen Fällen gravierend sein: Neben physischen Verletzungen sind v. a. die sozialen und psychischen Folgen zu nennen, hierbei besonders der Status eines „Opfers" bzw. starke Angst, Hilflosigkeitsgefühle und Depression. Häufig erleben die Opfer solcher Gewalt zum wiederholten Mal entsprechende Vorfälle aus ihrer Vergangenheit und Kindheit (Bieneck & Pfeiffer 2012) und werden so retraumatisiert. Während Erwachsene eher dazu tendieren, die Vorfälle mitzuteilen, schweigen die Jugendlichen dazu, weil sie glauben, subkulturelle Regeln der Verschwiegenheit befolgen zu müssen oder dass man ihnen ohnehin nicht glauben würde.

Es gibt eine Reihe von Ursachen für das hohe Maß an Gewalt, die teilweise in der Persönlichkeit der Inhaftierten (z. B. antisoziale und impulsive Persönlichkeitsanteile), in subkulturellen Besonderheiten krimineller Systeme (Zugehörigkeit zu Banden, Ethnien, mit entsprechenden Interessen und Verhaltenscodices, Hackordnung unter Straftäter:innen) und nicht zuletzt in der Tatsache und den Bedingungen einer Inhaftierung zu suchen sind (sogenannter „Haftkoller“, schlechter Betreuungsschlüssel und wenige Möglichkeiten der Freizeitgestaltung bzw. Arbeit, Umgang mit entsprechenden Vorfällen, Perspektiven für die Gefangenen, Anteil an und Umgang mit psychisch auffälligen Gefangenen etc.). Windzio (2007) fand als Prädiktoren für Gewalthandlungen innerhalb des Vollzugs für Jugendliche ein „jüngeres Alter bei Inhaftierung“, „höhere Strafen“, „Zugehörigkeit zu einer Clique“, „Feinde unter Mitgefangenen“ und „antisoziale Einstellungen (geringe Normorientierung)“, während eine „Selbstwahrnehmung als körperlich schwach“ und ein „Bedürfnis nach Rückzug“ das Täterrisiko eher senkten (nicht aber wohl das Risiko Opfer zu werden). Eine strikte Unterscheidung in „Täter:in“ und „Opfer“ geht wohl aber an der Realität der Gewalt in Gefängnissen vorbei, weil dieselbe Person beide Rollen, manchmal sogar gleichzeitig, einnehmen kann (vgl. Neubacher & Boxberg 2018, S. 202).

Die Beobachtung, dass Menschen mit antisozialen Persönlichkeitsanteilen vielfach auch paranoide Züge aufweisen, die sich im Laufe einer Haft verstärken, kann insofern auch mit dem o. g. Gewaltvorkommen erklärt werden und stellt daher eine nachvollziehbare Reaktion eines „Räubers“ dar, der „unter Räuber gefallen“ ist. Hoffnungslosigkeit ist aber trotz vermeintlich stabiler Eigenschaften der Klient:innen und des Systems nicht angebracht, da ein positives Verhältnis zwischen Inhaftierten und Personal Gewalt reduzieren hilft (Baier & Bergmann 2013). Außerdem ist die Frage zu stellen, inwieweit allein ein striktes Vorgehen gegen Gewalt unter Gefangenen mittels disziplinarischer Ahndungen durch die Gefängnisleitung (mithin also auch Gewalt), eine tatsächliche und nachhaltige Verhaltensänderung im Sinne konstruktiver Lernprozesse (also Resozialisierung) bewirken kann, da der Eindruck der Gefangenen, fair und respektvoll behandelt zu werden und die Unterstützung bei der Konfliktbearbeitung wirksamer sein dürften (siehe Neubacher & Boxberg 2018, S. 209).

12.3 Suizidalität und Selbstverletzungen

Selbstschädigendes Verhalten bzw. Suizidversuche und vollendete Suizide kommen bei Gefangenen häufiger vor als in der Allgemeinbevölkerung. Nach Angaben der WHO (2007) sind die Suizidversuchsraten von Männern in Haft 6- bis 7,5-mal höher als bei nicht inhaftierten Männern. Im Justizvollzug in Deutschland wurden im Rahmen einer Totalerhebung, durchgeführt vom Kriminologischen Dienst im Bildungsinstitut des niedersächsischen Justizvollzugs, Daten über Suizide von 1 449 Gefangenen, die sich in den Jahren 2000–2019 in Deutschland das Leben genommen hatten, gesammelt und dokumentiert. Unter den männlichen Gefangenen kam es zu 1 037 Suiziden, was einer Suizidrate von über 100 Suiziden pro 100 000 Personen entspricht. Mit 42 Suiziden beträgt die Suizidrate weiblicher Gefangener mit durchschnittlich ca. 50 Suiziden pro 100 000 nahezu die Hälfte. Die Suizidrate von Untersuchungsgefangenen ist mit über 270 pro 100 000 fast fünfmal so hoch wie die der Strafgefangenen mit ca. 55 pro 100 000 (Meischner-Al-Mousawi et al. 2020).

Etwa 90 % der Suizident:innen töten sich durch Erhängen bzw. Strangulation, weit überwiegend mithilfe von Alltagsgegenständen (zerschnittenes Bettlaken oder Gürtel). Seltener wird Suizid durch Schnittverletzungen oder Intoxikationen verübt. Über zwei Drittel der Gefangenen waren zum Suizidzeitpunkt in einer Einzelzelle untergebracht. Dort wurden die Suizide am häufigsten in der Nacht vollzogen (dann kann der Suizidversuch ungestört unternommen werden), während sich Gefangene, die gemeinschaftlich untergebracht waren, eher tagsüber getötet hatten (z. B. während des Hofgangs der Zellengenoss:innen).

Bei Haftsuiziden lässt sich das Risikoprofil relativ genau beschreiben: männlicher Untersuchungsgefangener, Suchterkrankung (evtl. aktuell intoxikiert), erst- oder zweitmalig inhaftiert, angeklagt oder verurteilt wegen eines Tötungsdelikts, Beginn der Inhaftierung als Risikozeitraum (Bennefeld-Kersten 2009). Als Ursache für die hohen Suizidraten gerade bei den Gefangenen, die sich in der ersten Haftphase befinden, wird zum einen eine Überforderung durch die Kumulation situationaler Stressoren im Zusammenhang mit der Inhaftierung und des anstehenden Strafverfahrens diskutiert. Hierzu tragen Faktoren bei, wie sie etwa unter dem Begriff des „Inhaftierungsschocks“ subsumiert werden können (aus den gewohnten sozialen Bezügen gerissen werden, Isolation, Fremdbestimmung, starke Unsicherheit über die Zukunft, evtl. Entzugssymptome). So kann die deutlich erhöhte Suizidrate bei Untersuchungsgefangenen im Vergleich zu Strafgefangenen mitunter durch einen Inhaftierungsschock, die Belastungen einer Untersuchungshaft (Bennefeld-Kersten 2015, S. 14) und den noch nicht abgeschlossenen Prozess der Diversion psychisch kranker Gefangener erklärt werden (Beispiel: Warten ob der Entscheidung nach § 63 StGB → Kapitel 5.5). Bei diesem Vergleich bleibt allerdings der höhere Durchlauf von Personen in der Untersuchungshaft, der bei einer Berücksichtigung zu einer größeren Annäherung der Suizidraten führen würde, häufig in den rechnerischen Vergleichen außen vor (Schmitt 2015, S. 31 ff.). Auf der anderen Seite stellen Gefangene keinen repräsentativen Querschnitt der Allgemeinbevölkerung dar, sondern weisen vielmehr von vornherein ein erhöhtes Ausmaß an Risikofaktoren für suizidales Verhalten auf (psychische Störungen und Suchtprobleme, Suizidversuche in der Vorgeschichte etc.; zusammenfassend Konrad 2000). Dem entspricht, dass im Rahmen einer Längsschnittstudie zur Biographie ehemaliger männlicher Strafgefangener für diese Gruppe auch außerhalb des Justizvollzuges erhöhte Suizidraten gefunden wurden (Hartig 2002). Konsequenterweise geht man daher von einem Ursachenbündel als Erklärung für die hohe Suizidgefährdung von Vollzugsinsassen, i. S. einer Wechselwirkung erhöhter individueller Vulnerabilität bei den Betroffenen, in Verbindung mit der erheblich erhöhten situationalen Belastung durch die Haft aus (Rabe & Konrad 2010). In Abschiedsbriefen inhaftierter Suizidenten (Pecher & Stark 2015) wurden als Grund für den Suizid genannt (in absteigender Häufigkeit): Hilflosigkeit, Versagen/Schuld, Beziehungsschwierigkeiten, Perspektivlosigkeit, Angst.

Werden selbstschädigende Handlungen getrennt nach deren Suizidabsicht bzw. Letalität betrachtet, so konnte eine Untersuchung von selbstschädigenden Gefangenen aus Berliner Justizvollzugsanstalten (Lohner 2008) zeigen, dass Suizidversuche mit stärkerer Depressivität, Hoffnungslosigkeit und einem höheren Alter einhergingen. Sich selbst schädigende Personen ohne deutliche Suizidabsicht zeichneten sich dagegen durch vergleichsweise mehr Disziplinarverfahren und Persönlichkeitsstörungen (v. a. Antisoziale Persönlichkeitsstörung) aus. Entsprechend ist davon auszugehen, dass Gefangene mit schwerwiegenderen Suizidversuchen zunächst weniger auffällig erscheinen als Gefangene mit Selbstschädigungen. Während sich die erste Gruppe auch aufgrund ihrer depressiven Symptomatik unter Umständen eher zurückzieht, haben die Bediensteten mit der zweiten Gruppe häufig „viel Ärger" (s. auch Smith & Kaminski 2010). Insbesondere der richtige Umgang mit Gefangen und die diagnostisch richtige Unterscheidung zwischen selbstschädigendem Verhalten ohne (eindeutige und hauptsächliche) Suizidabsicht und Suizidversuchen stellt eine Herausforderung dar. Im Zusammenhang mit selbstschädigendem Verhalten, das nicht primär auf einen Todeswunsch zurückgeführt werden kann, werden oftmals Zuschreibungen wie „manipulativ" und „demonstrativ" im Umfeld ausgesprochen, die verharmlosend wirken und der Belastungssituation, in der sich die Gefangenen befinden, nicht gerecht werden.

Die Absicht, das Umfeld zu manipulieren (Shea 1993), wird als Ursache für suizidale Verhaltensweisen in Haft wahrscheinlicher, wenn der Gefangene in der totalen Institution des Gefängnisses seinen Körper nicht mehr als den eigenen wahrnimmt und ihn als Werkzeug benutzt. Groves (2004, S. 53) zitiert dementsprechend einen Gefangenen, der sich vielfach selbst schädigte: „If I didn't like a particular situation or I thought there was something unjust, I used my body as a hostage." Diese Art der Rücksichtslosigkeit und mangelnder Empfindsamkeit ist bei manchen Menschen mit dissozialen Persönlichkeitsanteilen nicht nur gegen andere, sondern auch gegen sich selbst ausgeprägt, was sich u. a. in der erhöhten Suizidalität bei Gefangenen mit Tötungsdelikten zeigt. „Die Verstümmelung oder Tötung des eigenen Körpers ist gewissermaßen das Werkzeug, mit dem der triumphale Stich ins Herz des gehassten anderen vollzogen wird. Im selbstverletzten Subjekt breitet sich augenblicklich nach der selbstschädigenden Handlung eine ähnliche Ruhe und Entspannung aus wie im Psychopathen nach der kriminellen Tat" (Lackinger 2013, S. 37). Mitunter kommt es geradezu zu einem Oszillieren zwischen Selbst- und

Fremddestruktivität, zwischen homizidalen und suizidalen Impulsen, bis hin zu Plänen des erweiterten Suizids. Nach Tötung des/des Intimpartner:in sind suizidale Handlungen typisch (Rasch 1964).

Bei der Erklärung selbstschädigenden Verhaltens von Gefangenen ist auch an den Umstand zu denken, dass Menschen mit starkem Drang nach Reizinput („sensation seeking") im Justizvollzug in ein Umfeld der Reizdeprivation geraten und die Selbstschädigungen einen Versuch der Spannungsabfuhr und Emotionsregulation darstellen können. Unter Bedingungen einer Einzelhaft dürfte sich die Reizdeprivation besonders negativ auf die Gefangenen auswirken, die als sogenannte „sensation seekers" (Dittmann & Reimer 1991) oder „acting out personalities" (insbes. Cluster B-Persönlichkeitsstörungen und damit auch Antisoziale Persönlichkeitsstörung) bekannt sind.

12.4 Gesundheitsfolgen

Neben der bereits erwähnten hohen Zahl an Persönlichkeitsstörungen, insbesondere der Antisozialen Persönlichkeitsstörung, finden sich bei Gefangenen hohe Prävalenzraten weiterer psychischer Störungen. Eine Übersichtsarbeit (Fazel & Seewald 2012), die 109 Studien mit über 33 000 Gefangenen aus unterschiedlichen westlichen Ländern umfasst, kommt zu dem Ergebnis, dass bei 3,6 % der Männer und 3,9 % der Frauen eine psychotische Erkrankung vorlag, bei 10,2 % männlicher und 14,1 % weiblicher Gefangener eine „major depression". Aus dem deutschsprachigen Raum liegen wenige, z. T. nur Untergruppen umfassende Untersuchungen vor, die aber den Trend bestätigen. Bei Untersuchungsgefangenen lag der Anteil psychotischer Störungen bei 6 %, bei 40 % wurde eine (rezidivierende) depressive Episode diagnostiziert, in 43 % der Fälle wurde eine Alkohol-, in 14 % Drogenabhängigkeit festgestellt. Bei 14 % lag die Diagnose einer spezifischen Phobie vor (Missoni, Utting & Konrad 2003). Köhler (2004) fand auch unter 149 jugendlichen Strafgefangenen deutlich erhöhte Prävalenzraten psychischer Störungen (77 % hatten irgendeine Diagnose, 3 % Psychosen, 9 % Affektive Störungen, 81 % Störung des Sozialverhaltens, 21 % Alkoholabhängigkeit, 7–54 % Suchtmittelabhängigkeit je nach Substanz) und kommt zum Schluss, dass die Population der jugendlichen Strafgefangenen deutlich mehr der einer Jugendpsychiatrie als der Allgemeinbevölkerung gleicht. Endres und Wittmann (2020) verweisen in ihrer Studie über inhaftierte Frauen aus einer deutschen JVA auf die Vielzahl an traumatisierenden Kindheitserfahrungen und psychosozialen Belastungen der weiblichen Gefangenen, die zu erhöhten Raten an psychischen Störungen in Haft beitragen könnten. Dabei wird eine Unklarheit bezüglich der Ursachen für die erhöhten Raten in Haft angesprochen, die bereits im Zusammenhang mit der Entstehung subkultureller Strukturen in Haft thematisiert wurde (→ Kapitel 12.1): Sind die hohen Raten eher auf den Stress und die Belastungen einer Inhaftierung zurückzuführen (Deprivation) oder handelt es sich vorwiegend um bereits vorbestehende Störungen (Importation) oder ist vielmehr von einer Wechselwirkung auszugehen, bei der vulnerable und teilweise vorerkrankte Menschen einer starken Belastung ausgesetzt werden, in deren Verlauf dann eine krankheitswertige Störung ausbricht bzw. sich verschlimmert?

Der sogenannte „Haftkoller", früher auch „Zuchthausknall" genannt, äußert sich in einem plötzlich hochschießenden Erregungszustand, oft verbunden mit Zertrümmerung der Haftraumausstattung oder Tätlichkeiten gegenüber Mitgefangenen bzw. Personal. Er tritt insbesondere bei Verlust- und Frustrationserfahrungen auf, z. B. Urteilsverkündung oder Trennung des Partners. Solche Anpassungsstörungen nehmen mit der Dauer des Gefängnisaufenthalts ab. „Im Verlauf längerer Inhaftierung kommt es mit zunehmender Anpassung an das Gefängnisleben, möglicherweise auch durch Übernahme selbstwertstabilisierender Rollen in der Subkultur, zu einem gewissen Maß an Symptomreduktion" (Konrad 2014, S. 309). Haftpsychosen können als Zuspitzung der haftspezifischen Anpassungsstörungen verstanden werden.

Im somatischen Bereich (Übersicht bei Woltmann 2014) imponieren in der Gefängnismedizin die Folgen des Alkohol- und Drogenkonsums, z. B. Unterernährung, Hepatitis, HIV-Infektion. Hunger- und durststreikende Gefangene müssen ärztlich begleitet und beobachtet werden. Zwangsmaßnahmen auf dem Gebiet der Gesundheitsfürsorge sind gesetzlich geregelt und nur bei Lebensgefahr oder schwerwiegender Gefahr für die Gesundheit des Gefangenen oder Dritter zulässig.

Mehr als in der Allgemeinbevölkerung kommt es zu Täuschungsversuchen, Simulation (weil vermeintlich Vorteile und Schonung winken oder evtl. eine Flucht vorbereitet wird) und Dissimulation (weil man befürchtete Zwangsmaßnahmen vermeiden will). Somatisch (und natürlich auch psychologisch/psychiatrisch) zu versorgende Selbstverletzungen reichen von Schnittwunden bis zum Verschlucken von Fremdkörpern (Besteckteile, Rasierklingen). Diese oft als antisozial zu klassifizierenden Verhaltensweisen (Manipulation, Missachtung der eigenen Sicherheit) können auch als *Aggravation (Verschlimmerung, Erschwerung) von Persönlichkeitsanteilen* unter der Dynamik der Institution verstanden werden. In jeder totalen Institution kommt insbesondere körpernahen Bedürfnissen (Gesundheitsversorgung, Verpflegung) eine hohe Bedeutung zu und das für die Befriedigung dieser Bedürfnisse zuständige Personal ist regelmäßig Angriffen ausgesetzt, die selbst bei berechtigtem Anlass in ihrer Vehemenz häufig überzogen sind. So ist auch der Kontakt der Gefangenen mit dem medizinischen Personal oft emotional hoch aufgeladen und Beschwerden von Gefangenen richten sich häufig gegen die ärztliche Versorgung. Strehl (2009, S. 185 ff.) beschreibt aus dem Blickwinkel der Gefängnisärztin Projektionen und Aufschaukelungsprozesse, die sich aus den weitverbreiteten

Beschwerden ergeben. Auch das Personal hat z. T. problematische Erwartungen an den Gefängnisarzt/die Gefängnisärztin. Lehmann (2013, S. 286) nennt als Paradebeispiel die sogenannten Vollzugsstörer:innen, häufig Gefangene mit antisozialem Verhalten: „Die allgemeine vollzugliche Erwartung ist nun, dass diese Störung durch medizinische Intervention, gern ‚mit der Pille' vom Arzt verordnet, beseitigt werden soll."

Psychische Störungen und somatische Erkrankungen sind selbstverständlich zu behandeln (vgl. Art. 58 Abs. 1 BayStVollzG), wobei dafür neben eigenen (psychiatrischen) Haftkrankenhäusern, Anstaltsärzt:innen, konsiliarisch verpflichtete Ärzt:innen von außerhalb des Vollzugs oder (v. a. bei sehr speziellen und schweren somatischen Erkrankungen) teure Ausführungen zur Verfügung stehen. Die Behandlungsmaßnahmen sollten eigentlich vergleichbar mit denen in Freiheit gestaltet werden, was in Anbetracht von Sparzwängen und Sicherheitsaspekten allerdings oft nicht wirklich erfolgen kann (Konrad 2006, S. 237; Keppler et al. 2010). Auch eine Versorgung der Klient:innen im Sinne einer psychiatrische Nachsorge ist im Justizvollzug schwierig (Krebs & Konrad 2022), obwohl sie neben der Fürsorgepflicht auch für die Verhinderung weiterer Straftaten von entscheidender Bedeutung sein kann. In diesem Zusammenhang ist darauf hinzuweisen, dass prinzipiell die Behandlung psychischer Störungen (z. B. psychiatrisch oder psychotherapeutisch) im Justizvollzug der Grundversorgung der Gefangenen dient und damit per se nicht rückfallprotektiv ist. Davon sind rückfallvermeidende Angebote abzugrenzen, die gezielt das Risiko weiterer Straftaten senken (Behnke & Endres 2008), wobei es vielfach Überschneidungen zwischen beiden Anliegen gibt.

12.5 Soziale Folgen

Bei einer Befragung Inhaftierter (Entorf, Möbert & Meyerm 2008) zeigte sich, dass diese im Vergleich zu einer Kontrollgruppe ein deutlich instabileres soziales Umfeld haben. Sowohl in der Familie als auch im Freundeskreis bestehen geringere Unterstützungsressourcen. Anzahl und Intensität der Außenkontakte werden im Laufe der Inhaftierung geringer, insbesondere bei langen Haftstrafen. Angehörige von Inhaftierten leiden häufig unter dem sehr eingeschränkten Kontakt zu Partner:in oder Elternteil. Die Kontaktmöglichkeiten variieren stark: Die Besuchsdauer beträgt je nach Justizvollzugsanstalt von einer Stunde monatlich bis zu täglich mehreren Stunden. In der Künstlichkeit der Situation gelingt aber nur selten eine Kommunikation, welche die Aufrechterhaltung der Partnerschaft und Familie fördert. Oft „schleicht sich eine ‚Verdrängungs- und Schonhaltung' ein, um den Partner bzw. die Partnerin nicht mit den eigenen Sorgen zu belasten" (Heberling 2012, S. 10), die aber letztlich zu einer Entfremdung führt. In einigen Gefängnissen (in Deutschland in etwa 30 von insgesamt

230 Justizvollzugsanstalten; siehe Preusker 2008) sind für Partner:innen von Gefangenen unüberwachte Langzeitbesuche und damit auch sexuelle Kontakte möglich. Ausgänge und Urlaube aus der Haft können zum Ende der Inhaftierung genehmigt werden, wenn keine Missbrauchsgefahr angenommen wird. Zum Teil ist die „Versandung" von Kontakten durch die Haft im Hinblick auf die Legalprognose günstig, wenn es sich um ebenfalls kriminell auffällige Personen handelt. Bei sehr langen Haftzeiten reduzieren sich die Kontakte oft auf (ehemalige) Mitgefangene, deren Förderlichkeit im Einzelfall genau zu prüfen ist. Bei vielen Kontakten jedoch, meist bei Partner:innen und Kindern, handelt es sich um wünschenswerte Ressourcen, die eine Stabilisierung während der Haft und eine Wiedereingliederung fördern. Ganz allgemein muss festgestellt werden, dass die Förderung positiver Kontakte, die auch als Ressource für die Zeit nach der Haft genutzt werden könnten, wie auch die Bearbeitung problematischer extramuraler Kontakte, viel zu wenig im Fokus des Justizvollzugs steht.

Fast jede Partnerschaft gerät durch die Inhaftierung in eine Krise. Die damit verbundene Ambivalenz wird oft vor der Inhaftierten nicht ausgehalten und er/sie trennt sich. Keine Beziehung zu haben wird als erträglicher empfunden als eine, deren Fortbestand unsicher ist. Das generelle Defizit von Menschen mit antisozialen Persönlichkeitsanteilen bezüglich der Beibehaltung längerfristiger Beziehungen wird durch die Inhaftierung verschärft. Auch ihr häufig anzutreffendes Dominanzbedürfnis gerät ins Wanken, da der/die Partner:in in Freiheit als überlegen empfunden wird und auch in vieler Hinsicht über mehr Handlungsoptionen verfügt, insbesondere eine neue Intimbeziehung eingehen kann. Dass Menschen mit Antisozialen Persönlichkeitsstörungen die Aufnahme neuer Beziehungen nicht schwerfällt, zeigt sich in einer mitunter überraschenden Vielzahl neuer Kontakte auch aus der Haft heraus. Als „Kontaktbörse" dienen häufig Gefangenenzeitschriften oder das Internet (z. B. „Lichtblick", „jailmail"). Dass die Kontaktwünsche häufig auf Resonanz stoßen, zeigt, dass Inhaftierte auf manche Frauen eine hohe Attraktivität ausüben. Bei besonders spektakulären „Fällen", die in der Presse berichtet werden, zeigt sich das Phänomen, dass die Gefangenen auch ohne Kontaktannonce Liebesbriefe und Heiratsangebote in manchmal erheblichem Umfang erhalten. Pfister (2013) vermutet in ihrer Analyse dieses Phänomens, dass häufig bei den Frauen eigene Verletzungen vorliegen, die sie in einer idealisierten Beziehung, bei der ja nicht die Gefahr der Desillusionierung durch ein konkretes Zusammenleben besteht, nach dem Motto „er ist aber anders als alle Männer zuvor" meinen heilen zu können. Wird nach einer Entlassung aus der Haft eine reale Intimbeziehung möglich, scheitert sie meist. „Interessanterweise aber zeigt sich, dass traumatisierte Frauen ihr Leben lang meist in der früher erlebten Opferrolle bleiben, während traumatisierte Männer später oft selbst die aktive Rolle eines Täters übernehmen. Frauen, die sich in einen Verbrecher verlieben, stehen in ihrer unbewussten Verstrickung mit ihnen somit auf gemeinsamem Boden, auf dem sie dann miteinander die alten Schrecken reproduzieren“ (Pfister 2013, S. 94). Hähnlein (2016) weist bei Frauen, die eine transmurale Beziehung eingehen, auf ein komplexes und teilweise problematisches Motivgeschehen hin, das hinsichtlich der Stabilität der Partnerschaft nach Entlassung des Gefangenen zu ungünstigen Entwicklungen führen und somit für die Prognoseeinschätzung von Relevanz sein kann.

Kurz zusammengefasst

Die Inhaftierung eines Menschen im Strafvollzug hat neben beabsichtigten Effekten (Schutz der Allgemeinheit vor weiteren Delikten, Strafe unter dem Sühneaspekt, Möglichkeit, unter Zwang die Menschen zu resozialisieren) auch möglicherweise eine Reihe von nicht beabsichtigten und sogar negativen Folgen. Darunter fallen, neben einer Verstärkung des kriminellen Potentials durch eine Reihe sogenannter Prisonisierungseffekte, auch weitere negative Effekte auf die körperliche und psychische Gesundheit sowie auf das soziale Umfeld der Gefangenen. Diese Effekte bewirken dann das Gegenteil der eigentlich beabsichtigten Ziele und können dazu führen, dass die Gefangenen nach einer Inhaftierung nicht weniger gefährdet sind, weitere Straftaten zu begehen. Darüber hinaus stellt sich selbstverständlich auch bei Gefangenen die Frage nach einem menschenwürdigen Umgang, gerade wenn er/sie sich durch einen umfassenden Eingriff in seine/ihre Freiheitsrechte (Inhaftierung) in staatlicher Obhut befindet.

13 Grenzen der Behandelbarkeit

Bei der Behandlung von Straftäter:innen wurde und wird die Kerngruppe von Menschen mit tiefgreifenden dissozialen Persönlichkeitsanteilen (→ Kapitel 2), insbesondere mit „psychopathy", als unbehandelbar angesehen. Weil diese Störung mit dem weitgehenden oder völligen Fehlen von Empathie und sozialer Verantwortung einhergeht und diese Menschen darüber hinaus in ihrem Beziehungsverhalten sehr manipulativ sind, wurde zum Teil sogar vermutet, dass sie sich in der Therapie Fähigkeiten aneignen, die sie noch gefährlicher machen. Während man anfangs in sozialtherapeutischen Anstalten im Übrigen auch Gefangene mit Betrugsdelikten zu behandeln versuchte, wurde dies inzwischen eingestellt, weil man befürchtete, die Therapieteilnehmer nur „besser" beim Betrügen zu machen und darin zu schulen, das zu sagen, was die Therapeut:innen hören wollen. Inzwischen liegen aber erste Erfahrungen vor, die dafürsprechen, dass auch mit Straftäter:innen mit dissozialen Persönlichkeitsanteilen rückfallpräventive therapeutische Arbeit möglich sind (Kröger et al. 2012; Thalmann 2007; Wittmann 2010).

Die Frage der Behandelbarkeit auf Kosten der betroffenen Gefangenen zu individualisieren, wäre darüber hinaus eine unredliche Verkürzung. Sie ist als Interaktion zwischen Klient:in, Therapeut:in und Institution zu verstehen – es bedarf also im Sinne Reicherts (1999) einer Erweiterung der individuumsorientierten Diagnostik um den systemorientierten Blick. Leygraf (2002, S. 3) stellt dementsprechend fest: „Man sollte nicht vergessen, dass Therapiefähigkeit eine Eigenschaft ist, die nicht nur einen bestimmten Patienten, sondern auch einen bestimmten Behandler, eine bestimmte Einrichtung oder ein bestimmtes Behandlungssystem charakterisieren". Auch wenn bestimmte Gefangene nicht aufgrund eines Delikts oder einer Diagnose von vornherein von der Therapie ausgeschlossen werden, stößt man doch in der Praxis immer wieder an Grenzen der Behandelbarkeit. Lackinger (2008, S. 11) konstatiert zu Recht: „Es ist für forensische Therapeuten ebenso wie für forensisch-therapeutische Einrichtungen äußerst wichtig, sich nicht für alle Störungen zuständig zu fühlen." Die Grenzen der Behandelbarkeit können erreicht werden, wenn ein:e Gefangene:r das therapeutische Milieu derart stört, dass Mitgefangene massiv an ihren Behandlungsfortschritten gehindert werden. Wichtig dabei ist, die unzureichende Behandelbarkeit als dynamischen, weil situativen Faktor anzusehen und nicht als statischen, also unveränderbaren. Sind in einer Behandlungsgruppe zu viele extrem schwierige Gefangene, kann das bei den Behandler:innen zu Überforderung und damit verbunden massiven „Abnützungserscheinungen" führen, die dann auch in einem gut funktionierenden

Team nicht mehr genügend aufgefangen werden können. So stellt Milch (2009, S. 98) fest:

> „Die aggressiven und destruktiven Aktionen eines Patienten können so weit gehen, dass ein Therapeut das Gefühl bekommt, möglichst nichts mehr mit dem Patienten zu tun haben zu wollen und schnellstens die Behandlung zu beenden. […] Der Therapeut kann in der Übertragung Ziel der wütenden und verletzenden Angriffe des Patienten werden, wobei die Angriffe explizit sein können, aber auch implizit in dauerhaften Entwertungen als Ausdruck für chronische Wut hinter einer angepassten Fassade geäußert werden".

Im Behandlungsteam können Spaltungen und hohe Personalfluktuation die Folge sein. Auf institutioneller Ebene muss daran gedacht werden, dass durch Behandlungsversuche an wenig aussichtsreichen Fällen die Behandlungserfolge geringer werden und somit die Effizienz von Straftäter:innenbehandlung insgesamt in Misskredit gerät, was insbesondere bei Sicherungsverwahrten der Fall sein kann. Durch jahrelanges Blockieren der Behandlungsplätze wird auch manchen anderen therapiebedürftigen Gefangenen die Chance auf Behandlung genommen. Grenzen der Behandelbarkeit sollen erkannt und nicht in narzisstischer Selbstüberschätzung überschritten werden – aber auch nicht in ängstlicher Abgrenzung unterschritten. Die Grenzen sollten sorgsam erweitert werden durch Fortentwicklung der therapeutischen Konzepte, verbesserte Implementierung der sozialtherapeutischen Einrichtungen in die Gesamtinstitution Gefängnis, sorgfältige Auswahl, Fortbildung und Supervision des Personals, systematisches Übergangsmanagement und Nachsorge sowie wissenschaftliche Begleitforschung.

Zusammen mit dem oben genannten Aspekt einer systemorientierten Diagnostik und unter der Beachtung des situativen Charakters der Nicht-Behandelbarkeit, dürfte es also nicht heißen: „Herr X. ist nicht behandelbar", sondern: „Herr X. ist *momentan durch uns* nicht behandelbar". Eine solche Formulierung fordert dann geradezu dazu auf, Bedingungen zu formulieren, unter denen eine therapeutische Arbeit gegebenenfalls möglich erscheint, und daraus Behandlungsziele im Sinne einer Therapievorbereitung (→ Kapitel 10 zu leugnenden und schlecht motivierten Klient:innen) abzuleiten.

IV *Wer* behandelt?

14 Wer behandelt wie gut – Berufswahl, Selbstreflexion, Anregung für Supervision

Aufgrund eines speziellen Anspruchs an die Beziehungsgestaltung und der damit verbundenen Herausforderungen, wie der in den Teilen I–II beschriebenen Besonderheiten der Klientel und des „Systems Strafvollzug“, ist es für die Behandler:innen unabdingbar, sich im Rahmen einschlägiger Weiter- und Ausbildungsmaßnahmen nach dem Studium fortzubilden, um sich für diese Aufgaben zu wappnen. Ob dies nun eine (psycho-)therapeutische Ausbildung oder z. B. ein einschlägiger Masterstudiengang ist, ist weit weniger wichtig als die Bereitschaft, an sich (selbst!) fortlaufend zu arbeiten und sich und sein Handeln im Sinne einer professionellen Haltung stets zu hinterfragen (Pauls 2011).

Die Professionalisierung (und Vermeidung von Deprofessionalisierungsprozessen) bleibt eine ständige Aufgabe bei der Arbeit mit Straffälligen. Dabei ist es grundlegend, die Besonderheiten des „Systems Justizvollzug“ im Auge zu behalten. Tätigkeiten, die auch in anderen Kontexten erfolgen (wie etwa Schuldnerberatung, Suchttherapie), sind also in der Arbeit mit Straffälligen immer einer zusätzlichen Dynamik unterworfen, die auch auf die professionelle Beziehung insgesamt einwirkt. Schmidbauer (2002) hat die Gefahr der regressiven Entprofessionalisierung in (totalen) Institutionen beschrieben. Vom professionellen Arbeitsmodus können die einzelnen Helfenden oder das ganze Team in einen archaischen, regressiven, d. h. einem unreifen Beziehungsmuster folgenden Modus zurückfallen. Dieser kann sich in einem Zuviel (Erstarrung) oder Zuwenig (Sich-Gehenlassen, lustloser Dienst nach Vorschrift) von Struktur äußern. Für das Personal im Justizvollzug wären die beiden Pole regressiven Verhaltens wohl folgendermaßen zu beschreiben: auf der einen Seite der „Crime-Fighter“, der sich mit Sühne, Vergeltung und Abschreckung überidentifiziert. Auf der anderen Seite der „Engel der Gefangenen“, der sich fast ausschließlich mit dem Leid identifiziert, das die Institution den Insass:innen zufügt. Gerade in der psychosozialen Straffälligenhilfe finden sich die professionell Tätigen in Situationen wieder, in denen sie investigativ („eigene Nachforschungen anstellen“) und teilweise sogar konspirativ („einen Bekannten bei der Polizei mal anrufen“) im Rahmen quasi „eigener Ermittlungen“ die Hilfeposition komplett verlassen und nur noch „die Tat“ verfolgen. In Anbetracht manipulativer Tendenzen und dem zur Überlebensstrategie vieler Klient:innen gewordenen häufigen Lügen wäre es geradezu naiv, den Klient:innen rundweg einfach alles zu glauben. Es ist aber ein Unterschied, ob die gerade genannten person- und systemimmanenten Beobachtungen reflektiert, akzeptiert und bearbeitet werden oder ob eine aktive Verfolgungsposition gegenüber den Klient:innen eingenommen wird, die einer echten Hilfebeziehung entgegensteht.

Um diese dargestellten Balanceakte zu meistern, sind eine professionelle Vorbereitung und berufliche Begleitung in Form von Intervision und/oder Supervision unbedingt zu empfehlen. Alle im Justizvollzug Tätigen sollten sich mit der Frage auseinandersetzen, warum sie ausgerechnet dieses Arbeitsfeld mit diesen Klient:innen gewählt haben. Grundsätzlich stellen stark „aufgeladene" Täter-Opfer-Anteile bei Straftäter:innen das Gegenüber vor die Herausforderung mit eigenen Täter- bzw. Opferanteilen umgehen zu müssen, bzw. diese intensiv zu erleben. Eine Reflexion dieser Prozesse vor (Selbsterfahrung) und während der Arbeit (Selbstreflexion) erscheint auch aus Gründen der Psychohygiene geboten. Ganz generell stellt sich spätestens hier auch die Frage, warum die Berufswahl ausgerechnet so ausfiel und diese Klientel (aus-)gesucht und nichts „Anständiges" gelernt wurde. Können Rationalisierungen fallen gelassen und eigene Anteile betrachtet werden, kann dies im Sinne einer professionellen Weiterentwicklung sehr positiv wirken.

Mitarbeiter:innen in der Straffälligenhilfe sollten ihre Motivlage und Bedürfnisse (stets) gut reflektieren, weil es in den „aufgeladenen" Settings der Straffälligenarbeit (archaische Aspekte von Macht und Ohnmacht, Schuld und Sühne, Täter:in und Opfer etc.) sehr leicht zu Machtmissbrauch und schwierigen persönlichen Entwicklungen aufseiten der Helfenden kommen kann. Diffuse gesellschaftliche Erwartungen (hart bestrafen vs. behandeln) verschärfen beispielsweise das der Sozialen Arbeit generell innewohnende Doppelmandat von Hilfe und Kontrolle. Verbunden mit den geschilderten individuellen Entgleisungspotenzialen ist die Gefahr des Burnouts groß. Die auch in Teilen zurecht formulierte Forderung nach Sicherheit, also „Überwachung", lässt sich schwer mit vielen theoretischen Ansprüchen der Sozialen Arbeit vereinbaren. Die Praxis Sozialer Arbeit sieht jedoch auch in anderen Berufsfeldern ähnliche Aspekte der Überwachung und Sanktionierung vor, in direkter Form, wie beim Jugendamt, oder in indirekter Form, wenn z. B. gerichtliche Auflagen in einem Tätigkeitsfeld der Sozialen Arbeit zu erfüllen sind. Auch eine Risikoeinschätzung, in einer quasi rechtspsychologischen Manier, ist für viele Helfer:innen fremd und schwierig und mit ihrem professionellen Selbstverständnis schwer vereinbar (→ Kapitel 7.1 – Risikoeinschätzung; Baseler-Prognose-Instrument/ Dittmann-Liste). Im Rahmen einer Selbstreflexion gilt es, sich dieser Tatsache bewusst zu stellen und sich damit auseinanderzusetzten. Eine professionelle Identität kann sich aber nicht nur aus der Abgrenzung gegenüber anderen Professionen ableiten („ich bin nicht wie dieser und jener"), sondern muss aus einer positiven Definition erfolgen, die auf einer klaren Kenntnis der eigenen theoretischen und (handlungs-)methodischen Kompetenzen beruht.

Anregungen zur (Selbst-)Reflexion

- Wie nehmen Sie selbst Personen anderer Berufsgruppierungen (zum Beispiel: Richter:innen, Ärzt:innen, Psychiater:innen, Rechtsanwält:innen) wahr?
- Haben Sie das Gefühl, in fachlicher Hinsicht auf Augenhöhe zu agieren?
- Welche Strategien helfen Ihnen, Ihre fachliche Position gut verständlich zum Ausdruck zu bringen?

Eine weitere strukturelle Herausforderung, die die Arbeit immer wieder beeinflusst, hängt mit den unterschiedlichen Auftraggeber:innen zusammen. Im Zwangskontext geht ja schon die Initiative zur Behandlung nicht von den Klient:innen aus, sondern von Staatsanwaltschaften und Gerichten. Dabei stellt sich neben Motivationsdefiziten auch das Problem einer fachfremden Beauftragung durch die Justiz, was sich in vielerlei Hinsicht niederschlägt. Jurist:innen sprechen eine „andere Sprache", haben oft keine professionelle Expertise bezüglich (sozial-)therapeutischer Behandlung (Möglichkeiten und Grenzen, Zielstellungen, Methoden, Menschenbild etc.) und verfolgen auch teilweise andere Ziele mit ihrem Tun (revisionssicheres Urteil, Bestrafung eines Täters/einer Täterin aus einem Sühneaspekt, Erledigung von Fällen vs. Hilfe von Menschen etc.).

Auch auf einer höheren Abstraktionsebene deutet sich ein Problem an, das häufig in emotional sehr aufgeladenen Dreier-Konstellationen (bspw. Bewährungshilfe – Klient:innen – Gericht/Staatsanwaltschaft/…) wirksam wird (→ Kapitel 8 – Beziehungsaufbau und Beziehungsgestaltung): Die Triaden tendieren besonders unter Druck dazu, in eine (hoch ambivalente) Dyade zu zerfallen (Bauriedl 1994, 2014). Dieser Druck resultiert im Rahmen der Straffälligenhilfe aus unterregulierten Gefühlen (Angst, Wut, Scham, Ekel etc.), die mit der Straftat und den Straftäter:innen in Verbindung stehen, besonders bei schweren Delikten mit potentieller Öffentlichkeitswirksamkeit, die wiederum nicht selten mit starkem Verantwortungsdruck auf Seiten der Helfer:innen einhergehen. Koalitionsbildungen führen in der Konsequenz dazu, dass die Struktur des Dreiecks in eine Dyade (Zweierpaarung) zerfällt, womit der binäre Schematismus des „Entweder-oder" eintritt. Es stellt sich ganz praktisch dann häufig die Frage, ob sich Helfer:innen „für die Klient:innen oder für das Gericht, die Staatsanwaltschaft, die Polizei, die Opfer bzw. einen diffusen gesellschaftlichen Anspruch" entscheiden und „auf welche Seite sie sich schlagen". Besonders in diesen aufgeladenen Situationen geht es darum, eine behandlerische Neutralität nicht zu verlieren bzw. wiederzuerlangen. Eine einseitige Identifikation mit/für oder gegen die Klient:innen steht allen Behandlungsbemühungen entgegen und sollte reflektiert werden. Vor dem Hintergrund der in Kapitel 2 erwähnten Über-Ich-Pathologie kann es dann beispielsweise auch zu einer Reihe von paradoxen und verwirrenden Situationen in der Behandlung kommen, die reflektiert werden sollten. Manche Klient:innen „gestehen" gegenüber der Bewährungshilfe „freiwillig" Fehltritte, um so eine Art Absolution zu erhalten oder auch die (Arbeits-)Beziehung zu testen. Gleichermaßen anstrengend für die Behandelnden wie lähmend für die Behandlung sind die wiederkehrenden Anordnungen von Urinkontrollen durch die Bewährungshelfer:innen bei Abstinenzweisungen.

Praxistipp
Abstinenzweisungen sollten wo immer möglich nicht direkt durch die Bewährungshilfe selbst ergehen, sondern an externe Stellen (Prüfinstitute) „ausgelagert" werden. Auf diese Weise kann der problematische Anteil eines positiven Tests besprochen werden, ohne dass die Bewährungshelfer:innen diesen Anspruch vertreten und übernehmen müssen (externalisiertes Über-Ich), der eigentlich von Klient:innen selbst übernommen werden sollte („wer achtet darauf, dass Du clean lebst?").

Aus diesen Überlegungen heraus wollen wir nun einige Fallgeschichten, die vor allem uns professionell Handelnde vor besonderen Herausforderungen stellen, skizzieren.

14.1 Übernommene Abwehrmechanismen – auch bei uns Helfenden

Anstatt eines Fallbeispiels ein Auszug aus dem Vorwort von Sigrun Roßmanith:

> „Erst zu Hause, als ich die Untersuchungsergebnisse studierte, fiel mir auf, dass ich völlig vergessen hatte, sie nach den angelasteten Sexualdelikten zu fragen, was mich nicht nur erstaunte, sondern mehr erschreckte: Ich hatte ihre eigene Verleugnung und die Verdrängung der sexuellen Gewalthandlungen an der kleinen Tochter übernommen. Das Tabu, das über Gewalt- und Sexualdelikten von Frauen herrscht, war offenbar auch in mir wirksam geworden." (2021, S. VI)

Udo Rauchfleisch formuliert an anderer Stelle eine ähnliche Gegebenheit. Unter der Überschrift „Wir fühlen uns so wohl miteinander" berichtet er von Tendenzen, in die wir behandelnden Fachkräfte verfallen können, wenn wir *das* Delikt (meist massive Gewalt- und Sexualstraftaten) gar nicht ansprechen (wollen). Meist um eigenes (wirklich eigenes?) Unbehagen nicht spüren zu wollen, oder um als „der/die Gute" im „bösen System" zu erscheinen (nicht ich tue weh, sondern … die anderen). Gerade bei einem Zuviel an Harmonie sei Skepsis angebracht (vgl. Rauchfleisch 2011, S. 39). Dabei gehe es nicht um eine misstrauische Haltung der Fachkraft, diese wäre ebenso nicht förderlich, sondern vielmehr sollte reflektiert werden, wo möglicherweise ausgeblendete Gefühle vorhanden sein könnten (ebd.). Dass es beim Erkunden von Bedarfen und im Begleiten von Motivationsprozessen mitunter herausfordernd sein kann, dass wir professionell Helfende nicht auf getarnte Wünsche (entweder: „Was Leute wollen sollen", oder: „Ich kann es nicht (selbst) – helfen Sie mir") hereinfallen, kennen wir auch aus anderen psychosozialen Hilfesettings. So stellt Hinte (2008) treffend fest, dass die Konfrontation mit Wünschen eine ständige Versuchung für professionell Helfende darstellt. Die Begleitung von Veränderungen und „liebevolle Hartnäckigkeit" fordern von der Klientel einiges ab und dies stößt nicht immer sofort auf Gegenliebe. „Als es drauf ankam, hat die mich zig-mal am Tag angerufen, die hat mich so genervt", so eine wörtliche Aussage eines Probanden der Bewährungshilfe, als er im Abschlussgespräch darüber berichtet, was im Hilfe- und Kontrollprozess ihm rückblickend als hilfreich in Erinnerung geblieben ist.

Literaturtipp

Rauchfleisch hat eine sehr gut lesbare Zusammenstellung typischer Herausforderungen zusammengestellt, die in der Arbeit mit straffälligen Menschen häufiger auftreten:

- Rauchfleisch, U. (2013). Begleitung und Therapie straffälliger Menschen. Göttingen: Vandenhoeck & Ruprecht.

14.2 Vorsicht vor der Beweis-Leugnungs-Falle

Fallbeispiel Herr E.-G. – „El Grosso"

Herr E.-G. hat eine lange Haftstrafe zuerst in der Schweiz und dann in Deutschland hinter sich. Insgesamt saß er mit Untersuchungshaft knappe acht Jahre im Gefängnis. Hintergrund hierfür war ein Betrugsdelikt. Herr E.-G. hatte sich jahrelang als Arzt ausgegeben und sich des Titels eines international führenden Herz-Kreislauf-Spezialisten bedient. Mit dieser Rolle besuchte er internationale Kongresse und lernte bei einem dieser eine „Kollegin" kennen. Beide erkannten jeweils den „Bluff" des/der anderen und man beschloss gemeinsame Sache zu machen. Gemeinsam mit dieser Kollegin fungierte Herr E.-G. als persönlicher Leib- und Hausarzt eines sehr vermögenden deutschen Ehepaares, das sich mittlerweile in der Schweiz niedergelassen hatte. Zu den Hausbesuchen wurde man per Helikopter eingeflogen und es wurde privat abgerechnet. Herr E.-G. und seine Komplizin „diagnostizierten" bei dem Ehemann eine sehr seltene Krebserkrankung und im Zuge der Heilung derselben „forschte" Herr E.-G. an einer Art „Ursuppe" (besser als jede Chemotherapie). Natürlich sei Forschung immer auch recht kostenintensiv, und so erhielten die vermeintlichen „Behandler:innen" in mehreren Tranchen eine Summe im Millionenbereich, entweder als Schecks oder in Geldkoffern ausgehändigt. Als es eines Tages dem Ehemann nicht gut ging und sich seine Ehefrau nicht besser zu helfen wusste, wurde der Notarzt gerufen. Unter Erklärungen der angeblichen Krebserkrankung wurde nun jedoch festgestellt, dass sich der Geschädigte, außer einem gut zu behandelnden Blutdruckleiden, bester Gesundheit erfreue und die Ermittlungen nahmen ihren Lauf. Herr E.-G. und seine Komplizin wurden daraufhin festgenommen, nach den verschwundenen Millionen wurde gesucht. Beide Täter:innen bezichtigten sich daraufhin gegenseitig, die Gelder jeweils für sich versteckt zu halten.

Bei der anschließenden Führungsaufsichtsüberwachung erschien Herr E.-G. als sehr zugänglicher, freundlicher und überaus höflicher Gesprächspartner. Nach der Festnahme sei nicht nur für ihn, sondern auch für seine Ehefrau – diese glaubte tatsächlich bis zum Schluss, ihr Mann sei ein bedeutender Arzt und Wissenschaftler, eine Welt zusammengebrochen. Seine Rolle als „berühmter Arzt" habe irgendwann so eine Eigendynamik angenommen, und er habe einfach nie den Mut gehabt, die Wahrheit zu sagen. Denn eigentlich sei er zwar gelernter Rettungsassistent, aber aus sehr armen Familienverhältnissen, er habe nie etwas gegolten, weder in der Herkunftsfamilie noch bei Frauen, und dies habe er immer als Kränkung gesehen. An die Auflagen im Beschluss halte er sich vorbildlich, er habe einen gültigen Arbeitsvertrag und eine nette Therapeutin gefunden, die weiter an seinen Themen arbeiten möchte. Ebenfalls fiel bei dem Klienten auf, dass er sich oft und sehr zuvorkommend nach dem Wohlergehen der Bewährungshelferin erkundigte. Er berichtete, dass er nun Arbeit als Koordinator bei einer Speditionsfirma gefunden habe und vom Chef sehr geschätzt sei. Er beherrsche vier Sprachen und dies sei gerade in Grenznähe zu Italien sehr hilfreich. Auch bei den LKW-Fahrern (ein sehr „spezielles Völkchen", so seine Äußerung) habe er, eben weil er italienisch könne, eine erhöhte Stellung, diese hörten auf seine Anweisungen und hätten ihm den Namen „El Grosso" gegeben.

Gedanken zum Fall E.-G.

Betrugsdelikte dieser Art gelten als recht schwer behandelbar, da Tatanteile und Persönlichkeitsanteile sehr eng miteinander verwoben sind. Müller (2009, S. 242) stellt sogar die These einer völligen Verschmelzung von Täter:in und deren Persönlichkeit auf. Gerade dies mache auch den Erfolg von Betrugsdelikten aus (man glaubt den „unerschütterlichen" Ausführungen). Biographisch weisen einige Täter:innenbiographien dahingehend Gemeinsamkeiten auf, dass viele Betrüger:innen eine Art Partner:innenersatz oder eine Garant:in für den Fortbestand der elterlichen Beziehung darstellten. Durch Parentifizierung[49] lernten sie früh, exakt wahrzunehmen, was die momentane Bedürfnislage der Eltern oder eines Elternteils erforderte und was es zu tun galt, um sie zu stillen

49 Parentifizierung ist ein Begriff aus der Familientherapie und bedeutet eine soziale Rollenumkehr von Elternteilen und ihren Kindern.

(vgl. Deimel 2018, S. 60). Mit einer exemplarischen Botschaft kann dies wie folgt formuliert werden: „Sei die Person, die ich jetzt brauche, und nicht die Person, die Du gerade bist". Im späteren Betrugsdelikt kommt es dann zu einer Umkehr der Ohnmachtsgefühle (vgl. Möller 2009, S. 244). In der Behandlung können wir also damit rechnen, dass sich ebenfalls diese Tendenzen bemerkbar machen, und die Wirklichkeitskonstruktionen dieser Art von Täter:innen können viel Raum gewinnen. Mit Grenzen der Behandlung oder sogar einem Scheitern ist verstärkt zu rechnen.

Anregungen zur (Selbst-)Reflexion

- Stimmt es also wirklich, was der Klient von sich gibt?
- Sind die Papiere gefälscht? Oder ist alles sowieso „Lug und Trug"?

Vielleicht ging es Ihnen beim Lesen dieser Fallgeschichte ähnlich? Und dann wären wir genau dort, wo die Beweis-Leugnungs-Falle zuschnappt. Wir fungieren, falls wir alles doppelt und dreifach kontrollieren, in einer anderen Rolle, und falls wir alles einfach glauben, bewerten wir uns selbst als fachlich nicht kompetent – als zu naiv für diesen Job, und ein Fehlverhalten des Klienten fällt so möglicherweise auf unsere Inkompetenz zurück?

Übermäßiges Kontrollieren – Herr E.-G. hat die Auflage, die Arbeitsverträge einzureichen, und nicht wir sind in der Beweisschuld, diese auf Echtheit zu prüfen – ist hier nicht angebracht. Auch geht es nicht darum, Herrn E.-G. zu testen, ob er wirklich, wie von ihm angegeben, vier oder fünf Sprachen mächtig ist, vielleicht braucht er (noch) genau dieses Lügengebäude, um sein Selbstbild eines kompetenten Arbeitnehmers aufrechtzuerhalten?

Der Wunsch nach einem übermäßigen Kontrollieren zeigte sich bei diesem Fall auch noch an anderer Stelle. Herr E.-G. verstarb während der Bewährungszeit und die Bewährungshelferin erhielt in diesem Zusammenhang einen Anruf der damaligen Staatsanwältin: „Frau H., glauben Sie wirklich, dass der nicht mehr lebt, ich glaube dem gar nichts mehr. Können Sie mir die Sterbeurkunde zukommen lassen? Ich fang sonst, glaube ich, gleich wieder mit dem Ermitteln an. Ist das nicht verrückt?".

Als „verrückt", weil so anders als andere Fälle, erscheinen Betrugsdelikte dieser Art tatsächlich. Der Betrug stellt das einzige Delikt dar, bei dem Täter:in und die Täter:innen-Persönlichkeit sehr eng verknüpft erscheinen. Im Unterschied zu anderen Deliktgruppen scheint der/die Betrüger:in ganz und gar mit einer verzerrten Selbst- und Realitätswahrnehmung verschmolzen (vgl. Möller 2009, S. 2). Das Selbst-Bild wird also sehr kongruent (ohne größere Widersprüche) zur Realität empfunden und darin besteht auch der Erfolg, vor allem überzeugend aufzutreten und rasch Vertrauen herstellen zu können. Eigene Kleinheitsgefühle werden durch „altruistische" Handlungen (Beispiel: Arztberuf) kompensiert. Betrug ist zwar die „leiseste" Form von indirekter Aggression, aber aggressive Gefühle werden durch die Auswirkungen bei den Opfern oder während der Beratung durchaus sichtbar (ebd., S. 246) und können in einem Wunsch nach Über-Kontrolle münden.

Praxistipp

In der Beratung gilt darauf zu achten, nicht selbst Opfer zu werden, indem wir in die Beweis-Leugnungs-Falle tappen. Klient:innen dürfen uns belügen, die Verantwortung hierfür tragen sie selbst. Fragestellungen wie „Welche Funktion hat das Lügen?" scheinen hier sinnhaft. Ebenso: „Welche Belastungen und Behinderungen erfuhr die Person durch die ständige Unwahrhaftigkeit?". Auch Fragen an die Klient:innen wie „Wo erhalte ich die notwendige Selbstbestätigung und Anerkennung ohne illegale Tätigkeiten?" können uns professionell Helfende zurück in eine distanziertere Perspektive (nicht mehr eingesogen werden in die Deliktstruktur) bringen. Eine Nicht-Auflösung der Thematik, ein Scheitern von Beratung und Behandlung ist jedoch aufgrund der psychischen Struktur von ausgeprägten Betrüger:innen realistischerweise ebenso in Betracht zu ziehen.

14.3 Im Dschungel auf „risk-island" – neue Kollegin trifft auf ‚Dittmann'

Zum Einstieg:

- „Ich sehe nur noch rot, wenn ich den PC einschalte", so eine Kollegin bei einer Schulung zur Risikoorientierung für neueingestellte Bewährungshelfer:innen.
- „Eigentlich habe ich das Gefühl, die Liste (gemeint: Dittmann-Liste) ist viel zu lang, und auf der anderen Seite wünsche ich mir eine Liste für Ressourcen, aber das kann es ja auch nicht sein! Ich bin doch keine Verwaltungsfachkraft, die den ganzen Tag sich durch Listen klickt."
- „Mich gruselt es, wenn ich daran denke, dass der PC mir sagen könnte, wer gefährlich ist (gemeint hier: die technische Umsetzung von manualisierten Verfahren, die durch Algorithmen unterlegt sind)."

Diese Aussagen stellen auszugsweise einen kleinen Teil der Debatte um soziale Diagnostik und das Baseler-Prognose-Instrument/Dittmann-Liste dar. An dieser Stelle wollen wir nicht die Sinnhaftigkeit und Schwierigkeiten von sozialer Diagnostik und den unterschiedlichen Verfahren ansprechen, sondern vielmehr den Alltag von professionell Helfenden darstellen.

Bei Berufsanfänger:innen mag man den Rat erteilen, dass aller Anfang schwer und komplex erscheint und man im Laufe der Zeit die neuen Eindrücke, To-dos und Arbeitsabläufe durch Hilfe eines wertschätzenden und unterstützenden Kollegiums schon schaffen wird. Nicht umsonst erhalten Kolleg:innen in den ersten zwei Berufsjahren keine Risiko-Proband:innen zugeteilt, um hier einen guten Einstieg zu ermöglichen.

Wenn wir uns jedoch, unabhängig von der Berufserfahrung (eine sehr lange Erfahrung macht möglicherweise betriebsblind), psychologischen Überlegungen zuwenden, so bergen stark manualisierte Verfahren die Gefahr, etwas falsch einzuschätzen. Dies würde dann das Gegenteil der Haltung „Wir fühlen uns so wohl miteinander" (→ Kapitel 14.1) bedeuten und unseren fachlichen Blick dahingehend verfälschen, dass Menschen potentiell gefährlich werden können. Aus einem „Eierdieb" wird dann im überspitzten Sinn ein „Hoch-Risikotäter". Gerade wenn wir mit Daten unterlegten Diagnostik-Programmen arbeiten, setzen wir oft eher auf die Berechnungen des Programms, weniger auf eigene Überlegungen zum Fall und eigene Kompetenzen des Fallverstehens.

Nur noch „rot" zu sehen ist zudem mit einer Fülle an weiteren Aufgaben und Problemstellungen in der Begleitung straffälliger Menschen zu sehen. Es ist daher völlig nachvollziehbar, dass wir uns ob der Arbeitsbelastung erdrückt fühlen. Rauchfleisch (2011) teilt in zwei unterschiedliche Perspektiven ein: Einerseits weisen straffällige Menschen häufiger Multi-Problem-Lagen auf, sind zudem eher den unteren Sozialschichten zuzuordnen, was wiederum auf schwierigere Lebenslagen und mangelnde Ressourcen hindeutet. Angesichts dessen fühlt man sich in der Behandlung selbst hilflos und resigniert (das ist vielleicht das Gefühl, unter dem die Zielgruppe leidet?). Andererseits entsteht der Eindruck, vor lauter Krisenintervention gar nicht mehr zur eigentlichen Arbeit zu kommen (sei es Therapiegespräche oder Beratungsgespräche über Deliktbearbeitung etc.). An dieser Stelle erscheint es verhängnisvoll, wenn Aufgaben einer Bewertung unterworfen werden, wenn Gesprächen über das psychische Befinden eine größere Bedeutung beigemessen wird als Hilfestellungen bei alltäglichen sozialen Problemen (vgl. Rauchfleisch 2011, S. 12). Gerade vor dem Hintergrund von Überlegungen, wie komplex und wenig stringent Motivationsprozesse und ein Ausstieg aus kriminellen Verhaltensweisen auftritt, sind Zeiten den Stillstands, des Verharrens, der Rückschritte als normal zu bewerten (→ Kapitel 9.2).

14.4 Die heiße Kartoffel – Risikotäter:innen und Fallverteilung?

Die Gender-Thematik in der Behandlung von Straftäter:innen erscheint oft als Nebensache und wird meist bei Fallverteilungen spürbar, wenn es darum geht, „wer sich eines Sexualstraftäters annehmen soll", oder eine Kollegin in einer Fallbesprechung um Abgabe eines Risiko-Täters bittet, mit der Begründung, sie fühle sich zu stark belastet ob der grausamen Tathintergründe und generell, weil dies nun schon wieder ein R-Proband sei und sie schon sehr viele R-Probanden betreue. Somit erfolgt an unterschiedlicher Stelle und mit unterschiedlichen Perspektiven durchaus auch eine Einschätzung mit dem Filter des jeweils eigenen Geschlechtes. So banal es nun hergeleitet ist, so spannend ist doch manchmal die Ausgestaltung von Konflikten in Teams. Die Betrachtung und der Blickwinkel auf Sexualstraftaten ist immer auch durch die eigene Geschlechtszugehörigkeit der jeweiligen Behandelnden geprägt (vgl. Hutter 2010, S. 32). Dies kann manchmal in einer überspitzten Differenz zwischen „weiblichem“ und „männlichem“ Denken und Fühlen führen. Oder noch drastischer formuliert: „Was Frauen glauben, wie Männer fühlen (sollen) und andersherum“. Die Dynamik in Teams, wenn nicht ausgesprochen, wird so zu einer Arena der Annahmen, wie „er denkt, dass sie denkt“, und andersherum. Betrachten wir an dieser Stelle verschiedene Aussagesätze:

- Aufgrund einer raschen Identifizierung mit den Opfern von Missbrauchserfahrungen und der damit verbundenen Reaktionen von Ekel und Widerwillen scheint es für die weiblichen Behandlerinnen manchmal schwerer, sich auf die notwendige Arbeit mit Sexualstraftätern einzulassen.
- Die männlichen Behandler dagegen stehen vor dem Problem, dass sie sich manchmal unbemerkt (auch) mit den bagatellisierenden Tendenzen der Täter identifizieren, so dass die Auseinandersetzung mit dem Thema Gefahr in Schieflage gerät.

Gerade diese zwei Statements, so hoffen wir, lösen einiges an Widerstand aus. Nicht, um Sie als Leserschaft zu provozieren, sondern um zu verdeutlichen, wie vorschnell auch wir in verzerrte Annahmen verfallen können, gerade wenn es um Fallverteilung, empfundenen Arbeitsüberlastung und die Behandlung von Gewalt- und Sexualstraftäter:innen geht.

Weitere Sätze sind z.B.: „Alle Behandler:innen erleben beim Lesen der Urteile und/oder mit der Arbeit mit Sexualstraftäter:innen heftige Gefühle.“ Stimmt das wirklich? Oder fühlen wir uns ob dieser Aussage her vereinnahmt? Muss ich fühlen, oder darf ich erst mal *nichts* fühlen?

„Viele dieser Gefühle sind sehr unangenehm, Ablehnung, Angst, Ekel, Druck, Ambivalenz sind in einem Ausmaß da, das andere Fälle nicht so stark auslösen“. Stimmt das wirklich? Wer bestimmt hier, was die „richtigen Gefühle“ sind? Bewerten hier unterschiedliche Geschlechter anders/fühlen anders? Reagieren Frauen häufiger mit Gefühlen der Abwehr und Männer schweigen eher, weil sie „gelernt“ haben mit der Täterseite ob ihres Geschlechts in Verbindung gebracht zu werden? Hutter (2010, S. 32f.) stellt aus ihrer psychotherapeutischen Tätigkeit in einer Sexualberatungsstelle in Salzburg fest, dass bei Erstgesprächen von Tätern mit weiblichen Therapeutinnen häufiger mit Übertragungs- und Gegenübertragungserfahrungen berichtet wurde als in den Erfahrungsberichten der männlichen Kollegen. Auch stellten beide Geschlechter fest, dass weibliche Fachkräfte ein höheres Gesprächsbedürfnis bei komplexen Fallgeschichten aufwiesen und die männlichen Kollegen die eigene Motivation eher mit einem Pflichtbewusstsein dem Team und der Kolleginnen gegenüber begründeten (vgl. ebd.). „Die heiße Kartoffel" würde so aller Wahrscheinlichkeit beim Kollegen landen. Mit einer Schieflage im Team und in der Teamdynamik ist somit zu rechnen.

15 Anstatt eines Schlusswortes – ein kleines Zeichen der Hoffnung

Als Straffälligenhilfe wird meist der Sammelbegriff für soziale Hilfen für straffällige Menschen zusammengefasst. Dabei werden Leistungen der Unterstützung, Kontrollaufträge und rückfallpräventive Maßnahmen aufgezählt. Diese Aufträge sind in der Praxis nicht ohne Schwierigkeiten miteinander zu vereinbaren (vgl. Cornel 2014, S. 31). Um den Auftraggebenden und den Besonderheiten der Klientel gut begegnen zu können, braucht es ein Vielzahl an psychologischen, kriminologischen, forensisch-psychiatrischen und soziologischen Wissensbeständen, ebenso wie zeitliche und personelle Ressourcen. Eine erfolgreiche Re-Integration wird zudem immer nur so gut sein können, wie das jeweilige Wohlfahrtssystem dazu auch die notwendigen Mittel und die Bereitschaft für langfristige Behandlung- und Therapieprogramme bereitstellen kann.

Ein typisches Moment, das in der Arbeit mit Hard-to-reach-Klient:innen auftaucht, ist das der Hoffnungslosigkeit, die nicht selten schon die Fallgeschichte auszeichnet, von den Motivationsdefiziten der betreffenden Klient:innen verstärkt wird und so in der Gegenübertragung auch die Behandelnden ergreift. Nüchtern betrachtet besteht kein Grund dazu „nothing works" anzunehmen – eine gewisse Demut vor der großen Aufgabe, um nicht „drauflos zu behandeln", schadet aber nicht. Es kommt auf realistische Zielsetzungen an, bei denen eine Verhaltensmodifikation, i. S. des Erwerbs alternativer Verarbeitungs-, Bewertungs- und Handlungsmöglichkeiten, aber keine umfassende Heilung angestrebt wird. Die Ziele müssen verstehbar und verhaltensnah für die Straftäter:innen operationalisiert werden. Klient:innen haben ihre erlernte Hilflosigkeit oft verinnerlicht und sehen sich selbst nicht als wirkmächtige Akteur:innen ihres Lebens. Einerseits gilt es die resultierende Hoffnungslosigkeit, beispielsweise aus einer schweren chronifizierten Suchterkrankung, mit den Klient:innen auszuhalten und an kleinen und realistischen Zielsetzungen zu arbeiten, um weder sich noch die Klient:innen zu überfordern und zu frustrieren. Unter dem Aspekt des Akzeptierens von Nicht-Änderbarem ist auch Trauerarbeit von Klient:innen und Behandelnden zu leisten. Andererseits gilt es, sich nicht von der im Trauma erworbenen Ohnmacht anstecken zu lassen, sondern an die Potentiale der Menschen zu glauben und sie zu fördern. Mit diesem Anspruch an uns und die Klient:innen können wir – ganz im Sinne Rauchfleischs (2013, S. 117) – Vertreter:innen einer Hoffnung sein, welche die Klient:innen selbst oft längst aufgegeben hätten.

Literatur

Ackerman, P.L. (1988). Determinants of individual differences during skill acquisition: Cognitive abilities and information processing. Journal of Experimental Psychology: General. 117, 288–318.

Adams, K. (1992). Adjusting to Prison Life. In: Tonry, M. (Hrsg.). From Crime and Justice: A Review of Research. Chicago: University of Chicago Press, 275–360.

Albrecht, R. (2017). Beratungskompetenz in der Sozialen Arbeit. Auf die Haltung kommt es an. In: Kontext 48(1), 45–64.

Alexander, F. & French, T.M. (1946). Psychoanalytic therapy. Principles and applications. New York: Ronald Press.

Andersen, H.S., Sestoft, D., Lillebæk, T., Mortensen, E.L. & Kramp, P. (1999). Psychopathy and psychopathological profiles in prisoners on remand. Acta Psychiatrica Scandinavica, 99, 33–39.

Andrews, D.A. & Bonta, J. (2010). The psychology of criminal conduct. New Providence: LexisNexis.

Andrews, D.A., Zinger, I., Hoge, R.D., Bonta, J., Gendreau, P. & Cullen, F.T. (1990). Does correctional treatment work? A clinically relevant and psychologically informed meta-analysis. Criminology, 28, 369–404.

Arnett, J. (2000). Emerging Adulthood: A Theory of Development form the late Teen through the Twenties. American Psychologist, 55(5), 469–480.

Asay, T.P. & Lambert, M.J. (2001). Empirische Argumente für die allen Therapien gemeinsamen Faktoren: Quantitative Ergebnisse. In M.A. Hubble, B.L. Duncan & S.D. Miller (Hrsg.), So wirkt Psychotherapie. Dortmund: Verlag Modernes Leben, 41–81.

Baier, D. & Bergmann, M.C. (2013). Gewalt im Strafvollzug – Ergebnisse einer Befragung in fünf Bundesländern. Forum Strafvollzug, 62(2). 76–83.

Bamberger G.G. (2022). Lösungsorientierte Beratung. Praxishandbuch. 6. Überarbeitete Auflage. Weinheim und Basel: Beltz.

Bandura, A. (1986). Social foundations of thought and action. A social cognitve theorey. Prentice Hall: Engelwood Cliffs.

Bandura, A. (1997). Self-Efficacy. The Exercise of Control. 10th Ed. New York: Freeman.

Bartsch, T. (2018). Sicherungsverwahrung und Strafvollzug bei Gefangenen mit vorgemerkter Sicherungsverwahrung. In B. Maelicke & S. Suhling (Hrsg.), Das Gefängnis auf dem Prüfstand: Zustand und Zukunft des Strafvollzugs. Wiesbaden: Springer, 363–380.

Baur, A. & Kinzig, J. (2014). Rechtspolitische Perspektiven der Führungsaufsicht. Eine Zusammenfassung wesentlicher Ergebnisse der bundesweiten Evaluation der Führungsaufsicht. https://www.bmj.de/DE/Ministerium/ForschungUndWissenschaft/Evaluation Fuehrungsaufsicht/EvaluationFuehrungsaufsicht_node.html; zuletzt aufgerufen am 27.02.2023

Bauriedl, T. (1994). Auch ohne Couch. Stuttgart: Klett-Cotta.

Bauriedl, T. (2014). Die Triangularität menschlicher Beziehungen und der Fortschrittsglaube in der psychoanalytischen Entwicklungstheorie. Psychoanalytische Familientherapie, 15(1), 59–77.

Beelmann, A. & Raabe, T. (2007). Dissoziales Verhalten von Kindern und Jugendlichen: Erscheinungsformen, Entwicklung, Prävention und Intervention. Göttingen: Hogrefe.

Behnke, M. (2004). Behandlung und Behandlungsplanung. In W. Pecher (Hrsg.), Justizvollzugspsychologie in Schlüsselbegriffen. Stuttgart: Kohlhammer, 26–39.

Behnke, M. & Endres, J. (2008). Behandlung im Strafvollzug. In R. Vollbert & M. Steller (Hrsg.), Handbuch der Rechtspsychologie. Göttingen: Hogrefe, 107–118.

Bennefeld-Kersten, K. (2009). Ausgeschieden durch Suizid. Selbsttötungen im Gefängnis. Zahlen, Fakten, Interpretationen. Lengerich: Pabst Science Publisher.

Bennefeld-Kersten, K. (2015). Problemkonstellationen – Risiken und Anlässe für und gegen den Verbleib im Leben. In Bennefeld-Kersten, K., Lohner, J. & Pecher, W. (Hrsg.), Frei Tod? Selbst Mord? Bilanz Suizid? Wenn Gefangene sich das Leben nehmen. Lengerich: Pabst Science Publishers, 11–26.

Bettighofer, S. (2022). Übertragung und Gegenübertragung im therapeutischen Prozess. Stuttgart: Kohlhammer.

Beushausen, J. (2014). Hard to reach Klienten. (Sozial-)Therapie 2. Klasse. ZKS-verlag. https://zks-verlag.de/hard-to-reach-klienten-sozial-therapie-2-klasse/; zuletzt aufgerufen am 22.02.2023

Bieneck, S. & Pfeiffer, C. (2012). Viktimisierungserfahrungen im Justizvollzug. Forschungsbericht Nr. 119. Hannover: Kriminologisches Forschungsinstitut Niedersachsen e.V. (KFN).

Bilitza, K.-W. (2008). Psychodynamik der Sucht. Psychoanalytische Beiträge zur Theorie. Göttingen: Vandenhoeck & Rupprecht.

Bliesener, T. (2009). Junge mehrfach- und Intensivtäter – Definitionen, Hintergründe und Konzepte der Prävention. In: Zeitschrift für soziale Strafrechtspflege 18, 13–24.

Böhm, K. M. (2018). Sicherungsverwahrung und Behandlung. Das der Vollstreckung der Sicherungsverwahrung vorgelagerte gerichtliche Kontrollverfahren nach 119 a StVollzG – eine tickende Zeitbombe im Strafvollzug? Forensische Psychiatrie und Psychotherapie, Forensische Psychiatrie, Psychologie, Kriminologie, 12, 155–163.

Breuer, M., Endres, J., Heller, N. & Pecher, W. (2017). Modellprojekt zur Therapie mit langstrafigen Gefangenen zu Beginn der Haftzeit. Forum Strafvollzug, 66(1), 11–15.

Briken, P. (2017). Antisoziale Persönlichkeitsstörung und Sexualität. In B. Dulz, P. Briken, O. F. Kernberg & U. Rauchfleisch, Handbuch der Antisozialen Persönlichkeitsstörung. Stuttgart: Schattauer, 369–380.

Buchheim, A. (2017). Antisoziale Persönlichkeitsstörung und Bindungserfahrung. In B. Dulz, P. Briken, O. F. Kernberg & U. Rauchfleisch, Handbuch der Antisozialen Persönlichkeitsstörung. Stuttgart: Schattauer, 96–104.

Bundeskriminalamt (2022). Polizeiliche Kriminalstatistik PKS. https://www.bka.de/DE/AkuelleInformationen/StatistikenLagebilder/PolizeilicheKriminalstatisktik/PKS2022/pks2022_node.html; zuletzt aufgerufen am 03.04.2023

Carl, L. C., Breuer, M. M. & Endres, J. (2016). Leidensdruck und Behandlungsmotivation bei Gewaltstraftätern. Forensische Psychiatrie und Psychotherapie, 23(1), 8–34.

Cecchin, G., Gerry, L. & Wendel, A. Ray (2006). Exzentrizität und Intoleranz: Eine systemische Kritik. In: ZSTB 24(3), 156–165.

Clemmer, D. (1958). The prison community. New York: Holt, Rinehart & Winston.

Colapinto, J. (1995). Dilution of Family Process in Social Services: Implications for Treatment of Neglectful Families. Family Process 34(3), 59–74.

Conen, M.-L. & Cecchin, G. (2011). Wie kann ich Ihnen helfen, mich wieder loszuwerden? Therapie und Beratung mit unmotivierten Klienten und in Zwangskontexten. Heidelberg: Carl Auer.

Cornel, H. (2014). Geschichte des Strafens und der Straffälligenhilfe. In: Arbeitskreis der Hochschullehrer und Hochschullehrerinnen Kriminologie/Straffälligenhilfe in der Sozialen Arbeit (Hrsg.). Kriminologie und soziale Arbeit. Ein Lehrbuch. Weinheim und Basel: Beltz Juventa.

Dahle, K.-P. (1998). Straffälligkeit im Lebenslängsschnitt. In: Kröber, H.L., Dahle, K.-P. (Hrsg.), Sexualstraftaten und Gewaltdelinquenz: Verlauf – Behandlung – Opferschutz. Heidelberg: Kriminalistik, 47–56.

Dahle, K.-P., Greve, W., Hosser, D. & Bliesener, T. (2020). Das Gefängnis als Entwicklungsraum: Ein Plädoyer für eine erweiterte Perspektive auf den Justizvollzug. Forensische Psychiatrie, Psychologie, Kriminologie, 14(1), 3–21.

De Brito, S.A. & Hodgins, S. (2009). Die APS des DSM-IV-TR – Befunde, Untergruppen und Unterschiede zur Psychopathy. Forensische Psychiatrie, Psychologie und Kriminologie, 3, 116–28.

Deimel, J. (2018). Parentifizierung. Kinder im Spannungsfeld zwischen Machtgefühl und Überforderung. In. ZfPFI. 5(2).

Dessecker, A. (2018). Lebenslange Freiheitsstrafen. In B. Maelicke & S. Suhling (Hrsg.), Das Gefängnis auf dem Prüfstand: Zustand und Zukunft des Strafvollzugs. Wiesbaden: Springer, 351–362.

DiClemente, C.C. & Velasquez, M. (2002). Motivational Interviewing and the Stages of Change. In: Miller, W.R. & Rollnick, S. Motivational Interviewing, Second Editions: Preparing People for Change. New York: Guiford.

Dilling, H. Mombour, W. & Schmidt, M. (2011). Internationale Klassifikation psychischer Störungen. ICD-10 Kapitel V (F). Klinisch-diagnostische Leitlinien. Bern: Verlag Hans Huber.

Dittmann, V. &, Reimer, C. (1991). Suizidhandlungen unter Haftbedingungen. Recht Psychiatrie, 9. 118–23.

Dollinger, B. & Schmidt-Semisch (Hrsg.) (2018). Handbuch Jugendkriminalität. Interdisziplinäre Perspektiven. Wiesbaden: Springer VS.

Eberhaut, S. & Eher, R. (2019). Tatverleugnung bei pädosexuellen Straftätern: Zusammenhang mit kognitiven Verzerrungen und Bedeutung für das Rückfallrisiko. Forensische Psychiatrie und Psychotherapie, 26(2), 49–59.

Effinger, H. (2002). Draufsicht mit Aufsicht – Supervision im Zwangskontext. Zum Umgang mit multiplen Rollen bei Beratungen in eingeschränkten Handlungsfreiheit. Supervision 3, 63–74.

Egg, R. (2000). Verlaufsformen der Sexualdelinquenz. In: J.-M. Jehle (Hrsg.), Täterbehandlung und neue Sanktionsformen. Kriminalpolitische Konzepte in Europa, Bd. 106. Mönchengladbach: Forum Verlag Godesberg, 49–69.

Egg, R. (2007). Sozialtherapeutische Anstalten und Abteilungen im Justizvollzug. Mindestanforderungen an Organisation und Ausstattung. Indikationen zur Verlegung. Forum Strafvollzug, 56, 100–103.

Egg, R. (2010). Sozialtherapie: gestern, heute und morgen. In D. Dölling, D. Götting, B.D. Meier & T. Verrel (Hrsg.), Verbrechen – Strafe – Resozialisierung. Festschrift für Heinz Schöch. Berlin: De Gruyter, 313–336.

van Egmond, M., Rohmann, A., Siem, B. (2018). Soziale Ungleichheit und Diversität. In: Wirtz, M.A., Kohlmann, C., Salewski, C.: Psychologie in der Gesundheitsförderung. Stuttart: Kohlhammer, 578–586.

Eichenberg, C., Grittner, G. & Fischer, G. (2011). Vom Opfer zum Täter – psychotraumatologisch fundiertes Profiling. In N. Saimeh (Hrsg.), Trauma, Resilienz und Täterschaft. Bonn: Psychiatrie Verlag, 21–36.

Elz, J. (2001). Zur Rückfälligkeit nach sexuellen Gewaltdelikten. Ergebnisse einer empirischen Untersuchung der kriminologischen Zentralstelle. In: Bewährungshilfe (4), 351–373.

Elz, J. (2005). Karriereverläufe gefährlicher Sexualstraftäter: erste Ergebnisse aus einem Forschungsprojekt. In: Rudolf Egg (Hrsg.), „Gefährliche Straftäter“: eine Problemgruppe der Kriminalpolitik?. Bd. 47. Wiesbaden: Kriminologische Zentralstelle e. V., 109–127.

Endres, J. & Breuer, M. M. (2014). Leugnen bei inhaftierten Sexualstraftätern. Ursachen, Korrelate und Konsequenzen. Forensische Psychiatrie und Psychotherapie, 8, 263–278.

Endres, J. & Breuer, M. M. (2018). Behandlungsmaßnahmen und -programme im Strafvollzug. In B. Maelicke & S. Suhling (Hrsg.), Das Gefängnis auf dem Prüfstand: Zustand und Zukunft des Strafvollzugs. Wiesbaden: Springer, 89–108.

Endres, J. & Lauchs, L. (2018). Der Vollzug des Jugendarrests. Erhebung aus Bayern in den Jahren 2015 und 2016. Bewährungshilfe, 65(4), 384–402.

Endres, J. & Schwanengel, M. F. (2015). Straftäterbehandlung. Bewährungshilfe, 62(4), 293-319.

Endres, J. & Wittmann, J. (2020). Psychische Störungen bei inhaftierten Frauen. Forum Strafvollzug, 69(4). 272–278.

Endres, J. (2014). Determinanten der Behandlungsteilnahme und des Behandlungsabbruchs. Forum Strafvollzug, 63(4), 237–243.

Endres, J., Breuer, M. & Haas, S. (2018). Übergriffe gegen Bedienstete im Justizvollzug. Teil 1: Forschungsstand und theoretische Hintergründe. Forum Strafvollzug, 67(2), 107–112.

Entorf, H., Möbert, J. & Meyer, S. (2008). Evaluation des Justizvollzugs: Ergebnisse einer bundesweiten Feldstudie. Heidelberg: Physica-Verlag.

Ermer, A. & Dittmann, V. (2001). Fachkommissionen zur Beurteilung „gemeingefährlicher“ Straftäter in der deutsch-sprachigen Schweiz. Recht & Psychiatrie 19(2), 74–78.

Eschenbeck, H. & Knauf, R.-K. (2018). Entwicklungsaufgaben und ihre Bewältigung. In: Lohaus, A. Entwicklungspsychologie des Jugendalters. Berlin und Heidelberg: Springer-Lehrbuch.

Etzler, S., Moosburner, M. & Rettenberger, M. (2020). Therapie bei Straffälligkeit: Zur Entwicklung der Sozialtherapie im deutschen Justizvollzug, Forensische Psychiatrie, Psychologie und Kriminologie, 14, 95–105.

Falkai, P. & Wittchen, H.-U. (2020). Diagnostische Kriterien DSM-5. Göttingen: Hogrefe.

Fazel, S. & Danesh, J. (2002). Serious mental disorders in 23 000 prisoners: a systematic review of 62 surveys. Lancet, 249, 545–550.

Fazel, S. & Seewald, K. (2012). Severe mental illness in 33 588 prisoners worldwide: Systematic review and meta-regression analysis. British Journal of Psychiatry 200(5), 364–373.

Fegert, J. M., Streeck-Fischer, A. & Freyberger, J. (2009). Adoleszenzpsychiatrie. Psychiatrie und Psychotherapie der Adoleszenz und des jungen Erwachsenenalters. Stuttgart: Schattauer.

Feil, M. G. & Furjanić, K. (2019). Das Unwilligenforum. Eine innovative Gruppenintervention für (therapeutisch) schwer erreichbare Hochrisiko-Patienten. Forensische Psychiatrie und Psychotherapie, 26(2), 160–182.

Fiegl, J. & Resnicek, E. (2000). Diagnostik in der Systemischen Therapie. In: Laireiter, A. R. (Hrsg.). Diagnostik in der Psychotherapie. Wien: Springer, 235–245

Fischer, G. & Riedesser, P. (1999). Lehrbuch der Psychotraumatologie. München: Reinhardt.

Fischer, T. A., Schmoll, D., Willems, D. & Yngborn, A. (2020). Zahlen – Daten – Fakten – Jugendgewalt. DJI: München.

Frädrich, S. & Pfäfflin, F. (2000). Zur Prävalenz von Persönlichkeitsstörungen bei Strafgefangenen. Recht & Psychiatrie, 18(3), 95–104.

von Franqué, F. & Briken, P. (2013). Das „Good Lives Model“ (GLM) Ein kurzer Überblick. In: Forens Psychiatr Psychol Kriminol 7, 22–27.

Freud, S. (1914). Erinnern, Wiederholen und Durcharbeiten. (Weitere Ratschläge zur Technik der Psychoanalyse II). GW X, 126–136.

Freud, S. (1916/1917/1989). Studienausgabe: Vorlesung zur Einführung in die Psychoanalyse 1916/1917. Gesammelte Werke. Bd. I. Frankfurt a. M.: Fischer.

Früchtel, F. & Budde, W. (2016). Wie funktioniert fallspezifische Stärkenarbeit? Sozialraumorientierung auf der Ebene von Individuen. In: Budde, W., Früchtel, F. & Hinte, W. (Hrsg.). Sozialraumorientierung. Wege zu einer veränderten Praxis. Wiesbaden: Springer, 219–229.

Fuß, J. (2022). Psychiater fordern bessere Versorgung psychisch erkrankter Straftäter. Pressemitteilung der DGPPN (Deutsche Gesellschaft für Psychiatrie und Psychotherapie, Psychosomatik und Nervenheilkunde e. V.). https://www.dgppn.de/presse/pressemitteilungen/pressemitteilungen-2022/psychisch-erkrankte-straftaeter.html; zuletzt aufgerufen am 03. 03. 2023

Gahleitner, S. B. (2005). Neue Bindungen wagen – Beziehungsorientierte Therapie bei sexueller Traumatisierung. München.

Gaspart, M., Heinz, W. Poehlke, Th., Raschke, P. (1998). Glossar: Substitutionstherapie bei Drogenabhängigkeit. Wiesbaden: Springer.

Goffman, E. (1973). Asyle. Über die soziale Situation psychiatrischer Patienten und anderer Insassen. Frankfurt a. M.: Suhrkamp.

Goffman, E. (1967). Stigma. Über die Techniken der Bewältigung beschädigter Identität. Frankfurt a. M.: Suhrkamp.

Goodstein, L. & Wright, K. (1989). Inmate adjustment to prison. In L. Goodstein & D. MacKenzie (Hrsg.), The American prison: Issues in research and policy. New York: Plenum Press, 229–252.

Gößling, H. W., Gunkel, S., Schneider, U. & Melles, W. (2001). Häufigkeit und Bedingungsfaktoren des Behandlungsabbruchs im stationären Drogenentzug. Fortschr Neurol Psychiatr, 69, 474–481.

Grawe, K. (2000). Psychologische Therapie. Göttingen: Hogrefe.

Grawe, K. (2004). Neuropsychotherapie. Göttingen: Hogrefe.

Gretenkord, L. (2013). Warum Prognoseinstrumente?. In: Rettenberger, M. & von Franqué, F. (Hrsg.). Handbuch kriminalprognostischer Verfahren. Göttingen: Hogrefe, 19–34.

Grossmann, K. & Grossmann, K. E. (2004). Bindungen – das Gefüge psychischer Sicherheit. Stuttgart: Klett-Cotta.

Groves, A. (2004). Blood on the walls: Self-mutilation in prisons. Australian and New Zealand Journal of Criminology, 37(1), 49–64.

Guéridon, M. & Suhling, S. (2018). Klima im Justizvollzug. In B. Maelicke & S. Suhling (Hrsg.), Das Gefängnis auf dem Prüfstand: Zustand und Zukunft des Strafvollzugs. Wiesbaden: Springer, 239–263.

Gumpinger, M. (2001). „Zwangsbeglückung" oder „Wie viel Freiwilligkeit braucht Soziale Arbeit"?. In: Gumpinger, M. (Hrsg.). Soziale Arbeit mit unfreiwilligen KlientInnen. Linz: pro mente, 11–24.

Haas, S., Breuer, M. & Endres, J. (2018). Übergriffe gegen Bedienstete im Justizvollzug. Teil 2: Empirische Befunde aus dem bayerischen Justizvollzug und Empfehlungen. Forum Strafvollzug, 67(2), 213–218.

Habermeyer, E., Mokros, A. & Vohs, K. (2012). Sicherungsverwahrte und Patienten des psychiatrischen Maßregelvollzugs im Vergleich. Recht und Psychiatrie, 30, 72–80.

Hahn G. (2007). Rückfallfreie Sexualstraftäter Salutogenetische Faktoren bei ehemaligen Maßregelvollzugspatienten Forschung für die Praxis – Hochschulschriften. Bonn: Psychiatrie Verlag.

Hahn, G. (2012). Bedeutung und Gewicht protektiver Faktoren in Diagnostik und Behandlung von Sexualstraftätern. In B. Wischka, W. Pecher & H. van den Boogaart (Hrsg.), Behandlung von Straftätern. Sozialtherapie, Maßregelvollzug, Sicherungsverwahrung. Freiburg i. Br.: Centaurus, 510–523.

Hahn, K. (2012). Ressource. In: Wirth, J. V. & Kleve, H. (Hrsg.), Lexikon des systemischen Arbeitens: Grundbegriffe der systemischen Praxis, Methodik und Theorie. Heidelberg: Carl-Auer-Systeme, 331–334.

Hähnlein, V. (2016). Entstehung von Partnerschaften über Gefängnismauern hinweg. Forensische Psychiatrie, Psychologie und Kriminologie, 10, 64–73.

Haindl, M. (2019). Verhaltens- und Delikttreue sexuell motivierter Gewalttäter. Eine Analyse fallanalytisch relevanter Delikte aus rechtspsychologischer Perspektive. In: SIAK-Journal (2), 57–71.

Haley, J. (1992). Compulsory Therapy for Both Client and Therapist. In: Carlson, J. (ed.): Topics in Family Psychology and Counselling 1(2): Comulsory Family Therapy. Rickville/Frederisch, 1–7.

Hansmann, B. & Lohner, A. (2020). Sexuell deviantes Verhalten an Mitinsassen im Strafvollzug. Forensische Psychiatrie und Psychotherapie, 27(2), 203–216.

Hanson, R. K. & Bussière, M. T. (1998). Predicting relapse: A meta-analysis of sexual offender recidivism studies. Journal of Consulting and Clinical Psychology, 66, 348–362.

Hanson, R. K. & Morton-Bourgon, K. E. (2005). The characteristics of persistent sexual offenders: a meta analysis of recidivism studies. Journal of Consulting and Clinical Psychology, 73, 1154–1163

Hare, R. D. (2003). The Hare Psychopathy Checklist-Revised, 2nd edition. Toronto, ON: Multi-Health Systems.

Harrendorf, S. (2007). Rückfälligkeit und kriminelle Karrieren von Gewalttätern. Ergebnisse einer bundesweiten Rückfalluntersuchung. Göttingen: Universitätsverlag.

Hartig, J. (2002). Mögliche Ursachen für die erhöhte Sterblichkeit bei Kriminellen: Eine Untersuchung im Rahmen der Berliner CRIME-Studie. Unveröffentlichte Diplomarbeit. Berlin: Freie Universität und Technische Universität Berlin.

Hartmann, H.-P. (2017). Narzissmus bei Antisozialer Persönlichkeitsstörung. In: B. Dulz, P. Briken, O. F. Kernberg & U. Rauchfleisch, Handbuch der Antisozialen Persönlichkeitsstörung. Stuttgart: Schattauer, 271–284.

Heberling, A. (2012). Die Situation Angehöriger Inhaftierter. Forum Strafvollzug, 61(1). 8–14.

Heidenreich, T., Junghanns-Royack, K. & Michalak, J. (2007). Mindfulness-based therapy: Achtsamkeit vermitteln. In: Frank, R. (Hrsg.).Therapieziel Wohlbefinden. Ressourcen aktivieren in der Psychotherapie. Berlin: Springer, 69–81.

Heiner, M. (2012). Handlungskompetenz „Fallverstehen". In R. Becker-Lenz, S. Busse, G. Ehlert & S. Müller-Hermann, S. (Hrsg.), Professionalität Sozialer Arbeit und Hochschule. Wiesbaden: Springer VS, 201–217.

Heiner, M. (2013). Wege zu einer integrativen Grundlagendiagnostik in der Sozialen Arbeit. In: Gahleinter, S. B., Hahn, G., Glemser, R. (Hrsg.). Psychosoziale Diagnostik. Klinische Sozialarbeit. Beiträge zur psychosozialen Praxis und Forschung. Köln: Psychiatrie Verlag.

Hermes, V. (2022). Psychologie für die Arbeit mit Menschen mit Lernschwierigkeiten. Weinheim und Basel: Beltz Juventa.

Hofinger, V. (2016). Eine Desistance-orientierteWhat Works-Praxis?. In: SozProb 27, 237–258.

Hosser, D. & Bosold, C. (2008). Behandlung im Jugendvollzug. In: R. Vollbert & M. Steller: Handbuch der Rechtspsychologie, 128–134. Göttingen: Hogrefe.

Hutter, U. (2010). Was das Patriachat verbrochen hat, soll es auch heilen. In: Böhm, R., Breidenbach-Fronius, E., Gössl, D., Hutter, U., Schacht, C., Schreckeis, M. (Hrsg.), Nur geschaut und nichts getan. Psychoanalytische Psychotherapie mit Kinderpornographie-Konsumenten. Hamburg: Argument-Verlag, 31–46.

Irwin, J. & Cressey, D. R. (1962). Thieves, Convict, and the Inmate Culture. Social Problems, 10, 142–155.

Itlescas, S. R., Sánchez-Meca, J. & Genovés, V. G. (2001). Treatment of offenders and recidivism: Assessment of the effectiveness of programmes applied in Europe. Psychology in Spain, 5(1), 47–62.

Jakob, L. & Pfeiffer-Gerschel, T. (2013). Die Drogensituation in Deutschland. Forum Strafvollzug 62(1), 8–11.

Jehle, J.-M. (2007). Drogentherapie im strafrechtlichen Rahmen – die Zurückstellungslösung der §§ 35, 38 Betäubungsmittelgesetz. In: Kröber, H.-L., Dölling, D., Leygraf, N. & Saß, H. (Hrsg.). Handbuch der Forensischen Psychiatrie. Band 1. Strafrechtliche Grundlagen der Forensischen Psychiatrie (pp. 349–378). Darmstadt: Steinkoppf.

Jehle, J.-M., Albrecht, H.-J., Hohmann-Fricke, S. & Tetal, C. (2020). Legalbewährung nach strafrechtlichen Sanktionen: eine bundesweite Rückfalluntersuchung 2013 bis 2016 und 2004 bis 2016. Mönchengladbach: Forum Verlag Godesberg.

Jennessen, S. J., Kastirke, N., Kotthaus, J. (2013). Diskriminierung im vorschulischen und schulischen Bereich. Eine sozial- und erziehungswissenschaftliche Bestandsaufnahme. Berlin: Antidiskriminierungsstelle des Bundes.

Kaplan, A. & Rudolph, B. (2020). Jugendarrest und Jugendvollzug. In D. Deimel & T. Köhler (Hrsg.), Delinquenz und Soziale Arbeit: Prävention Beratung Resozialisierung – Lehrbuch für Studium und Praxis. Lengerich: Pabst Science Publishers, 215–228.

Kawamura-Reindl, G. & Schneider, S. (2015). Lehrbuch Soziale Arbeit mit Straffälligen. Weinheim und Basel: Beltz Juventa.

Keller, S., Kaluza, G. & Basler, H.-D. (2001). Motivierung zur Verhaltensänderung. Psychomed, 13, 101–111.

Keller, S., Velicer, W. F. & Prochaska, J. O. (1999). Das Transtheoretische Modell – Eine Übersicht. In S. Keller (Hrsg.), Motivation zur Verhaltensänderung. Freiburg i. Br.: Lambertus, 17–44.

Keppler, K., Stöver, H., Schulte, B. & Reimer, J. (2010). Prison Health is Public Health! Angleichungs- und Umsetzungsprobleme in der gesundheitlichen Versorgung Gefangener im deutschen Justizvollzug. Ein Übersichtsbeitrag. Bundesgesundheitsblatt, Gesundheitsforschung, Gesundheitsschutz, 53(2), 233–244.

Kernberg, O. F. & Caligor, E. (2005). A Psychoanalytic Theory of Personality Disorders. In M. F. Lenzenweger & J. F. Clarkin (Hrsg.), Major theories of personality disorder. New York, London: Guilford Press, 114–156.

Kliesch, O. (2016). Die dimensionale Erfassung des Leugnens – Einräumen von Straftaten als Defizit und Ressource in deliktorientierter Psychotherapie. Forensische Psychiatrie und Psychotherapie, 23(2), 145–176.

Klug, W. & Schaitl, H. (2012). Soziale Dienste der Justiz – Perspektiven aus Wissenschaft und Praxis. Bad Godesberg: Forum Verlagsgesellschaft.

Klug, W. & Zobrist, P. (2016). Motivierte Klienten trotz Zwangskontext. Tools für die Soziale Arbeit. 2. Aktualisierte Auflage. München und Basel: Ernst Reinhard.

Klug, W. (2005). Kontrolle braucht Methode! Anmerkungen zur Methodik des Kontrollprozesses in der Bewährungshilfe. In: Bewährungshilfe 52, 183–194.

Klug, W. (2014). Bewährungshilfe auf dem Weg zur Fachsozialarbeit? Programmatik einer zukunftsfähigen Profession. Bewährungshilfe – Soziales – Strafrecht – Kriminalpolitik (4), 396–409.

Köhler, D. & Bauchowitz, M. (2012). Was wissen Psychologen und Sozialarbeiter eigentlich über Jugendarrestanten? Zur psychischen Gesundheit, Diagnostik und Behandlung von Arrestanten. Zeitschrift für Jugendkriminalrecht und Jugendhilfe, 23(3), 272–280.

Köhler, D. (2004). Psychische Störungen bei jungen Straftätern. Eine Untersuchung zur Prävalenz und Struktur psychischer Störungen bei neu inhaftierten Jugendlichen und Heranwachsenden in der Jugendanstalt Schleswig. Dissertation, Universität, Philosophische Fakultät, Kiel.

Köhler, D., Bauchowitz, M., Weber, K. & Hinrichs, G. (2012). Psychische Gesundheit von Arrestanten. „Jugendarrest: der letzte blinde Fleck der rechtspsychologischen Forschung?“ Praxis der Rechtspsychologie, 22(1), 90–112.

König, K. (2010). Gegenübertragung und die Persönlichkeit des Psychotherapeuten. Frankfurt a. M.

Konrad, N. (2000). Psychiatrie in Haft, Gefangenschaft und Gefängnis. In H. Helmchen (Hrsg.), Psychiatrie der Gegenwart. Band 3. Berlin: Springer, 555–576.

Konrad, N. (2006). Psychiatrie des Strafvollzugs. In H.-L. Kröber, D. Dölling, N. Leygraf, H. Saß (Hrsg.), Handbuch der Forensischen Psychiatrie. Band 3: Psychiatrische Kriminalprognose und Kriminaltherapie. Darmstadt: Steinkopf Verlag, 234–242.

Konrad, N. (2014). Psychische Störungen/Erkrankungen in Haft. In N. Lemann, M. Behrens & H. Drees (Hrsg.). Gesundheit und Haft. Lengerich: Pabst Science Publishers, 304–319.

Kopp, D., Spitzer, C., Kuwert, P., Barnow, S., Orlob, S., Lüth, H., Freyberger, H. J. & Dudeck, M. (2009). Psychische Störungen und Kindheitstraumata bei Strafgefangenen mit antisozialer Persönlichkeitsstörung. Fortschritte der Neurologie und Psychiatrie, 77, 152–159.

Körner, H. (2013). BtmG-Kommentar. 4. Auflage. München: C. H. Beck.

Kornprobst, H. (2007). Kommentierung zu § 35 BtMG. In: Joecks, W. & Miebach, K. (Eds.), Münchener Kommentar zum Strafgesetzbuch. Band 5. Nebenstrafrecht I. Strafvorschriften aus: AMG, BtMG, GÜG, TPG, TFG, GenTG, TierSchG, BNatSchG, VereinsG, VersammlungsG, WaffG, KrWaffG, SprengG (Vol. 1. Auflage). München.

Krebs, J. & Konrad, N. (2022). Psychiatrische Nachsorgeambulanz für aus dem Justizvollzug entlassene psychisch kranke Gefangene – Eine empirische Bestandsaufnahme. Recht & Psychiatrie 40(1), 11–21.

Kreuzer, A. (2009). Kriminologische Grundlagen der Drogendelinquenz. In: Kröber H.-L. et al. (Hrsg.), Handbuch der Forensischen Psychiatrie, Bd. 4. Kriminologie und Forensische Psychiatrie. Heidelberg: Steinkopff, 500–546.

Kreuzer, A. (2015). Zusammenhänge zwischen Drogen und Kriminalität. In: Leygraf, N.: Sucht und Kriminalität. Forensische Psychiatrie, Psychologie und Kriminologie. Ausgabe 1/2015. Wiesbaden: Springer.

Kröber, H. L. (1995). Geständnis und Auseinandersetzung mit der Tat als Gesichtspunkte der Individualprognose nach Tötungsdelikten. In D. Dölling (Hrsg.), Die Täterindividualprognose. Beiträge zu Stand, Problemen und Perspektiven der kriminologischen Prognoseforschung. Heidelberg: Kriminalistik Verlag, 63–81.

Kröber, H.-L. (2019). Selbstbestimmung und Zwang in der Behandlung. Forensische Psychiatrie, Psychologie und Kriminologie, 13, 1–3.

Kröger, U., van Beek, D., van der Wolf, P., Klein Haneveld E., van Geest, H. & Geraerts, R. (2012). Behandlung von Psychopathie. A mission impossible? Lingen: Kriminalpädagogischer Verlag.

Kury, H. & Brandenstein, M. (2002). Zur Viktimisierung (jugendlicher) Strafgefangener. Zeitschrift für Strafvollzug und Straffälligenhilfe, 51, 22–33.

Lackinger, F. (2013). Primärer und sekundärer Krankheitsgewinn bei delinquenten Patienten. Persönlichkeitsstörungen 17(1), 33–42.

Lackinger, F. (2008). Psychosomatische Strukturdiagnostik und Deliktanalyse bei persönlichkeitsgestörten Delinquenten. In F. Lackinger, G. Dammann & B. Wittmann (Hrsg.), Psychodynamische Psychotherapie bei Delinquenz. Praxis der Übertragungsfokussierten Psychotherapie. Stuttgart: Schattauer, 3–37.

Lackinger, F. (2012). Psychodynamische Therapie an der Schnittstelle – Übertragungskonstellationen im Kontext der Haftentlassung [Konferenzbeitrag, 30. April]. Bundeskongress der deutschen JustizpsychologInnen. Wien, Österreich.

Lau, S. (2017). Antisoziale Persönlichkeitsstörung und Störungen durch psychotrope Substanzen. In B. Dulz, P. Briken, O.F. Kernberg & U. Rauchfleisch, Handbuch der Antisozialen Persönlichkeitsstörung. Stuttgart: Schattauer, 348–355.

Laubenthal, K. & Nestler, N. (2010). Strafvollstreckung. Heidelberg: Springer.

Laubenthal, K. (2006). Erscheinungsformen subkultureller Gegenordnungen im Strafvollzug. In T. Feltes, C. Pfeiffer, G. Steinhilper & H.-D. Schwind, Festschrift für Schwind. Heidelberg: C.F. Müller, 593–602.

Laws, D.R. & Ward, T. (2011). Desistance from sex offending. Alternatives from throwing away the keys. Guilford: New York.

Lehmann, M. (2013). Ist der „Anstaltsarzt" noch zeitgemäß? Ärztliche Versorgung im Justizvollzug im Spannungsfeld. Forum Strafvollzug, 62(5), 284–289.

Lenz, Ch. (2008). Süchtiges Verhalten – Systemische Erklärungsmodelle und Behandlungsgrundlagen. In: Systemische Notizen 04/08, 46–57.

Leygraf, N. (2002). Verschiedenen Möglichkeiten, als nicht therapierbar zu gelten. Recht & Psychiatrie 20, 3–7.

Leygraf, N. (2006). Psychiatrischer Maßregelvollzug. In H.-L. Kröber, D. Dölling, N. Leygraf & H. Saß (Hrsg.), Handbuch der Forensischen Psychiatrie. Band 3: Psychiatrische Kriminalprognose und Kriminaltherapie. Darmstadt: Steinkopf Verlag, 193–221.

Linden, M. & Strauß, B. (2012). Risiken und Nebenwirkungen von Psychotherapie. Erfassung, Bewältigung, Risikovermeidung. Berlin: MWV Medizinisch Wissenschaftliche Verlagsgesellschaft.

Lohner, J. (2008). Suizidversuche und selbstschädigendes Verhalten im Justizvollzug. Hamburg: Verlag Dr. Kovač.

Lohner, J. (2012). Kriminogene Einstellungen unter jugendlichen Arrestanten – Evaluation eines Peer-To-Peer-Projekts. Unveröffentlichter Forschungsbericht. Hochschule für Angewandte Wissenschaften Landshut.

Lohner, J. (2013). Sozialtherapie in der JVA München – Materialien für den Therapie-Einstieg. Unveröffentlichter Forschungsbericht. Hochschule für Angewandte Wissenschaften Landshut.

Lohner, J. (2019). Zusammenhänge zwischen Entwicklungstraumata und Gewaltstraftaten. In: Zeitschrift für Jugendkriminalrecht und Jugendhilfe 4, 375–380.

Lohner, J. (2021). Fallverstehen und fachliche Selbstreflexion in der Bewährungshilfe. In H. Cornel & G. Kawamura-Reindl (Hrsg.), Bewährungshilfe. Theorie und Praxis eines Handlungsfeldes Sozialer Arbeit. Weinheim und Basel: Beltz Juventa, 283–293.

Lohner, J., Lauterbach, C. & Konrad, N. (2006). Stationäre Behandlung schizophrener Gefangener. Krankenhauspsychiatrie, 17, 148–154.

Lohner, J., Pape, A. & Konrad, N. (2005). Modellkonzeption eines Krankenhauses des Maßregelvollzuges – Bedeutung der Architektur bei „Besserung und Sicherung". Recht & Psychiatrie, 23(3), 122–131.

Loose, C., Graaf, P. & Zarbock, G. (Hrsg.) (2013). Schematherapie mit Kindern und Jugendlichen, Weinheim und Basel: Beltz Juventa.

Lorenzer, A. (1970). Sprachzerstörung und Rekonstruktion. Frankfurt a. M.: Suhrkamp.

Lösel, F. & Bliesener, T. (2003). Aggression und Delinquenz unter Jugendlichen: Untersuchungen von kognitiven und sozialen Bedingungen. Neuwied: Luchterhand.

Lösel, F. (2014). Evaluation der Straftäterbehandlung. In B. Bliesener, F. Lösel & G. Köhnken (Hrsg.), Lehrbuch Rechtspsychologie. Bern: Huber, 529–555.

Lösel, F. (2016). Wie wirksam ist die Straftäterbehandlung im Justizvollzug? In M. Rettenberger & A. Dessecker (Hrsg.), Behandlung im Justizvollzug. Kriminologische Zentralstelle, Wiesbaden, 17–52.

Lösel, F., Koehler, J. A. & Hamilton, L. (2012). Resozialisierung junger Straftäter in Europa: Ergebnisse einer internationalen Studie über Maßnahmen zur Rückfallprävention. Bewährungshilfe, 59, 175–190.

Ludwig, H. (2014). Diagnose und Prognose in der Sozialen Arbeit mit straffällig gewordenen Menschen. In: AK HochschullehrerInnen Kriminologie/Straffälligenhilfe in der Sozialen Arbeit (Hrsg.). Kriminologie und Soziale Arbeit. Ein Lehrbuch. Weinheim und Basel: Beltz Juventa.

Lührmann, T. (2006). Führung, Interaktion und Identität. Die neuere Identitätstheorie als Beitrag zur Fundierung einer Interaktionstheorie der Führung. Wiesbaden: Springer.

Lykken, D. T. (1995). The antisocial personalities. Hillsdale, New Jersey: Lawrence Erlbaum Associates.

Maier, W., Hauth, I., Berger, M. & Saß, H. (2016). Zwischenmenschliche Gewalt im Kontext affektiver und psychotischer Störungen. Nervenarzt (2016).

Martinez-Raga, J., Marshall, E. J., Keaney, F., Ball, D. & Strang, J. (2022). Unplanned versus planned discharges from in-patient alcohol detoxification: retrospective analysis of first episode admissions. Alcohol, 37, 277–281.

Maruna, S. (2001). Making good: how ex-convicts reform and rebuild their lives. American Psychological Association. Washington, DC.

Maruna, S. & Mann, R. E. (2006). A fundamental attribution error? Rethinking cognitive distortions. Legal and Criminological Psychology, 11, 155–177.

Maurischat, C. (2001). Erfassung der „Stages of Change" im Transtheoretischen Modell Prochaska's – eine Bestandsaufnahme. Forschungsberichte des Psychologischen Instituts der Albert-Ludwigs-Universität Freiburg i. Br. Nr. 154. Abteilung für Rehabilitationspsychologie: Freiburg i. Br.

Mayer, K. & Treuthardt, D. (2014). Risikoorientierung in Straf- und Massnahmenvollzug und Bewährungshilfe: Strukturen, Prozesse und Instrumente. In: Bewährungshilfe. 61(2). Bad Godesberg: Forum Verlag, 132 ff.

Mayer, K. (2009). Beziehungsgestaltung im Zwangskontext. In: Mayer, K.& Schildknecht, H. (Hrsg.), Dissozialität, Delinquenz, Kriminalität. Ein Handbuch für die interdisziplinäre Arbeit. Schulthess, Zürich, 209–230.

Mayer, K. (2014). Risikoorientierung – der nächste Schritt. Herausforderungen und Bedingungen der Forderung von Interventionsresponsivität. Bewährungshilfe 61(2), 171–188.

Mayer, K. (2016). Gesprächsführung und Beziehungsgestaltung mit Menschen mit Persönlichkeitsstörungen und besonderen Persönlichkeitsstilen. Bewährungshilfe, 63(2), 101–138.

McCann, I. L. & Pearlman, L. A. (1990). Vicarious traumatization: A framework the psychological effects of working with victims. Journal of Traumatic Stress, 3(1), 131–149.

McNeill, F. & Maruna, S. (2008). Giving up and giving back: desistance, generativity and social work with offenders. In: McIvor, G., Raynor, R. (Hrsg.), Developments in social work with offenders. London: Jessica Kingsley Publishers, 224–239.

Meischner-Al-Mousawi, M., Hartenstein, S., Spanaus, K. & Hinz, S. (2020). Suizide und Suizidprävention im deutschen Justizvollzug. Forum Strafvollzug, 69, 250–255.

Meyer, M., Hachtel, H. & Graf, M. (2019). Besonderheiten in der therapeutischen Beziehung bei forensisch-psychiatrischen Patienten. Forensische Psychiatrie, Psychologie, Kriminologie, 13(4), 362–370.

Milch, W. & Sahhar, N. (2010). Zur Bedeutung der Bindungstheorie für die Psychotherapie Erwachsener. In: Psychotherapie 15(1). München: CIP-Medien, 4455.

Milch, W. E. (2009). Der Umgang mit Aggressivität bei narzisstischer Persönlichkeitsstörung. Psychotherapie in Psychiatrie, Psychotherapeutischer Medizin und Klinischer Psychologie, 14, 92–103.

Miller, W. R. & Rollnick, St. (2009). Motivierende Gesprächsführung. Freiburg i. Br.: Lambertus.

Missoni, L., Utting, F. M. & Konrad, N. (2003). Psychi(atri)sche Störungen bei Untersuchungsgefangenen. Zeitschrift für Strafvollzug und Straffälligenhilfe 52(6), 323–332.

Moffitt, T.-E. (2011). A gradient of childhood self-control predicts health, wealth, and public safety. Proc Natl Acad Sci USA 108(7), 2693–2698.

Möller, H. (2009).Verführen, Belügen, Manipulieren – Zur Psychopathologie des Betrügens. Persönlichkeitsstörungen, Theorie und Therapie 4., 241–247.

Morgenstern, C. (2006). Neues zur Führungsaufsicht. In: Neue Kriminalpolitik 18(4), 152–154.

Müller, B. (2011). Identitätsentwicklung im Laufe der Biographie. In: Empirische Identitätsforschung. Wiesbaden: Springer VS.

Müller, J. (2017). Neurobiologie und Bildgebung der Antisozialen Persönlichkeitsstörung. In B. Dulz, P. Briken, O. F. Kernberg & U. Rauchfleisch, Handbuch der Antisozialen Persönlichkeitsstörung. Stuttgart: Schattauer, 84–95.

Müller, J. L., Saimeh, N. & Briken, P. et al. (2018). Standards für die Behandlung im Maßregelvollzug nach §§ 63 und 64 StGB: Interdisziplinäre Task-Force der DGPPN. Forensische Psychiatrie, Psychologie, Kriminologie, 12(2), 93–125.

Neubacher, F. & Boxberg, V. (2018). Gewalt und Subkultur. In B. Maelicke & S. Suhling (Hrsg.), Das Gefängnis auf dem Prüfstand: Zustand und Zukunft des Strafvollzugs. Wiesbaden: Springer, 195–216.

Niemeczek, A. (2015). Tatverhalten und Täterpersönlichkeit von Sexualdelinquenten. Der Zusammenhang von Verhaltensmerkmalen und personenbezogenen Eigenschaften. Wiesbaden: Springer.

Nitschke, J. & Mokros, A. (2017). Manual für die Bayerische Bewährungshilfe zur Erfassung von Risikoprobanden. München: Bayerisches Staatsministerium der Justiz.

Nitzgen, D. (2003). Sucht als Abwehrorganisation. Perspektiven einer operationalisierten psychodynamischen Diagnostik der Sucht. In: Suchttherapie. Band 4. Stuttgart: Thieme.

Oberhoff, B. (2009). Übertragung und Gegenübertragung in der Supervision: Theorie und Praxis. Münster.

Ortmann, R. (2000). The effectiveness of social therapy in prison – A randomized experiment. Crime & Delinquency, 46, 214–232.

Ostendorf, H. (2018). Kriminalität und Strafrecht. In: Informationen zur politischen Bildung (Bundeszentrale für Politische Bildung) 306, 3–75.

Patzak, J. (2012). Kommentierung zu § 35 BtMG. In: Körner, H. H., Patzak, J. & Volkmer, M. (Eds.), Betäubungsmittelgesetz Kommentar. C. H. Beck: München.

Pauls, H. (2011). Klinische Sozialarbeit. Grundlagen und Methoden psycho-sozialer Behandlung. Weinheim und München: Juventa.

Pecher, W. & Stark, A. (2015). Abschiedsbriefe. In: Bennefeld-Kersten, K., Lohner, J., Pecher, W. (Hrsg.). In Bennefeld-Kersten, K., Lohner, J. & Pecher, W. (Hrsg.), Frei Tod? Selbst Mord? Bilanz Suizid? Wenn Gefangene sich das Leben nehmen. Lengerich: Pabst Science Publishers, 211–234.

Pfister, E. (2013). Wenn Frauen Verbrecher lieben. Berlin: Ch. Links Verlag.

Piquart, M. & Silbereisen, R. K. (2000). Gesundheitsverhalten im Kindes- und Jugendalter. In: Bundesgesundheitsblatt – Gesundheitsforschung – Gesundheitsschutz. 45(11), 873–878.

Plewig, H.-J. (2005). Cop4U (Teil 2): Kritische Anmerkungen. ZJJ. 16(2), 164–165.

Pleyer, K. H. (1996). Schöne Dialoge in häßlichen Spielen. Überlegungen zum Zwang als Rahmen für Therapie. Zeitschrift für systemische Therapie, 3, 186–196.

Pollmächer, Th. (2022). DGPPN-Kongress: Ethik, Recht und psychische Gesundheit. In Der Nervenarzt Ausgabe 11.

Preusker, H. (2008). Langzeitbesuche in deutschen Gefängnissen. Forum Strafvollzug 57(6), 255–256.

Preuss, W. F. & Berner, W. (2008). Die ambulante Gruppenpsychotherapie für pädosexuelle Männer nach dem Hamburger Modell. In F. Lackinger, G. Dammann & B. Wittmann (Hrsg.), Psychodynamische Psychotherapie bei Delinquenz. Praxis der Übertragungsfokussierten Psychotherapie. Stuttgart: Schattauer, 287–315.

Prochaska, J. O. & DiClemente, C. C. (1982). Transtheoretical therapy: Toward a more integrative model of change. In: Psychotherapy: Theory, Research & Practice 19(3), 276–288.

Prochaska, J. O. & DiClemente, C. C. (1984). The transtheoretical approach: Crossing traditional boundaries of therapy. Homewood: Dow Jones/Irwin.

Prochaska, J. O. & DiClemente, C. C. (1992). Stages of change in the modification of problem behaviors. In M. Hersen, R. M. Eisler & P. Miller (Eds.), Progress on behavior modification (pp. 184–214). Sycamore: Sycamore Press.

Prochaska, J. O. & Velicer, W. F. (1997). The Transtheoretical Model of Health Behavior Change. In: American Journal of Health Promotion 12, 38–48.

Prochaska, J. O., Norcross, J. C. & DiClemente, C. C. (1997). Jetzt fange ich neu an: Das revolutionäre Sechs-Schritte-Programm für ein dauerhaft suchtfreien Leben. München: Droemer Knaur.

Prochaska, J. O. & Levesque, D. (2002). Enhancing Motivation of Offenders at each stage of change and Phase of Therapy. In: McMurran, M. (eds). Motivating Offenders to Change. A Guide to Enhancing engagement in Therapy. New York: Chichester, 57–75.

Rabe, K. & Konrad, N. (2010). Aktuelle Aspekte des Gefängnissuizids. Forensische Psychiatrie, Psychologie und Kriminologie, 4, 182–192.

Rasch, W. (1964). Tötung des Intimpartners. Stuttgart: Enke.

Rasch, W. (1985). Nachruf auf die sozialtherapeutische Anstalt. Bewährungshilfe, 32(4), 319–329.

Rauchfleisch, U. & Dittmann, V. (2017). Klassifikation und Testdiagnostik. In B. Dulz, P. Briken, O. F. Kernberg & U. Rauchfleisch, Handbuch der Antisozialen Persönlichkeitsstörung. Stuttgart: Schattauer, 208–218.

Rauchfleisch, U. (1990). Probleme der Indikationsstellung für eine psycho-analytische Psychotherapie von Delinquenten. In: W. Schneider (Hrsg.), Indikationen zur Psychotherapie. Weinheim und Basel: Beltz, 81–99.

Rauchfleisch, U. (1999). Außenseiter der Gesellschaft: Psychodynamik und Möglichkeiten zur Psychotherapie Straffälliger. Göttingen: Vandenhoeck & Ruprecht.

Rauchfleisch, U. (2001). Arbeit im psychosozialen Feld. Beratung, Begleitung, Psychotherapie, Seelsorge. Stuttgart: UTB.

Rauchfleisch, U. (2013). Begleitung und Therapie straffälliger Menschen. Göttingen: Vandenhoeck & Ruprecht.

Reicherts, M. (1999). Comment gérer le stress? Le concept des règles cognitivocomportementales. Contributions fribourgeoises en psychologie. Volume 9. Editions Universitaires: Fribourg/Suisse.

Reindl, M., Reinders, H. & Gniewosz (2013). Die Veränderung jugendlichen Autonomiestrebens, wahrgenommener elterlicher Kontrolle und erlebter Konflikthäufigkeit in der Adoleszenz. In: Zeitschrift für Entwicklungspsychologie und Pädagogische Psychologie 45(1).

Resch, F. (2002). Risikoverhalten und seelische Störungen in Pubertät und Adoleszenz. In: Zapotocky, G. (Hrsg.), Psychiatrie der Lebensabschnitte. Wien: Springer, 55–75.

Rettenberger, M., Boer, D. P. & Eher, R. (2011). The predictive accuracy of risk factors in the Sexual Violence Risk-20 (SVR-20). Criminal Justice and Behavior, 38, 1009–1027.

Rettenberger, M. & Briken, P. (2017). Kriminalprognose und Antisoziale Persönlichkeitsstörung. In B. Dulz, P. Briken, O. F. Kernberg & U. Rauchfleisch, Handbuch der Antisozialen Persönlichkeitsstörung. Stuttgart: Schattauer, 183–194.

Rieckhof, Y. (2009). Das Erstgespräch und die Stellungnahme der Jugendhilfe im Strafverfahren – eine „Checkliste“. In: Goerdeler, J./BAG Jugendhilfe im Strafverfahren in der der DVJJ (Hrsg.), Jugendhilfe im Strafverfahren. Arbeitshilfen für die Praxis. Hannover, 151–160.

Riekenbrauk, K. (2011). Strafrecht für Soziale Arbeit. Eine Einführung für Studium und Praxis. 4. Auflage. Köln: Luchterhand.

Rieker, P., Humm, J. & Zahradnik, F. (2016). Einleitung – Desistance als konzeptioneller Rahmen für die Untersuchung von Reintegrationsprozessen. In: SozProb 27, 147–157.

Rogers, C. (1983). Therapeut und Klient. Grundlagen der Gesprächspsychotherapie (18. Aufl.). Frankfurt a. M.: Fischer.

Rohde-Dachser, C. (1987). Ausformungen der ödipalen Dreieckskonstellation bei narzisstischen und bei Borderline-Störungen. Psyche, 9, 773–799.

Röhm, Claudia (2022). ‚Die‘ Sexualstraftäter: polydelinquent oder deliktsperseverant? Tätertypologien auf Grundlage polizeilicher (Vor-)Erkenntnisse, München: Bayerisches Landeskriminalamt.

Rosen, C. S. (2000). Is the sequencing of change processes by stage consistent across health problems? A meta-analysis. In: Health Psychol. 19(6). 593–604.

Rosengren, D. B. (2009). Building motivational interviewing skills – A practitioner workbook. New York: Guilford.

Rosenström, T., Ystrom, E., Torvik, F. A., Czajkowski, N. O., Gillespie, N. A., Aggen, S. H., Krueger, R. F., Kendler, K. S. & Reichborn-Kjennerud, T. (2017). Genetic and environmental structure of DSM-IV criteria for antisocial personality disorder: A twin study. Behavior Genetics, 47(3), 265–277.

Rosmantith, S. (2021). Täterin – Gewalt- und Sexualstraftaten von Frauen. Wiesbaden: Springer.

Rudolf, G. (2013). Strukturbezogene Psychotherapie. Leitfaden zur psychodynamischen Therapie struktureller Störungen. Stuttgart: Schattauer.

Rudolph, U. (2013). Motivationspsychologie. Kompakt. 3. Aufl. Weinheim und Basel: Beltz.

Ruf, G. D. (2005). Systemische Psychiatrie. Stuttgart: Klett-Cotta.

Sachse, R., Langens, T. A. & Sachse, M. (2012). Klienten motivieren. Therapeutische Strategien zur Stärkung der Änderungsbereitschaft. Bonn: Psychiatrie Verlag.

Saimeh, N. (2018). Zur Fehlerkultur in der forensischen Psychiatrie. In: Schmidt-Quernheim, F. & Hax-Schoppenhorst, T. (Hrsg.), Praxisbuch Forensische Psychiatrie. Bern, 363–370.

Schalast, N. (1997). Zur Situation der Beschäftigten im Maßregelvollzug. Recht & Psychiatrie 15(1), 24–33.

Schalast, N. (2006). Suchtkranke Rechtsbrecher. In H.-L. Kröber, D. Dölling, N. Leygraf & H. Sass (Hrsg.), Handbuch der Forensischen Psychiatrie. Band 3: Psychiatrische Kriminalprognose und Kriminaltherapie. Darmstadt: Steinkopff, 326–349.

Schanzenbächer, S. (2004). Gewalt ohne Ende. Freiburg i. Br.: Lambertus.

Schinder, A., Sydow v., K., Beher, S., Schweitzer-Rothers, J. & Retzlaff, R. (2010). Systemische Therapie bei Substanzstörungen. In: Sucht 56(1), 13–19.

Schmidbauer, W. (2002). Helfersyndrom und Burnoutgefahr. München: Urban & Fischer in Elsevier.

Schmidt, C. (2021). Risiko und Vertrauen. Risikoorientierung und deren Umwandlung in strategisches Vertrauen in der Praxis der Bewährungshilfe. Wiesbaden: Springer VS.

Schmitt, C. & Nilsche, T. (2013). Dittmann-Liste oder Baseler Prognose-Instrument – Kriterienliste der Fachkommissionen des Strafvollzugskonkordats der Nordwest- und Innerschweiz. In: Rettenberger, M. & von Franqué, F. (Hrsg.), Handbuch kriminalprognostischer Verfahren. Göttingen: Hogrefe, 324–334.

Schmitt, G. (2015). Das hohe Suizidrisiko von Gefangenen – Wahrheit oder Mythos? In Bennefeld-Kersten, K., Lohner, J. & Pecher, W. (Hrsg.), Frei Tod? Selbst Mord? Bilanz Suizid? Wenn Gefangene sich das Leben nehmen. Lengerich: Pabst Science Publishers, 31–58.

Schneider, S. (2006). Sozialpädagogische Beratung. Praxisrekonstruktionen und Theoriediskurse. Tübingen: dgvt.

Schneider-Lehmann, A./Lohmer, M. (2008). Supervisorische Erfahrungen mit Forensischer TFP. In: Lackinger, F./Dammann, G./Wittmann, B. (Hrsg.), Psychodynamische Psychotherapie bei Delinquenz. Praxis der Übertragungsfokussierten Psychotherapie. Stuttgart, 218–225.

von Schönfeld, C.-E., Schneider, F., Schroeder, T., Widmann, B., Botthof, U. & Driessen, M. (2006). Prävalenz psychischer Störungen, Psychopathologie und Behandlungsbedarf bei weiblichen und männlichen Gefangenen. Der Nervenarzt 77(7), 830–841.

Schreyögg, A. (2010). Supervision: Ein integratives Modell. Wiesbaden.

Schulz von Thun, F. (2002). Miteinander Reden. Störungen und Klärungen. Band 1. Reinbek/Hamburg: Rowohlt.

Schulze, H. (2020). Familiale Gewalt: intragenerationale und intergenerationale Gewalt. In: Schulze, H., Witek, K. (Hrsg.). Perspektiven von Kindern auf Gewalt in ihren Lebenswelten. University Press: Kassel.

Seelich, A. (2009). Handbuch Strafvollzugsarchitektur – Parameter zeitgemäßer Gefängnisplanung. Wien: Springer.

Shea, S. J. (1993). Personality characteristics of self-mutilating male prisoners. Journal of Clinical Psychology, 49(4), 576–585.

Smallbone, S. & Cale, J. (2015). An Integrated Life-Course Developmental Theory of Sexual Offending. In: Arjan Blokland und Patrick Lussier (Hrsg.), Sex Offenders. A Criminal Career Approach. Chichester: Wiley & Sons, 43–69.

Smith, H. P. & Kaminski, R. J. (2010). Inmate self-injurious behaviors: Distinguishing characteristics within a retrospective study. Criminal Justice and Behavior, 37(1), 81–96.

Spröber-Kolb, N. (2022). Psychologie für die Arbeit mit Kindern und Jugendlichen in Gefährdungssituationen. Weinheim und Basel: Beltz Juventa.

Steinert, T. & Traub, H. (2016). Gewalt durch psychisch Kranke und gegen psychisch Kranke. Bundesgesundheitsblatt – Gesundheitsforsch. – Gesundheitsschutz, 98–104.

Stelly, W. & Thomas, J. (2004). Wege aus schwerer Jugendkriminalität. Tübinger Schriften und Materialien zur Kriminologie, Band 5. TüKrim: Tübingen.

Stelly, W. & Thomas, J. (2015). Evaluation des Jugendstrafvollzugs in Baden-Württemberg: Strukturbericht 2013/2014. Stuttgart Kriminologischer Dienst.

Stone, M. (2017). Die dunkle Seite des Narzissmus – antisoziale Persönlichkeitsstörung, Psychopathie und maligner Narzissmus. In B. Dulz, P. Briken, O. F. Kernberg & U. Rauchfleisch, Handbuch der Antisozialen Persönlichkeitsstörung. Stuttgart: Schattauer, 239–258.

Storch, M. (2011). Das Geheimnis kluger Entscheidungen. Vom Bauchgefühl und Körpersignalen. München: Piper Sachbuch.

Stöver, H. & Gerlach, R. (Hrsg.) (2012). Entkriminalisierung von Drogenkonsumenten – Legalisierung von Drogen. Frankfurt a. M.: Hochschulverlag.

Streeck-Fischer, A. (2014). Trauma und Entwicklung: Adoleszenz – frühe Traumatisierungen und ihre Folgen. Stuttgart: Schattauer.

Streek-Fischer, A., Freyberger, H. H. & Fegert, J. M. (Hrsg.) (2009). Adoleszenzpsychiatrie: Psychiatrie und Psychotherapie der Adoleszenz und des jungen Erwachsenenalter. Stuttgart: Klett-Cotta.

Strehl, R. (2009). Meine Jahre als Knastärztin. München: Herbig Verlagsbuchhandlung.

Sturman, D. A. & Moghaddam, B. (2011). The neurobiology of adolescence: changes in brain architecture, functional dynamics, and behaviroal tendencies. Neurosicese & Biahoviaral Reviews, 35, 1704–1712.

Suhling, S. & Endres, J. (2016). Deliktorientierung in der Behandlung von Straftätern. Bestandaufnahme und Kritik. In: RPsych 2. Jg. 3, 345–371.

Suhling, S. & Rabold, S. (2013). Gewalt im Gefängnis – Normative, empirische und theoretische Grundlagen. Forum Strafvollzug 62(2), 70–75.

Suhling, S. & Wischka, B. (2013). Behandlung in der Sicherungsverwahrung. In Kriminalpädagogische Praxis, 49, 47–61.

Suhling, S. (2007). Positive Perspektiven in der Straftäterbehandlung – Warum zur Rückfallverhinderung mehr gehört als Risikomanagement. Forum Strafvollzug, 56, 151–155.

Suhling, S., Pucks, M., Bielenberg, G. (2013). Ansätze zum Umgang mit Gefangenen mit geringer Veränderungs- und Behandlungsmotivation. In B. Wischka, W. Pecher, H. van den Boogaart (Hrsg.), Behandlung von Straftätern. Studien und Materialien zum Straf- und Maßregelvollzug, Band 26. Herbolzheim: Centaurus, 233–293.

Sykes, G. (1958). The Society of Captives: A Study of a Maximum Security Prison. Princeton: Princeton University Press.

Thalmann, T. (2007). Was tun mit dem Psychopathen? Kriminalpädagogische Praxis 35, 45–59.

Thiersch, H., Grundwald, K. & Köngeter, S. (2010). Lebensweltorientierte Soziale Arbeit. In W. Thole (Hrsg.), Grundriss Soziale Arbeit. Ein einführendes Handbuch. Wiesbaden: Springer VS, 175–196.

Torgersen, S. (2017). Genetik. In B. Dulz, P. Briken, O. F. Kernberg & U. Rauchfleisch, Handbuch der Antisozialen Persönlichkeitsstörung). Stuttgart: Schattauer, 71–83.

Trenczek, T. (2009). Jugendgerichtshilfe. In: Cornel, H./Kawamura-Reindl, G./Maelicke, B./Sonnen, B.-R. (Hrsg.) Resozialisierung. Handbuch. 3. Auflage. Baden-Baden: Nomos.

Trenczek, T. (2018). Mitwirkung der Jugendhilfe im Strafverfahren – Jugendgerichtshilfe. In: Dollinger, B. & Schmidt-Semisch, H.: Handbuch Jugendkriminalität, 381–392.

Treptow, R. (2007). Kontexte von Gut und Böse. In: Klosinki, G. (Hrsg.), Über Gut und Böse. Wissenschaftliche Blicke auf die gesellschaftliche Moral. Tübingen: Attempto, 55–76.

Urbaniok, F. (2003). Was sind das für Menschen – Was können wir tun? Nachdenken über Straftäter. Bern: Zytglogge.

Wade, D. T. & de Jong, B. A. (2000). Recent advances in rehabilitation. BMJ. 20; 320, 1385–1388.

Walkenhorst, P. & Fehrmann, S. E. (2018). Jugendarrest, Jugendstrafvollzug und Jugenduntersuchungshaft: Grundlegungen – Wirkungen – Perspektiven. In B. Maelicke & S. Suhling (Hrsg.), Das Gefängnis auf dem Prüfstand: Zustand und Zukunft des Strafvollzugs). Wiesbaden: Springer, 265–312.

Ward, T., Maruna, S. (2007). Rehabilitation: beyond the risk paradigm. London: Routledge.

Ward, T., Yates, P. M. & Willis, G. M. (2012). The good lives model and the risk need responsivity model: a critical response to Andrews, Bonta, and Wormith (2011). Crim Just Behav 39, 94–110.

Watzlawick, P. (1983). Anleitung zum Unglücklichsein. München: Piper.

Weichold, K. & Silbereisen, R. K. (2018). Jugend (10–20 Jahre). In: Schneider, W. & Lindenberger, U. (Hrsg.), Entwicklungspsychologie. 8. Auflage. Weinheim und Basel: Beltz.

Weidner, J. & Kilb, R. (2011). Handbuch Konfrontative Pädagogik. Weinheim und Basel: Beltz Juventa.

Weilekes, H. (2007). Soziale Ungleichheit und Gesundheit: Psychische Störungen. München: GRIN.

Weiss, M., Geißelsöder, K., Breuer, M., Dechant, M., Endres, J., Stemmler, M. & Wodarz, N. (2022). Behandlung opioidabhängiger Inhaftierter – Einstellungen und Behandlungspraxis des medizinischen Personals in bayerischen Justizvollzugsanstalten. Gesundheitswesen, 84(12), 1107–1112.

Wessel, B. (2012). Dissoziale Persönlichkeitsstörung in der Suchttherapie: Erkennen – behandeln – beenden? In: Konturen: Fachzeitschrift zu Sucht und sozialen Fragen 33(1), 22–25.

Wilmers, N., Enzmann, D., Schäfer, D., Herbers, K., Greve, W. & Wetzels, P. (2002). Jugendliche in Deutschland zur Jahrtausendwende: Gefährlich oder gefährdet? Ergebnisse weiderholter, repräsentativer Dunkelfelduntersuchungen zu Gewalt und Kriminalität im Leben junger Menschen 1998–2000. Nomos: Baden-Baden.

Windzio, M. (2007). Predicting violence among incarcerated juvenile offenders. The role of strain as a result of fear of fellow inmates. Hamburg Review of Social Sciences, 2, 1–20.

Wirth, W. (2006). Gewalt unter Gefangenen. Kernbefunde einer empirischen Studie im Strafvollzug des Landes NRW. Bewährungshilfe (54)2, 185–206.

Wischka, B. (2013). Zur Notwendigkeit von Erprobungsräumen innerhalb und außerhalb der Mauern. In: B. Wischka, W. Pecher & H. van den Boogaart (Hrsg.), Behandlung von Straftätern: Sozialtherapie, Maßregelvollzug, Sicherungsverwahrung. Freiburg i. Br.: Centaurus, 487–509.

Wittmann, B. (2010). Psychodynamische Psychotherapie bei „psychopathy“. Recht & Psychiatrie 28, 3–9.

Woltmann, J. (2014). Somatik in der Gefängnismedizin. In N. Lemann, M. Behrens & H. Drees (Hrsg.), Gesundheit und Haft. Lengerich: Pabst Science Publishers, 343–354.

World Health Organization (WHO) (2007). Suizidprävention – Ein Leitfaden für Mitarbeiter des Justizvollzugsdienstes. http://whqlibdoc.who.int/publications/2007/9789241595506_ger.pdf?ua=1; zuletzt aufgerufen am 22.12.2022

Wößner, G. (2018). Fatales Spiel mit der Angst. Max Planck Forschung. 2018(2), 10–15.

Wurmser, L. (1997). Verborgene Dimension: Psychodynamik des Drogenzwangs. Göttingen: Vandenhoeck & Ruprecht.

Zamble, E. & Porporino, F.J. (1988). Coping, behavior, and adaptation in prison inmates. New York: Springer.

Zentrale Koordinierungsstelle Bewährungshilfe (2020). Qualitätsstandards der bayerischen Bewährungshilfe. 9.Auflage. Bayerisches Staatsministerium der Justiz: München. https://www.justiz.bayern.de; zuletzt aufgerufen 01.03.2023

Zobrist, P. & Kähler, H.D. (2017). Soziale Arbeit in Zwangskontexten: Wie unerwünschte Hilfe erfolgreich sein kann. 3. Auflage. München und Basel: Ernst Reinhardt.

Zubin, J. & Spring, B. (1977). Vulnerability: A new view of schizophrenia. Journal of Abnormal Psychology, 86, 103–126.

Zulliger, H. (1962). Helfen statt Strafen auch bei jugendlichen Dieben. Stuttgart: Klett.

Zurhold, H., Verthein, U. & Reimer, J. (2013). Medizinische Rehabilitation Drogenkranker gemäß § 35 BtMG („Therapie statt Strafe"): Wirksamkeit und Trends. Abschlussbericht. Im Auftrag des Bundesministeriums für Gesundheit. Förderkennzeichen: IIA5-2511DSM231. Zentrum für Interdisziplinäre Suchtforschung (ZIS) der Universität Hamburg.

Stichwortverzeichnis